BESTACTIVITYBOOKS.COM

EERSTE EDITIE - Gepubliceerd in 2022

Extra grafisch materiaal van: www.freepik.com
Dank aan: Alekksall, Starline, Pch.vector, Rawpixel.com, Vectorpocket, Dgim-studio, Upklyak, Macrovector, Stockgiu, Pikisuperstar & Freepik.com Designers

5 TIPS OM TE BEGINNEN!

1) HOE OP TE LOSSEN

De Puzzels zijn in een Klassiek Formaat:

- Woorden worden verborgen zonder pauzes (geen spaties, streepjes, ...)
- Oriëntatie: Voorwaarts & Achterwaarts, Boven & Beneden of in Diagonaal (kan in beide richtingen)
- Woorden kunnen elkaar overlappen of kruisen

2) ACTIEF LEREN

Naast elk woord is een spatie voorzien om de vertaling te noteren. Om actief te leren vindt u een **WOORDENBOEK** aan het einde van deze editie om uw kennis te controleren en uit te breiden. U kunt elke vertaling opzoeken en opschrijven, de woorden in de puzzel vinden en ze vervolgens aan uw woordenschat toevoegen!

3) TAG JE WOORDEN

Hebt u al geprobeerd een labelsysteem te gebruiken? U zou bijvoorbeeld de woorden die moeilijk te vinden waren kunnen markeren met een kruis, de woorden die u leuk vond met een ster, nieuwe woorden met een driehoek, zeldzame woorden met een ruit enzovoort...

4) ORGANISEER UW LEREN

Wij bieden ook een handig **NOTITIEBOEKJE** aan het eind van deze uitgave. Of u nu op vakantie, op reis of thuis bent, u kunt uw nieuwe kennis gemakkelijk ordenen zonder dat u een tweede notitieboek nodig hebt!

5) AFGESLOTEN?

Ga naar de bonussectie: **FINAAL UITDAGING** om een gratis spel te vinden dat aan het einde van deze editie wordt aangeboden!

Wil je meer leuke en leerzame activiteiten? Het is **Snel en Eenvoudig!**
Een hele collectie spelboeken slechts **één klik verwijderd!**

Vind uw volgende uitdaging bij:

BestActivityBooks.com/MijnVolgendeBoek

Klaar... Start!

Wist u dat er zo'n 7000 verschillende talen in de wereld zijn? Woorden zijn kostbaar.

We houden van talen en hebben hard gewerkt om de boeken van de hoogste kwaliteit voor u te maken. Onze ingrediënten?

Een selectie van onmisbare leerthema's, drie grote plakken plezier, dan voegen we er een lepel moeilijke woorden en een snuifje zeldzame woorden aan toe. We serveren ze met zorg en een maximum aan verrukking, zodat je de beste woordspelletjes kunt oplossen en veel plezier beleeft aan het leren!

Uw feedback is essentieel. U kunt een actieve bijdrage leveren aan het succes van dit boek door een recensie achter te laten. Vertel ons wat u het meest beviel in deze editie!

Hier is een korte link die u naar uw bestelpagina brengt:

BestBooksActivity.com/Recensies50

Bedankt voor uw hulp en veel plezier met het spel!

Linguas Classics

1 - Metingen

Λ	Ψ	Γ	Ψ	Τ	Ί	Ι	Σ	Ε	Β	Ω	Ό	Ψ	Τ	Χ
Ψ	Λ	Σ	Ρ	Ψ	Μ	Ω	Η	Υ	Χ	Ι	Κ	Έ	Ν	Ι
Τ	Τ	Ο	Μ	Μ	Α	Ρ	Γ	Ό	Ι	Λ	Ι	Χ	Ά	Λ
Υ	Έ	Μ	Υ	Ί	Έ	Τ	Έ	Μ	Ι	Β	Δ	Ρ	Ι	Ι
Ί	Μ	Έ	Τ	Ρ	Ο	Ι	Ρ	Ά	Μ	Μ	Α	Ρ	Γ	Ό
Μ	Η	Ξ	Ε	Λ	Ο	Ι	Φ	Η	Ψ	Υ	Κ	Τ	Γ	Μ
Ι	Α	Π	Ω	Ζ	Ί	Γ	Υ	Ζ	Ν	Α	Ε	Ο	Υ	Ε
Ο	Χ	Σ	Ί	Π	Ό	Τ	Π	Ε	Λ	Ρ	Δ	Ρ	Ο	Τ
Τ	Ξ	Ψ	Ε	Σ	Ρ	Π	Ρ	Β	Α	Θ	Μ	Ό	Σ	Ρ
Ε	Κ	Α	Τ	Ο	Σ	Τ	Ό	Ο	Ί	Ν	Τ	Σ	Α	Ο
Μ	Ί	Η	Τ	Θ	Τ	Ό	Ν	Ο	Σ	Ρ	Υ	Π	Ε	Δ
Έ	Ή	Π	Λ	Ά	Τ	Ο	Σ	Ψ	Τ	Η	Ψ	Ι	Λ	Δ
Γ	Δ	Κ	Ί	Β	Μ	Ά	Ζ	Α	Δ	Ψ	Ο	Α	Σ	Τ
Χ	Ο	Δ	Ο	Ν	Σ	Υ	Α	Π	Υ	Β	Σ	Ο	Ξ	Ρ
Ξ	Α	Ρ	Η	Σ	Α	Τ	Ν	Έ	Δ	Ξ	Ρ	Ψ	Λ	Γ

ΠΛΆΤΟΣ
ΨΗΦΙΟΛΕΞΗ
ΕΚΑΤΟΣΤΌ
ΔΕΚΑΔΙΚΌ
ΒΆΘΟΣ
ΖΥΓΊΖΩ
ΒΑΘΜΌΣ
ΓΡΑΜΜΆΡΙΟ
ΥΨΟΣ
ΊΝΤΣΑ
ΧΙΛΙΌΓΡΑΜΜΟ
ΧΙΛΙΌΜΕΤΡΟ
ΜΉΚΟΣ
ΛΊΤΡΟ
ΜΆΖΑ
ΜΈΤΡΟ
ΛΕΠΤΌ
ΟΥΓΓΙΆ
ΤΌΝΟΣ
ΈΝΤΑΣΗ

2 - Opwarming van de Aarde

Δ	Α	Ε	Β	Α	Η	Σ	Η	Ν	Ρ	Έ	Β	Υ	Κ	Ι
Ι	Ν	Ν	Ι	Ί	Ω	Υ	Ρ	Π	Ξ	Ψ	Ε	Ά	Ι	Β
Ε	Ά	Έ	Ο	Σ	Α	Ν	Ο	Μ	Ή	Τ	Σ	Ι	Π	Ε
Θ	Π	Ρ	Μ	Α	Ν	Έ	Ι	Έ	Χ	Ξ	Λ	Ν	Η	Ρ
Ν	Τ	Γ	Η	Ρ	Έ	Π	Ρ	Α	Έ	Έ	Ψ	Ε	Χ	Η
Ε	Υ	Ε	Χ	Κ	Μ	Ε	Έ	Δ	Ο	Ο	Χ	Γ	Σ	Ν
Σ	Ξ	Ι	Α	Ο	Ο	Ι	Α	Ρ	Κ	Τ	Ι	Κ	Ή	Ε
Κ	Η	Α	Ν	Μ	Δ	Ε	Κ	Π	Ρ	Ο	Σ	Ο	Χ	Ή
Υ	Ρ	Έ	Ί	Ρ	Ε	Σ	Ξ	Λ	Ε	Υ	Ψ	Ψ	Η	Ξ
Α	Χ	Ί	Α	Ε	Δ	Μ	Έ	Ρ	Ί	Δ	Λ	Π	Σ	Η
Ί	Ι	Ω	Σ	Θ	Η	Ο	Έ	Τ	Ι	Μ	Τ	Ώ	Ρ	Α
Α	Ω	Η	Μ	Η	Ν	Ί	Υ	Λ	Ι	Δ	Α	Γ	Ψ	Ξ
Α	Α	Σ	Ε	Υ	Τ	Ψ	Σ	Ξ	Λ	Ο	Η	Σ	Τ	Ν
Ν	Γ	Σ	Ε	Β	Α	Ί	Σ	Ε	Θ	Ο	Μ	Ο	Ν	Τ
Ί	Η	Χ	Ψ	Γ	Λ	Γ	Π	Λ	Β	Δ	Ν	Ε	Σ	Γ

ΠΡΟΣΟΧΉ
ΑΡΚΤΙΚΉ
ΚΡΊΣΗ
ΕΝΈΡΓΕΙΑ
ΑΈΡΙΟ
ΔΕΔΟΜΈΝΑ
ΓΕΝΙΆ
ΣΥΝΈΠΕΙΕΣ
ΒΙΟΜΗΧΑΝΊΑ
ΔΙΕΘΝΕΣ
ΚΛΊΜΑ
ΤΏΡΑ
ΑΝΆΠΤΥΞΗ
ΚΥΒΈΡΝΗΣΗ
ΘΕΡΜΟΚΡΑΣΊΑ
ΜΈΛΛΟΝ
ΕΠΙΣΤΉΜΟΝΑΣ
ΝΟΜΟΘΕΣΊΑ

3 - Boten

Δ	Υ	Ψ	Α	Σ	Ω	Λ	Τ	Ρ	Τ	Μ	Σ	Π	Ψ	Υ
Γ	Ψ	Ν	Ί	Η	Ε	Κ	Ά	Ι	Γ	Α	Κ	Λ	Τ	Σ
Ι	Ι	Λ	Ί	Μ	Α	Σ	Ε	Ω	Ί	Α	Ί	Ή	Ο	Χ
Ο	Ί	Ό	Ν	Α	Κ	Έ	Χ	Α	Β	Ί	Ο	Ρ	Τ	Ε
Τ	Τ	Κ	Α	Δ	Σ	Σ	Ξ	Κ	Ν	Ψ	Λ	Ω	Έ	Δ
Π	Α	Ι	Ι	Ο	Ι	Π	Η	Έ	Ύ	Ό	Υ	Μ	Ί	Ί
Δ	Λ	Τ	Ο	Ύ	Ξ	Σ	Ν	Λ	Έ	Μ	Σ	Α	Δ	Α
Α	Ω	Υ	Ί	Ρ	Σ	Β	Χ	Σ	Ό	Μ	Α	Τ	Ο	Π
Π	Π	Α	Ε	Α	Π	Χ	Β	Ο	Ρ	Τ	Ε	Τ	Η	Σ
Ο	Η	Ν	Μ	Ί	Λ	Ο	Π	Δ	Ι	Π	Α	Έ	Α	Ω
Β	Η	Υ	Θ	Ά	Λ	Α	Σ	Σ	Α	Ν	Έ	Ν	Ρ	Σ
Ά	Έ	Ι	Ρ	Κ	Α	Τ	Ά	Ρ	Τ	Ι	Ί	Π	Υ	Ί
Θ	Λ	Δ	Ο	Μ	Η	Χ	Α	Ν	Ή	Ξ	Β	Έ	Κ	Β
Ρ	Χ	Υ	Π	Ι	Σ	Τ	Ι	Ο	Φ	Ό	Ρ	Ο	Γ	Ι
Α	Ι	Η	Σ	Τ	Ψ	Τ	Ε	Γ	Ί	Β	Η	Α	Ά	Α

ΆΓΚΥΡΑ
ΠΛΉΡΩΜΑ
ΣΗΜΑΔΟΎΡΑ
ΑΠΟΒΆΘΡΑ
ΚΎΜΑΤΑ
ΓΙΟΤ
ΚΑΓΙΆΚ
ΚΑΝΌ
ΚΑΤΆΡΤΙ
ΛΊΜΝΗ
ΜΗΧΑΝΉ
ΝΑΥΤΙΚΌ
ΩΚΕΑΝΌΣ
ΣΩΣΊΒΙΑ
ΠΟΤΑΜΌΣ
ΣΧΟΙΝΊ
ΠΟΡΘΜΕΊΟ
ΣΧΕΔΊΑ
ΘΆΛΑΣΣΑ
ΙΣΤΙΟΦΌΡΟ

4 - Chocolade

Σ	Κ	Υ	Υ	Ν	Έ	Α	Υ	Ψ	Η	Σ	Ύ	Ε	Γ	Β
Ε	Υ	Α	Ι	Κ	Ί	Τ	Σ	Ι	Φ	Υ	Ά	Η	Π	Ι
Δ	Ί	Σ	Κ	Ψ	Ν	Ι	Υ	Ί	Α	Ν	Ρ	Ί	Λ	Ο
Ι	Ο	Η	Τ	Ά	Τ	Ό	Χ	Ί	Δ	Τ	Ω	Ω	Σ	Τ
Μ	Ι	Η	Α	Α	Ο	Ν	Σ	Ψ	Χ	Α	Μ	Χ	Κ	Ε
Ρ	Ψ	Ι	Ε	Ι	Τ	Η	Υ	Τ	Ί	Γ	Α	Α	Ό	Χ
Ε	Ι	Ο	Ξ	Ι	Ι	Ι	Ξ	Σ	Ι	Ή	Π	Γ	Ν	Ν
Θ	Ί	Ε	Η	Ι	Σ	Ο	Κ	Ξ	Γ	Μ	Ρ	Α	Η	Ι
Κ	Α	Ρ	Α	Μ	Έ	Λ	Α	Ό	Λ	Ε	Ο	Π	Ρ	Κ
Π	Ο	Ι	Ό	Τ	Η	Τ	Α	Κ	Υ	Υ	Γ	Η	Β	Ή
Π	Ι	Κ	Ρ	Ή	Ρ	Λ	Χ	Ι	Κ	Ι	Γ	Μ	Ί	Ρ
Κ	Α	Ρ	Ύ	Δ	Α	Δ	Ω	Τ	Ό	Η	Ν	Έ	Λ	Λ
Σ	Μ	Χ	Η	Π	Χ	Ν	Ρ	Ω	Υ	Ξ	Β	Ν	Ο	Τ
Ν	Γ	Δ	Υ	Τ	Ά	Δ	Τ	Ξ	Γ	Μ	Σ	Ο	Ν	Ξ
Χ	Υ	Β	Έ	Σ	Ζ	Π	Ν	Ε	Α	Π	Ν	Σ	Δ	Ι

ΆΡΩΜΑ
ΒΙΟΤΕΧΝΙΚΉ
ΠΙΚΡΉ
ΚΑΚΆΟ
ΘΕΡΜΙΔΕΣ
ΕΞΩΤΙΚΌ
ΑΓΑΠΗΜΈΝΟΣ
ΝΌΣΤΙΜΟ
ΣΥΣΤΑΤΙΚΌ
ΚΑΡΑΜΈΛΑ
ΚΑΡΎΔΑ
ΠΟΙΌΤΗΤΑ
ΦΙΣΤΊΚΙΑ
ΣΚΌΝΗ
ΣΥΝΤΑΓΉ
ΓΕΎΣΗ
ΖΆΧΑΡΗ
ΓΛΥΚΌ

5 - Gezondheid en Welzijn #2

Μ	Α	Ι	Ξ	Ω	Ί	Ν	Ε	Ε	Ο	Ω	Γ	Ή	Ί	Υ
Α	Ν	Ξ	Ω	Ω	Η	Η	Ν	Ί	Μ	Α	Τ	Ι	Β	Σ
Σ	Ά	Τ	Ξ	Υ	Ζ	Ί	Έ	Γ	Ω	Έ	Ι	Γ	Ψ	Έ
Ά	Κ	Α	Ή	Η	Ή	Ί	Ρ	Ί	Δ	Τ	Ί	Υ	Η	Δ
Ζ	Τ	Δ	Ν	Ξ	Κ	Τ	Γ	Μ	Ό	Λ	Υ	Ν	Σ	Η
Σ	Η	Ύ	Ι	Α	Ι	Ω	Ε	Υ	Π	Θ	Τ	Ι	Π	Ω
Ι	Σ	Ν	Ε	Λ	Τ	Έ	Ι	Έ	Ζ	Ε	Β	Γ	Ί	Ε
Ι	Η	Α	Ι	Ω	Ε	Ο	Α	Ε	Π	Ρ	Λ	Δ	Ν	Χ
Η	Έ	Μ	Γ	Σ	Ν	Υ	Μ	Β	Υ	Μ	Υ	Ν	Ψ	Ω
Ψ	Ρ	Η	Υ	Τ	Ε	Έ	Σ	Ί	Ί	Ί	Ε	Ι	Γ	Χ
Α	Λ	Λ	Ε	Ρ	Γ	Ί	Α	Ώ	Α	Δ	Α	Ί	Μ	Α
Π	Ω	Π	Ί	Ε	Σ	Η	Ν	Λ	Μ	Α	Ι	Ψ	Δ	Ε
Έ	Ξ	Ί	Α	Ι	Τ	Σ	Ώ	Ρ	Ρ	Α	Ψ	Χ	Δ	Τ
Ψ	Ψ	Ι	Α	Π	Α	Β	Δ	Ι	Α	Τ	Ρ	Ο	Φ	Ή
Η	Ν	Ο	Σ	Ο	Κ	Ο	Μ	Ε	Ί	Ο	Π	Ε	Α	Ν

ΑΛΛΕΡΓΊΑ
ΑΝΑΤΟΜΊΑ
ΑΊΜΑ
ΘΕΡΜΊΔΑ
ΔΙΑΤΡΟΦΉ
ΕΝΈΡΓΕΙΑ
ΓΕΝΕΤΙΚΉ
ΖΥΓΊΖΩ
ΥΓΙΉ
ΑΝΆΚΤΗΣΗ
ΥΓΙΕΙΝΉ
ΜΌΛΥΝΣΗ
ΔΎΝΑΜΗ
ΣΏΜΑ
ΜΑΣΆΖ
ΠΈΨΗ
ΠΊΕΣΗ
ΒΙΤΑΜΊΝΗ
ΝΟΣΟΚΟΜΕΊΟ
ΑΡΡΏΣΤΙΑ

6 - Tijd

Δ	Ρ	Χ	Ι	Σ	Μ	Ε	Μ	Ψ	Π	Β	Έ	Ξ	Γ	Δ
Ρ	Ξ	Ο	Σ	Β	Π	Ε	Ψ	Γ	Έ	Ι	Υ	Ο	Ν	Έ
Μ	Δ	Γ	Λ	Η	Ν	Ω	Σ	Δ	Σ	Η	Ξ	Χ	Υ	Σ
Έ	Ξ	Έ	Ν	Ό	Δ	Δ	Β	Η	Ξ	Ο	Τ	Θ	Τ	Ο
Ψ	Π	Α	Ν	Χ	Ι	Ί	Λ	Ί	Μ	Ί	Ή	Ε	Η	Χ
Δ	Ί	Λ	Ι	Π	Ξ	Ν	Λ	Υ	Ω	Έ	Χ	Σ	Μ	Π
Ώ	Ρ	Α	Π	Β	Υ	Ο	Π	Η	Ί	Ω	Ρ	Π	Ε	Υ
Μ	Ή	Ν	Α	Σ	Ρ	Γ	Η	Α	Έ	Έ	Α	Ι	Ρ	Ε
Μ	Έ	Ρ	Α	Τ	Χ	Ύ	Ν	Ο	Λ	Λ	Έ	Μ	Ο	Ρ
Σ	Ή	Μ	Ε	Ρ	Α	Α	Ι	Ώ	Ν	Α	Σ	Λ	Λ	Β
Γ	Ο	Τ	Ώ	Ρ	Α	Ί	Τ	Ε	Α	Κ	Ε	Δ	Ό	Ε
Ρ	Ό	Τ	Π	Ε	Λ	Α	Ν	Σ	Λ	Μ	Α	Ε	Γ	Ψ
Ο	Ο	Γ	Ε	Ε	Τ	Ή	Σ	Ι	Α	Ε	Ψ	Ν	Ι	Τ
Ε	Β	Δ	Ο	Μ	Ά	Δ	Α	Η	Μ	Τ	Υ	Ι	Ο	Υ
Η	Γ	Α	Χ	Τ	Ν	Ξ	Λ	Ρ	Υ	Ά	Μ	Ρ	Λ	Ν

ΜΈΡΑ
ΔΕΚΑΕΤΊΑ
ΑΙΏΝΑΣ
ΧΘΕΣ
ΕΤΟΣ
ΕΤΉΣΙΑ
ΗΜΕΡΟΛΌΓΙΟ
ΡΟΛΌΙ
ΜΉΝΑΣ
ΜΕΣΗΜΈΡΙ
ΛΕΠΤΌ
ΜΕΤΆ
ΝΎΧΤΑ
ΤΏΡΑ
ΠΡΩΊ
ΜΈΛΛΟΝ
ΏΡΑ
ΣΉΜΕΡΑ
ΑΡΧΉ
ΕΒΔΟΜΆΔΑ

7 - Meditatie

Σ	Ε	Υ	Γ	Ν	Ω	Μ	Ο	Σ	Ύ	Ν	Η	Λ	Ο	Σ
Α	Ι	Ν	Ό	Π	Μ	Υ	Σ	Η	Ψ	Έ	Κ	Σ	Β	Τ
Έ	Ν	Ω	Ψ	Γ	Π	Ω	Α	Ν	Α	Π	Ν	Ο	Ή	Ά
Υ	Τ	Τ	Π	Χ	Έ	Υ	Χ	Ή	Δ	Έ	Π	Ψ	Χ	Σ
Ή	Ί	Α	Π	Ή	Ι	Μ	Β	Ρ	Τ	Ω	Υ	Υ	Ο	Η
Κ	Ί	Ν	Η	Σ	Η	Σ	Ί	Ι	Ω	Α	Ε	Χ	Σ	Ί
Ι	Α	Υ	Χ	Η	Τ	Λ	Σ	Ε	Ξ	Χ	Ψ	Ι	Ο	Υ
Τ	Π	Η	Σ	Η	Ρ	Ή	Τ	Α	Ρ	Α	Π	Κ	Ρ	Δ
Π	Ο	Δ	Σ	Δ	Β	Έ	Β	Τ	Φ	Μ	Η	Ή	Π	Φ
Ο	Δ	Δ	Δ	Ε	Μ	Η	Ι	Τ	Υ	Ή	Ί	Τ	Ι	Ύ
Ο	Ο	Α	Τ	Α	Μ	Ή	Θ	Σ	Ι	Α	Ν	Υ	Σ	Σ
Ρ	Χ	Έ	Α	Χ	Ξ	Α	Ί	Χ	Υ	Τ	Υ	Ε	Ρ	Η
Π	Ή	Α	Π	Κ	Α	Λ	Ο	Σ	Ύ	Ν	Η	Έ	Ι	Ξ
Μ	Ο	Υ	Σ	Ι	Κ	Ή	Ξ	Ύ	Π	Ν	Η	Σ	Ε	Α
Ν	Ρ	Μ	Ο	Η	Μ	Ν	Σ	Ν	Ω	Ο	Ε	Χ	Λ	Ε

ΠΡΟΣΟΧΉ
ΑΠΟΔΟΧΉ
ΑΝΑΠΝΟΉ
ΚΊΝΗΣΗ
ΕΥΓΝΩΜΟΣΎΝΗ
ΣΥΝΑΙΣΘΉΜΑΤΑ
ΣΚΈΨΗ
ΕΥΤΥΧΊΑ
ΣΑΦΉΝΕΙΑ
ΣΤΆΣΗ
ΣΥΜΠΌΝΙΑ
ΨΥΧΙΚΉ
ΜΟΥΣΙΚΉ
ΦΎΣΗ
ΠΑΡΑΤΉΡΗΣΗ
ΠΡΟΟΠΤΙΚΉ
ΣΙΩΠΉ
ΕΙΡΉΝΗ
ΚΑΛΟΣΎΝΗ
ΞΎΠΝΗΣΕ

8 - Muziek

Μ	Β	Λ	Β	Τ	Ο	Ν	Ω	Φ	Ό	Ρ	Κ	Ι	Μ	Ά
Ο	Γ	Υ	Ο	Ω	Χ	Σ	Μ	Σ	Ξ	Τ	Δ	Ω	Ε	Λ
Υ	Λ	Ρ	Ο	Χ	Ψ	Β	Ξ	Μ	Υ	Ψ	Β	Ξ	Λ	Μ
Σ	Τ	Ι	Χ	Υ	Γ	Υ	Ω	Β	Π	Χ	Ρ	Α	Ω	Π
Ι	Λ	Κ	Π	Ν	Η	Σ	Π	Τ	Μ	Π	Έ	Χ	Δ	Ο
Κ	Σ	Ή	Τ	Σ	Ι	Δ	Υ	Ο	Γ	Α	Ρ	Τ	Ί	Υ
Ή	Ό	Φ	Κ	Α	Τ	Ν	Ά	Λ	Α	Π	Μ	Ψ	Α	Μ
Κ	Κ	Α	Τ	Ι	Ρ	Μ	Ί	Σ	Ξ	Ί	Μ	Υ	Έ	Χ
Ι	Ι	Ρ	Ο	Β	Μ	Μ	Ό	Ρ	Γ	Α	Ν	Ο	Π	Ο
Σ	Σ	Γ	Ι	Λ	Χ	Θ	Ο	Ό	Π	Ε	Ρ	Α	Ύ	Ρ
Α	Υ	Γ	Ε	Σ	Μ	Υ	Υ	Ν	Τ	Έ	Μ	Π	Ο	Ω
Λ	Ο	Ε	Π	Λ	Υ	Ψ	Η	Ρ	Ί	Ι	Ι	Ψ	Μ	Δ
Κ	Μ	Τ	Ρ	Α	Γ	Ο	Υ	Δ	Ώ	Α	Ξ	Β	Θ	Ί
Α	Υ	Τ	Ο	Σ	Χ	Ε	Δ	Ι	Ά	Σ	Ε	Ι	Υ	Α
Π	Π	Ο	Ι	Η	Τ	Ι	Κ	Ή	Σ	Ρ	Ε	Ξ	Ρ	Ο

ΆΛΜΠΟΥΜ
ΜΠΑΛΆΝΤΑ
ΑΡΜΟΝΊΑ
ΑΥΤΟΣΧΕΔΙΆΣΕΙ
ΌΡΓΑΝΟ
ΚΛΑΣΙΚΉ
ΧΟΡΩΔΊΑ
ΛΥΡΙΚΉ
ΜΕΛΩΔΊΑ
ΜΙΚΡΌΦΩΝΟ
ΜΟΥΣΙΚΉ
ΜΟΥΣΙΚΌΣ
ΌΠΕΡΑ
ΕΓΓΡΑΦΉ
ΠΟΙΗΤΙΚΉ
ΡΥΘΜΟΎ
ΡΥΘΜΙΚΉ
ΤΈΜΠΟ
ΤΡΑΓΟΥΔΙΣΤΉΣ
ΤΡΑΓΟΥΔΏ

9 - Vogels

Π	Ί	Ε	Κ	Σ	Ό	Τ	Ε	Α	Κ	Γ	Τ	Μ	Κ	Χ
Α	Μ	Γ	Ί	Ο	Α	Ν	Μ	Γ	Ο	Ε	Ο	Ν	Ο	Ψ
Γ	Ν	Ί	Υ	Λ	Τ	Ί	Μ	Ξ	Ύ	Ρ	Υ	Ε	Υ	Ξ
Ώ	Α	Ψ	Έ	Ά	Χ	Ό	Μ	Χ	Κ	Ά	Κ	Ρ	Κ	Ρ
Ν	Χ	Η	Έ	Γ	Ψ	Ή	Π	Γ	Ο	Κ	Ά	Υ	Ο	Έ
Ι	Μ	Έ	Μ	Α	Υ	Ω	Ν	Ο	Σ	Ι	Ν	Ο	Υ	Η
Α	Υ	Γ	Ό	Π	Σ	Τ	Α	Α	Υ	Δ	Ω	Υ	Β	Ξ
Π	Α	Ψ	Π	Α	Π	Ά	Π	Ι	Α	Λ	Ο	Ο	Ά	Η
Ε	Β	Ψ	Ε	Π	Μ	Χ	Ν	Χ	Γ	Σ	Ο	Γ	Γ	Ε
Λ	Π	Ι	Γ	Κ	Ο	Υ	Ί	Ν	Ο	Σ	Γ	Λ	Ι	Ρ
Α	Π	Ε	Λ	Ε	Κ	Α	Ν	Ί	Ξ	Ξ	Ο	Ά	Α	Ω
Ρ	Π	Ε	Ρ	Ι	Σ	Τ	Έ	Ρ	Ι	Μ	Ξ	Ρ	Μ	Δ
Γ	Φ	Λ	Α	Μ	Ί	Ν	Γ	Κ	Ο	Β	Ω	Ο	Ξ	Ι
Ό	Χ	Ξ	Ε	Ι	Τ	Ί	Γ	Ρ	Υ	Ο	Π	Σ	Ψ	Ο
Σ	Ο	Ν	Κ	Ύ	Κ	Μ	Ί	Ι	Σ	Ε	Γ	Γ	Σ	Σ

ΑΕΤΌΣ
ΠΕΡΙΣΤΈΡΙ
ΠΆΠΙΑ
ΑΥΓΌ
ΦΛΑΜΊΝΓΚΟ
ΧΉΝΑ
ΓΕΡΆΚΙ
ΚΟΤΌΠΟΥΛΟ
ΚΟΎΚΟΣ
ΓΛΆΡΟΣ
ΣΠΟΥΡΓΊΤΙ
ΠΕΛΑΡΓΌΣ
ΠΑΠΑΓΆΛΟΣ
ΠΑΓΩΝΙ
ΠΕΛΕΚΑΝ
ΠΙΓΚΟΥΊΝΟΣ
ΕΡΩΔΙΟΣ
ΤΟΥΚΆΝ
ΚΟΥΚΟΥΒΆΓΙΑ
ΚΎΚΝΟΣ

10 - Universum

Ρ	Α	Γ	Σ	Ή	Τ	Α	Ρ	Ο	Ο	Ξ	Έ	Έ	Λ	Χ
Ν	Τ	Ε	Κ	Κ	Ι	Σ	Η	Μ	Ε	Ρ	Ι	Ν	Ό	Σ
Α	Μ	Ω	Ο	Ι	Ρ	Ά	Γ	Γ	Ε	Φ	Υ	Σ	Ο	Γ
Σ	Ό	Γ	Τ	Μ	Ν	Ι	Β	Α	Λ	Β	Β	Ω	Π	Τ
Τ	Σ	Ρ	Ά	Σ	Ο	Μ	Ό	Ν	Ο	Ρ	Τ	Σ	Α	Η
Ρ	Φ	Α	Δ	Ο	Ι	Ρ	Ί	Α	Φ	Σ	Ι	Μ	Η	Λ
Ο	Α	Φ	Ι	Κ	Ρ	Ο	Δ	Λ	Δ	Π	Λ	Μ	Σ	Ε
Ν	Ι	Ι	Η	Σ	Α	Ί	Ξ	Α	Λ	Α	Γ	Τ	Ί	Σ
Ο	Ρ	Κ	Ο	Τ	Ε	Γ	Ζ	Λ	Ί	Α	Ν	Ρ	Λ	Κ
Μ	Α	Ό	Υ	Ρ	Ξ	Σ	Β	Ο	Υ	Ί	Β	Ο	Κ	Ό
Ί	Τ	Ω	Ρ	Χ	Δ	Γ	Έ	Ι	Ν	Μ	Μ	Χ	Υ	Π
Α	Ή	Κ	Α	Ι	Λ	Η	Λ	Δ	Π	Τ	Χ	Ι	Γ	Ι
Β	Δ	Υ	Ν	Ν	Ω	Ι	Τ	Ώ	Ο	Χ	Α	Ά	Α	Ο
Β	Ψ	Σ	Ό	Σ	Ρ	Ξ	Ν	Ζ	Δ	Σ	Ί	Ρ	Έ	Λ
Π	Π	Π	Σ	Α	Σ	Τ	Ε	Ρ	Ο	Ε	Ι	Δ	Ή	Σ

ΑΣΤΕΡΟΕΙΔΉΣ
ΑΣΤΡΟΝΟΜΊΑ
ΑΣΤΡΟΝΌΜΟΣ
ΑΤΜΌΣΦΑΙΡΑ
ΤΡΟΧΙΆ
ΖΏΔΙΟ
ΣΚΟΤΆΔΙ
ΙΣΗΜΕΡΙΝΌΣ
ΗΜΙΣΦΑΊΡΙΟ
ΟΥΡΑΝΌΣ
ΟΡΊΖΟΝΤΑ
ΚΛΊΣΗ
ΚΟΣΜΙΚΉ
ΓΕΩΓΡΑΦΙΚΌ
ΦΕΓΓΆΡΙ
ΓΑΛΑΞΊΑΣ
ΤΗΛΕΣΚΌΠΙΟ
ΟΡΑΤΉ
ΗΛΙΑΚΉ

11 - Wiskunde

Έ	Χ	Δ	Π	Κ	Π	Ά	Θ	Ρ	Ο	Ι	Σ	Μ	Α	Χ
Ν	Χ	Ι	Λ	Ά	Ο	Ι	Ν	Ώ	Γ	Ο	Θ	Ρ	Ο	Υ
Τ	Γ	Α	Α	Θ	Λ	Π	Α	Ρ	Ά	Λ	Λ	Η	Λ	Η
Α	Ψ	Ί	Τ	Ε	Ύ	Σ	Υ	Μ	Μ	Ε	Τ	Ρ	Ί	Α
Σ	Π	Ρ	Ε	Τ	Γ	Σ	Β	Ε	Έ	Ω	Ψ	Έ	Π	Ρ
Η	Δ	Ε	Ί	Ο	Ω	Ι	Ω	Ψ	Α	Γ	Ω	Ν	Ί	Α
Ε	Ε	Σ	Α	Σ	Ν	Έ	Ι	Α	Ί	Ρ	Σ	Υ	Ν	Η
Ξ	Κ	Η	Μ	Ν	Ο	Β	Σ	Η	Ρ	Π	Χ	Β	Γ	Υ
Ί	Α	Ρ	Ί	Α	Φ	Σ	Ο	Ρ	Τ	Ε	Μ	Ά	Ι	Δ
Σ	Δ	Κ	Λ	Ά	Σ	Μ	Α	Σ	Ε	Έ	Ρ	Β	Α	Ρ
Ω	Ι	Α	Τ	Τ	Σ	Ί	Υ	Α	Μ	Χ	Θ	Ψ	Έ	Ρ
Σ	Κ	Λ	Μ	Υ	Ε	Ο	Ε	Δ	Ω	Δ	Ε	Κ	Ρ	Ί
Η	Ό	Δ	Μ	Ν	Ι	Τ	Π	Ο	Ε	Λ	Τ	Ν	Ε	Χ
Τ	Ρ	Ι	Γ	Ώ	Ν	Ο	Υ	Υ	Γ	Τ	Λ	Λ	Ω	Ρ
Α	Ρ	Ι	Θ	Μ	Η	Τ	Ι	Κ	Ή	Χ	Α	Ί	Χ	Ψ

ΣΦΑΊΡΑ
ΔΕΚΑΔΙΚΌ
ΔΙΆΜΕΤΡΟΣ
ΔΙΑΊΡΕΣΗ
ΤΡΙΓΏΝΟΥ
ΕΚΘΈΤΗ
ΚΛΆΣΜΑ
ΓΕΩΜΕΤΡΊΑ
ΓΩΝΊΑ
ΚΆΘΕΤΟΣ
ΠΑΡΆΛΛΗΛΗ
ΟΡΘΟΓΏΝΙΟ
ΑΡΙΘΜΗΤΙΚΉ
ΆΘΡΟΙΣΜΑ
ΣΥΜΜΕΤΡΊΑ
ΠΟΛΎΓΩΝΟ
ΕΞΊΣΩΣΗ
ΠΛΑΤΕΊΑ
ΈΝΤΑΣΗ

12 - Gezondheid en Welzijn #1

Θ	Λ	Λ	Κ	Τ	Ρ	Α	Υ	Μ	Α	Τ	Ι	Σ	Μ	Ό
Ι	Ε	Η	Ν	Λ	Ν	Ρ	Γ	Ρ	Γ	Δ	Χ	Υ	Ι	Π
Α	Ρ	Ρ	Γ	Ρ	Ι	Ο	Σ	Τ	Ά	Υ	Ρ	Ψ	Δ	Ε
Τ	Τ	Ω	Α	Υ	Ι	Ν	Ό	Ο	Ρ	Μ	Ό	Ν	Η	Ί
Ρ	Μ	Τ	Ε	Π	Ο	Α	Ι	Ρ	Ή	Τ	Κ	Α	Β	Ν
Ι	Ξ	Κ	Ψ	Ο	Ε	Γ	Χ	Κ	Υ	Ψ	Ο	Σ	Ε	Α
Κ	Γ	Ά	Λ	Η	Η	Ί	Υ	Ρ	Ή	Δ	Έ	Ρ	Μ	Α
Ή	Σ	Δ	Η	Ν	Ι	Ν	Α	Ψ	Υ	Η	Υ	Χ	Σ	Ι
Ψ	Ν	Ι	Δ	Ι	Ω	Β	Ρ	Ο	Λ	Λ	Υ	Σ	Ί	Ε
Ν	Δ	Δ	Π	Α	Ο	Ί	Ε	Κ	Α	Μ	Ρ	Α	Φ	Θ
Χ	Α	Λ	Ά	Ρ	Ω	Σ	Η	Ν	Ν	Ε	Ύ	Ρ	Α	Ή
Κ	Ά	Τ	Α	Γ	Μ	Α	Σ	Ι	Ε	Ν	Έ	Η	Ι	Ν
Ί	Λ	Ε	Β	Ξ	Π	Β	Ά	Β	Ι	Ρ	Έ	Ι	Ο	Υ
Λ	Δ	Ο	Τ	Γ	Ι	Τ	Τ	Ο	Λ	Τ	Γ	Μ	Α	Σ
Ψ	Έ	Ν	Μ	Χ	Ξ	Π	Σ	Έ	Ξ	Γ	Ί	Ή	Α	Υ

ΕΝΕΡΓΉ
ΦΑΡΜΑΚΕΊΟ
ΒΑΚΤΉΡΙΑ
ΟΣΤΆ
ΚΆΤΑΓΜΑ
ΔΙΔΆΚΤΩΡ
ΣΥΝΉΘΕΙΑ
ΠΕΊΝΑ
ΥΨΟΣ
ΟΡΜΌΝΗ
ΣΤΆΣΗ
ΔΈΡΜΑ
ΚΛΙΝΙΚΉ
ΤΡΑΥΜΑΤΙΣΜΌ
ΙΑΤΡΙΚΉ
ΧΑΛΆΡΩΣΗ
ΘΕΡΑΠΕΊΑ
ΊΟΣ
ΝΕΎΡΑ

13 - Camping

Τ	Χ	Ρ	Ν	Ί	Π	Κ	Υ	Ν	Ή	Γ	Ι	Υ	Γ	Ψ
Μ	Υ	Ξ	Ξ	Β	Β	Υ	Ρ	Γ	Έ	Ν	Π	Ε	Ω	Έ
Η	Υ	Ί	Β	Β	Ν	Ε	Ξ	Κ	Α	Μ	Π	Ί	Ν	Α
Γ	Σ	Β	Ν	Σ	Ή	Ω	Ο	Ί	Χ	Υ	Λ	Ψ	Χ	Ρ
Β	Ο	Υ	Ν	Ό	Ν	Α	Κ	Ν	Δ	Λ	Ζ	Ώ	Α	Ώ
Η	Σ	Δ	Έ	Ψ	Η	Τ	Γ	Ι	Φ	Α	Ί	Τ	Ν	Ι
Χ	Α	Έ	Ν	Κ	Κ	Ι	Λ	Ο	Ύ	Ξ	Α	Μ	Λ	Α
Τ	Δ	Ν	Τ	Α	Σ	Ί	Σ	Χ	Σ	Μ	Ν	Ι	Ν	Ψ
Α	Τ	Τ	Ο	Π	Ρ	Τ	Ι	Σ	Η	Έ	Η	Γ	Υ	Η
Χ	Ο	Ρ	Μ	Έ	Π	Ε	Ρ	Ι	Π	Έ	Τ	Ε	Ι	Α
Ω	Ά	Α	Ο	Λ	Π	Χ	Ά	Ρ	Ω	Ί	Ί	Η	Τ	Χ
Υ	Ι	Ρ	Ο	Ο	Η	Ξ	Γ	Ά	Ι	Β	Β	Μ	Χ	Η
Ν	Τ	Υ	Τ	Η	Η	Ε	Γ	Ν	Σ	Ο	Γ	Σ	Ε	Μ
Τ	Ω	Ί	Χ	Η	Ρ	Ι	Ε	Α	Γ	Ι	Σ	Τ	Ε	Ν
Ξ	Φ	Ί	Ο	Ί	Γ	Τ	Φ	Φ	Λ	Ε	Χ	Ε	Ο	Η

ΠΕΡΙΠΈΤΕΙΑ
ΒΟΥΝΌ
ΔΈΝΤΡΑ
ΔΑΣΟΣ
ΦΩΤΙΆ
ΚΑΜΠΊΝΑ
ΖΏΑ
ΑΙΏΡΑ
ΚΑΠΈΛΟ
ΈΝΤΟΜΟ
ΚΥΝΉΓΙ
ΧΆΡΤΗ
ΚΑΝΌ
ΠΥΞΊΔΑ
ΦΑΝΆΡΙ
ΦΕΓΓΆΡΙ
ΛΊΜΝΗ
ΦΎΣΗ
ΣΚΗΝΉ
ΣΧΟΙΝΊ

14 - Algebra

Τ	Έ	Ξ	Γ	Λ	Δ	Ε	Ν	Μ	Ή	Τ	Ρ	Α	Ω	Λ
Η	Ύ	Γ	Γ	Ε	Ι	Κ	Π	Ο	Σ	Ό	Τ	Η	Τ	Α
Σ	Μ	Π	Σ	Ρ	Α	Θ	Π	Ρ	Ο	Υ	Α	Η	Ν	Ί
Ε	Η	Ρ	Ο	Ί	Ί	Έ	Ψ	Ι	Μ	Τ	Μ	Ο	Χ	Ώ
Θ	Ρ	Π	Ο	Σ	Ρ	Τ	Π	Δ	Ο	Α	Η	Ρ	Σ	Ι
Ν	Η	Α	Π	Π	Ε	Η	Ι	Ψ	Ρ	Π	Φ	Γ	Ε	Ο
Έ	Ή	Η	Ε	Ρ	Σ	Α	Τ	Ν	Ο	Γ	Ά	Ρ	Α	Π
Ρ	Ψ	Τ	Χ	Έ	Η	Μ	Η	Δ	Έ	Ν	Ρ	Κ	Μ	Ο
Α	Μ	Υ	Η	Σ	Ε	Ρ	Ί	Α	Φ	Α	Γ	Λ	Σ	Λ
Π	Ρ	Ό	Β	Λ	Η	Μ	Α	Τ	Ψ	Β	Α	Ά	Ι	Π
Υ	Ι	Υ	Ν	Α	Β	Ψ	Υ	Ρ	Ψ	Ξ	Ε	Σ	Ο	Α
Χ	Δ	Μ	Μ	Λ	Ψ	Α	Ξ	Ί	Ξ	Λ	Λ	Μ	Ρ	Χ
Ε	Ξ	Ί	Σ	Ω	Σ	Η	Τ	Π	Σ	Ω	Ύ	Α	Θ	Χ
Γ	Ρ	Α	Μ	Μ	Ι	Κ	Ή	Ε	Ξ	Ε	Χ	Σ	Ά	Έ
Ά	Π	Ε	Ι	Ρ	Ο	Λ	Μ	Β	Μ	Α	Μ	Α	Η	Β

ΑΦΑΊΡΕΣΗ
ΔΙΑΊΡΕΣΗ
ΕΚΘΈΤΗ
ΠΑΡΆΓΟΝΤΑΣ
ΤΎΠΟΣ
ΚΛΆΣΜΑ
ΓΡΆΦΗΜΑ
ΠΑΡΈΝΘΕΣΗ
ΠΟΣΌΤΗΤΑ
ΓΡΑΜΜΙΚΉ
ΜΉΤΡΑ
ΜΗΔΈΝ
ΆΠΕΙΡΟ
ΛΎΣΗ
ΠΡΌΒΛΗΜΑ
ΆΘΡΟΙΣΜΑ
ΜΕΤΑΒΛΗΤΉ
ΑΠΛΟΠΟΙΏ
ΕΞΊΣΩΣΗ

15 - Activiteiten

Ε	Χ	Β	Ι	Δ	Ω	Έ	Ο	Δ	Ρ	Ψ	Π	Ί	Π	Π
Υ	Ψ	Α	Ί	Ε	Γ	Α	Μ	Ω	Ι	Ά	Μ	Η	Η	Α
Χ	Χ	Ο	Λ	Ρ	Ή	Κ	Ι	Μ	Α	Ρ	Ε	Κ	Κ	Τ
Α	Λ	Ω	Ζ	Ά	Λ	Η	Ψ	Ε	Έ	Ε	Α	Ε	Γ	Η
Ρ	Ρ	Β	Α	Ω	Ρ	Χ	Ά	Τ	Ο	Μ	Ν	Η	Ν	Τ
Ί	Ω	Γ	Π	Ω	Ν	Ω	Ρ	Σ	Έ	Α	Ά	Δ	Ι	Ό
Σ	Ι	Τ	Έ	Χ	Ν	Η	Σ	Β	Ψ	Δ	Γ	Ψ	Π	Ι
Τ	Ή	Κ	Ι	Ρ	Υ	Ο	Π	Η	Κ	Ρ	Ν	Γ	Μ	Ρ
Η	Φ	Ω	Τ	Ο	Γ	Ρ	Α	Φ	Ί	Α	Ω	Υ	Ά	Η
Σ	Ζ	Ω	Γ	Ρ	Α	Φ	Ι	Κ	Ή	Υ	Σ	Έ	Κ	Τ
Η	Α	Π	Α	Ι	Χ	Ν	Ί	Δ	Ι	Α	Η	Γ	Υ	Σ
Α	Ί	Ο	Π	Ψ	Γ	Δ	Ε	Ή	Χ	Υ	Ψ	Α	Ν	Α
Ω	Π	Ε	Ζ	Ο	Π	Ο	Ρ	Ί	Α	Έ	Ψ	Ί	Ή	Ρ
Ε	Π	Ι	Δ	Ε	Ξ	Ι	Ό	Τ	Η	Τ	Α	Σ	Γ	Δ
Σ	Ί	Ι	Έ	Ι	Έ	Α	Ί	Ν	Χ	Ε	Τ	Ο	Ι	Β

ΔΡΑΣΤΗΡΙΌΤΗΤΑ
ΒΙΟΤΕΧΝΊΑ
ΦΩΤΟΓΡΑΦΊΑ
ΠΑΙΧΝΊΔΙΑ
ΨΆΡΕΜΑ
ΚΥΝΉΓΙ
ΚΆΜΠΙΝΓΚ
ΚΕΡΑΜΙΚΉ
ΤΈΧΝΗ
ΑΝΆΓΝΩΣΗ
ΜΑΓΕΊΑ
ΡΆΨΙΜΟ
ΧΑΛΆΡΩΣΗ
ΕΥΧΑΡΊΣΤΗΣΗ
ΠΑΖΛ
ΖΩΓΡΑΦΙΚΉ
ΚΗΠΟΥΡΙΚΉ
ΕΠΙΔΕΞΙΌΤΗΤΑ
ΑΝΑΨΥΧΉ
ΠΕΖΟΠΟΡΊΑ

16 - Vormen

Ε	Τ	Κ	Ω	Π	Σ	Τ	Η	Ε	Ι	Η	Π	Κ	Γ	Χ
Α	Έ	Ύ	Έ	Σ	Ρ	Φ	Ω	Α	Ο	Λ	Υ	Ύ	Ρ	Έ
Γ	Ε	Λ	Σ	Β	Ψ	Ί	Α	Τ	Π	Ύ	Ρ	Κ	Α	Ο
Ε	Π	Ι	Ι	Ί	Ι	Α	Σ	Ί	Ψ	Π	Α	Λ	Μ	Τ
Ξ	Ξ	Ν	Κ	Ώ	Ν	Ο	Σ	Μ	Ρ	Μ	Μ	Ο	Μ	Σ
Έ	Η	Δ	Γ	Ί	Ξ	Ε	Ο	Δ	Α	Α	Ί	Σ	Ή	Ί
Ο	Π	Ρ	Π	Λ	Ε	Υ	Ρ	Ά	Ί	Κ	Δ	Δ	Τ	Ε
Χ	Ο	Ο	Ξ	Ό	Τ	Κ	Α	Μ	Ν	Έ	Α	Έ	Μ	Υ
Έ	Π	Σ	Χ	Λ	Η	Β	Ύ	Μ	Ω	Δ	Α	Χ	Τ	Π
Έ	Λ	Λ	Ε	Ι	Ψ	Η	Ρ	Β	Γ	Ξ	Υ	Ο	Δ	Ε
Έ	Τ	Δ	Σ	Σ	Ά	Κ	Ρ	Η	Ο	Χ	Δ	Α	Π	Ρ
Ο	Ρ	Θ	Ο	Γ	Ώ	Ν	Ι	Ο	Ρ	Σ	Τ	Χ	Γ	Β
Ο	Τ	Ρ	Ι	Γ	Ώ	Ν	Ο	Υ	Έ	Α	Ρ	Έ	Ω	Ο
Π	Ο	Λ	Ύ	Γ	Ω	Ν	Ο	Έ	Υ	Υ	Ί	Ω	Η	Λ
Ω	Ο	Ξ	Σ	Ω	Η	Ψ	Π	Λ	Α	Τ	Ε	Ί	Α	Ή

ΣΦΑΊΡΑ
ΤΌΞΟ
ΚΎΛΙΝΔΡΟΣ
ΚΎΚΛΟΣ
ΚΑΜΠΎΛΗ
ΤΡΙΓΏΝΟΥ
ΓΩΝΊΑ
ΥΠΕΡΒΟΛΉ
ΠΛΕΥΡΆ
ΚΏΝΟΣ
ΚΎΒΟΣ
ΓΡΑΜΜΉ
ΈΛΛΕΙΨΗ
ΠΥΡΑΜΊΔΑ
ΠΡΊΣΜΑ
ΆΚΡΗ
ΟΡΘΟΓΏΝΙΟ
ΠΟΛΎΓΩΝΟ
ΠΛΑΤΕΊΑ

17 - Diplomatie

Γ	Σ	Δ	Ί	Π	Γ	Α	Τ	Ί	Α	Δ	Ί	Δ	Α	Χ
Ξ	Ύ	Ν	Π	Ρ	Ν	Δ	Α	Έ	Ν	Σ	Α	Ο	Π	Β
Κ	Γ	Υ	Ρ	Ε	Ε	Χ	Ί	Ξ	Θ	Ρ	Σ	Ν	Ρ	Σ
Ο	Κ	Ε	Σ	Σ	Η	Β	Σ	Έ	Ρ	Π	Δ	Ώ	Ρ	Ί
Ι	Ρ	Τ	Ν	Β	Σ	Β	Α	Π	Ω	Η	Ι	Σ	Λ	Ξ
Ν	Ο	Ο	Α	Ε	Η	Η	Γ	Ο	Π	Ρ	Π	Υ	Υ	Γ
Ό	Υ	Β	Ι	Ί	Ν	Σ	Ρ	Λ	Ι	Β	Λ	Ν	Σ	Μ
Τ	Σ	Ι	Ε	Α	Ρ	Η	Ε	Ι	Σ	Η	Ω	Θ	Ύ	Ί
Η	Η	Ξ	Λ	Ί	Έ	Τ	Ν	Τ	Τ	Ι	Μ	Ή	Μ	Α
Τ	Π	Έ	Ά	Ψ	Β	Ή	Υ	Ι	Ι	Ο	Α	Κ	Β	Ν
Α	Ή	Ν	Φ	Χ	Υ	Ζ	Σ	Κ	Κ	Λ	Τ	Η	Ο	Ά
Ξ	Κ	Ο	Σ	Η	Κ	Υ	Ο	Ή	Ή	Ύ	Ι	Ω	Υ	Λ
Δ	Ι	Κ	Α	Ι	Ο	Σ	Ύ	Ν	Η	Σ	Κ	Ν	Λ	Υ
Η	Θ	Χ	Β	Χ	Έ	Β	Γ	Λ	Ί	Η	Ό	Σ	Ο	Σ
Ω	Η	Α	Κ	Ε	Ρ	Α	Ι	Ό	Τ	Η	Τ	Α	Σ	Η

ΣΎΜΒΟΥΛΟΣ
ΠΡΕΣΒΕΊΑ
ΠΡΈΣΒΗΣ
ΞΈΝΟ
ΣΎΓΚΡΟΥΣΗ
ΔΙΠΛΩΜΑΤΙΚΌ
ΣΥΖΉΤΗΣΗ
ΗΘΙΚΉ
ΚΟΙΝΌΤΗΤΑ
ΔΙΚΑΙΟΣΎΝΗ
ΑΝΘΡΩΠΙΣΤΙΚΉ
ΑΚΕΡΑΙΌΤΗΤΑ
ΛΎΣΗ
ΠΟΛΙΤΙΚΉ
ΚΥΒΈΡΝΗΣΗ
ΑΝΆΛΥΣΗ
ΣΥΝΕΡΓΑΣΊΑ
ΓΛΏΣΣΑ
ΑΣΦΆΛΕΙΑ
ΣΥΝΘΉΚΗ

18 - Astronomie

Ι	Α	Σ	Τ	Ρ	Ο	Ν	Α	Ύ	Τ	Η	Σ	Ζ	Ι	Α
Ρ	Υ	Ι	Ξ	Ί	Υ	Έ	Ο	Σ	Χ	Ε	Ε	Ώ	Σ	Σ
Έ	Ο	Ω	Ρ	Ε	Μ	Ι	Ρ	Α	Ν	Υ	Δ	Δ	Η	Τ
Τ	Ί	Υ	Σ	Τ	Ε	Σ	Ω	Ο	Π	Ξ	Ρ	Ι	Μ	Ε
Σ	Η	Γ	Λ	Μ	Γ	Λ	Έ	Ω	Υ	Σ	Ω	Ο	Ε	Ρ
Α	Ρ	Λ	Κ	Ο	Μ	Ή	Τ	Η	Σ	Κ	Μ	Ί	Ρ	Ι
Ξ	Μ	Σ	Ε	Ί	Ι	Η	Ε	Ν	Ρ	Έ	Έ	Α	Ί	Σ
Ί	Ξ	Δ	Χ	Σ	Υ	Ν	Μ	Δ	Α	Ψ	Σ	Τ	Α	Μ
Ο	Ν	Τ	Ο	Χ	Κ	Σ	Α	Α	Α	Μ	Μ	Η	Α	Ό
Ψ	Ψ	Έ	Χ	Β	Ρ	Ό	Π	Λ	Α	Ν	Ή	Τ	Η	Σ
Λ	Ξ	Α	Α	Β	Ν	Α	Π	Μ	Ύ	Σ	Υ	Μ	Ω	Μ
Ν	Ε	Φ	Έ	Λ	Ω	Μ	Α	Ι	Ρ	Ά	Γ	Γ	Ε	Φ
Υ	Α	Ε	Σ	Σ	Ή	Δ	Ι	Ε	Ο	Ρ	Ε	Τ	Σ	Α
Λ	Ι	Τ	Ρ	Δ	Ο	Ρ	Υ	Φ	Ο	Ρ	Ι	Κ	Ή	Ε
Α	Σ	Τ	Ρ	Ο	Ν	Ό	Μ	Ο	Σ	Α	Β	Ρ	Σ	Σ

ΓΗ
ΑΣΤΕΡΟΕΙΔΉΣ
ΑΣΤΡΟΝΑΎΤΗΣ
ΑΣΤΡΟΝΌΜΟΣ
ΖΏΔΙΟ
ΙΣΗΜΕΡΊΑ
ΚΟΜΉΤΗΣ
ΦΕΓΓΆΡΙ
ΜΕΤΈΩΡΟ
ΝΕΦΈΛΩΜΑ
ΠΛΑΝΉΤΗΣ
ΡΟΥΚΈΤΑ
ΔΟΡΥΦΟΡΙΚΉ
ΑΣΤΈΡΙ
ΑΣΤΕΡΙΣΜΌ
ΤΗΛΕΣΚΌΠΙΟ
ΣΎΜΠΑΝ

19 - Emoties

Κ	Π	Δ	Τ	Π	Ε	Ρ	Ι	Ε	Χ	Ό	Μ	Ε	Ν	Ο
Α	Π	Ν	Ρ	Ω	Έ	Π	Ε	Σ	Γ	Δ	Ρ	Ω	Π	Ν
Λ	Ί	Ω	Υ	Η	Π	Χ	Α	Ι	Ο	Δ	Η	Ν	Λ	Χ
Ο	Σ	Μ	Φ	Α	Ξ	Ν	Ι	Γ	Ρ	Ξ	Τ	Τ	Ή	Α
Σ	Υ	Ώ	Ε	Μ	Ν	Χ	Α	Α	Ά	Ή	Ρ	Έ	Ξ	Λ
Ύ	Μ	Ν	Ρ	Ρ	Ρ	Ε	Ι	Ν	Ο	Π	Ν	Ρ	Η	Α
Ν	Π	Γ	Ό	Τ	Η	Γ	Ρ	Α	Τ	Ψ	Η	Η	Ψ	Ρ
Η	Ό	Υ	Τ	Χ	Α	Ρ	Ά	Κ	Ω	Ω	Ρ	Ε	Ω	Ή
Λ	Ν	Ε	Η	Ε	Α	Ί	Ν	Ο	Μ	Ι	Α	Δ	Υ	Ε
Η	Ι	Π	Τ	Δ	Ν	Η	Θ	Ύ	Ξ	Ί	Γ	Υ	Χ	Ρ
Ί	Α	Υ	Α	Ξ	Δ	Σ	Υ	Φ	Π	Ί	Ρ	Ρ	Ε	Υ
Έ	Κ	Π	Λ	Η	Ξ	Η	Μ	Ι	Υ	Π	Λ	Σ	Ί	Ι
Ξ	Σ	Χ	Μ	Ε	Σ	Έ	Ό	Σ	Ο	Β	Ό	Φ	Ί	Έ
Ο	Ι	Π	Λ	Ο	Ν	Υ	Σ	Η	Ψ	Ί	Λ	Θ	Δ	Γ
Ξ	Έ	Ω	Ι	Κ	Α	Ν	Ο	Π	Ο	Ί	Η	Σ	Α	Έ

ΦΌΒΟΣ
ΕΥΓΝΏΜΩΝ
ΘΛΊΨΗ
ΕΥΔΑΙΜΟΝΊΑ
ΠΕΡΙΕΧΌΜΕΝΟ
ΑΓΆΠΗ
ΧΑΛΑΡΉ
ΑΝΑΚΟΎΦΙΣΗ
ΗΡΕΜΊΑ
ΣΥΜΠΌΝΙΑ
ΤΡΥΦΕΡΌΤΗΤΑ
ΙΚΑΝΟΠΟΊΗΣΑ
ΈΚΠΛΗΞΗ
ΠΛΉΞΗ
ΕΙΡΉΝΗ
ΧΑΡΆ
ΚΑΛΟΣΎΝΗ
ΘΥΜΌΣ

20 - Vakantie #2

Β	Ο	Υ	Ν	Ά	Ν	Λ	Δ	Μ	Β	Τ	Η	Α	Χ	Γ
Η	Ι	Ι	Δ	Τ	Ρ	Ε	Χ	Λ	Σ	Α	Ν	Ε	Ω	Τ
Ο	Ρ	Π	Ξ	Ί	Ξ	Ξ	Κ	Ί	Β	Ξ	Ρ	Ρ	Χ	Ρ
Ξ	Ή	Ν	Η	Κ	Σ	Έ	Γ	Γ	Υ	Ί	Ε	Ο	Ω	Τ
Ί	Τ	Ή	Χ	Υ	Ψ	Α	Ν	Α	Χ	Δ	Ε	Δ	Έ	Ρ
Ρ	Α	Ζ	Ί	Β	Ν	Χ	Ι	Ο	Ά	Ι	Σ	Ρ	Μ	Έ
Β	Β	Η	Ξ	Λ	Ω	Γ	Π	Ί	Ρ	Γ	Τ	Ό	Ε	Ν
Π	Α	Ρ	Α	Λ	Ί	Α	Μ	Ε	Τ	Έ	Ι	Μ	Τ	Ο
Μ	Ι	Λ	Τ	Μ	Σ	Ί	Ά	Χ	Η	Τ	Α	Ι	Α	Θ
Α	Δ	Τ	Ν	Ρ	Η	Ξ	Κ	Ο	Ι	Π	Τ	Ο	Φ	Ά
Λ	Χ	Β	Έ	Τ	Ν	Π	Β	Δ	Π	Β	Ό	Ε	Ο	Λ
Ω	Σ	Ό	Μ	Σ	Ι	Ρ	Ο	Ο	Ρ	Π	Ρ	Ρ	Ρ	Α
Α	Ω	Ι	Χ	Μ	Γ	Ω	Τ	Ν	Ν	Έ	Ι	Τ	Ά	Σ
Σ	Μ	Μ	Ί	Μ	Ο	Α	Ξ	Ε	Ψ	Β	Ο	Χ	Β	Σ
Δ	Ω	Ν	Ί	Β	Ξ	Ρ	Ι	Ξ	Έ	Ξ	Ι	Ο	Η	Α

ΒΟΥΝΆ
ΠΡΟΟΡΙΣΜΌΣ
ΞΈΝΟ
ΝΗΣΊ
ΞΕΝΟΔΟΧΕΊΟ
ΧΆΡΤΗ
ΚΆΜΠΙΝΓΚ
ΑΕΡΟΔΡΌΜΙΟ
ΔΙΑΒΑΤΉΡΙΟ
ΤΑΞΊΔΙ
ΕΣΤΙΑΤΌΡΙΟ
ΠΑΡΑΛΊΑ
ΤΑΞΊ
ΣΚΗΝΉ
ΤΡΈΝΟ
ΜΕΤΑΦΟΡΆ
ΒΊΖΑ
ΑΝΑΨΥΧΉ
ΘΆΛΑΣΣΑ

21 - Weersomstandigheden

Χ	Π	Ξ	Μ	Π	Α	Δ	Ί	Γ	Ι	Α	Τ	Α	Κ	Θ
Ι	Λ	Η	Σ	Ο	Ο	Σ	Ο	Μ	Ί	Χ	Λ	Η	Α	Ε
Ο	Η	Ρ	Ύ	Ξ	Υ	Λ	Τ	Δ	Μ	Δ	Ω	Ξ	Τ	Ρ
Υ	Μ	Α	Ν	Ό	Έ	Σ	Ι	Ρ	Ι	Ψ	Ο	Τ	Μ	Μ
Ρ	Μ	Σ	Ν	Τ	Ω	Ο	Ώ	Κ	Α	Λ	Μ	Ρ	Ό	Ο
Ι	Ύ	Ί	Ε	Ο	Α	Μ	Ρ	Ν	Ή	Π	Σ	Ο	Σ	Κ
Κ	Ρ	Α	Φ	Ι	Α	Ε	Ν	Ο	Α	Γ	Ή	Π	Φ	Ρ
Α	Α	Λ	Ο	Ν	Α	Ν	Α	Μ	Π	Σ	Τ	Ι	Α	Α
Ν	Δ	Ψ	Ξ	Ά	Ν	Ά	Π	Ι	Τ	Ό	Λ	Κ	Ι	Σ
Α	Γ	Β	Ό	Ρ	Η	Ξ	Ρ	Ί	Β	Ν	Ρ	Ή	Ρ	Ί
Σ	Ι	Ε	Ρ	Υ	Ρ	Μ	Η	Κ	Ρ	Α	Ω	Ν	Α	Α
Γ	Ι	Η	Λ	Ο	Ό	Ω	Α	Λ	Ο	Ρ	Ω	Ξ	Ο	Λ
Ω	Ο	Υ	Ξ	Ρ	Ρ	Π	Μ	Ί	Ν	Υ	Η	Χ	Ί	Ν
Ο	Γ	Ρ	Π	Ά	Γ	Ο	Σ	Μ	Τ	Ο	Ν	Μ	Ι	Ξ
Έ	Ρ	Υ	Α	Ν	Υ	Υ	Ε	Α	Ή	Γ	Ί	Β	Π	Τ

ΑΤΜΌΣΦΑΙΡΑ
ΑΣΤΡΑΠΉ
ΒΡΟΝΤΉ
ΞΗΡΌ
ΞΗΡΑΣΊΑ
ΟΥΡΑΝΌΣ
ΠΆΓΟΣ
ΚΛΊΜΑ
ΟΜΊΧΛΗ
ΜΟΥΣΏΝΑΣ
ΧΙΟΥΡΙΚΑΝΑΣ
ΠΛΗΜΜΎΡΑ
ΠΟΛΙΚΉ
ΟΥΡΆΝΙΟ ΤΌΞΟ
ΚΑΤΑΙΓΊΔΑ
ΘΕΡΜΟΚΡΑΣΊΑ
ΤΡΟΠΙΚΉ
ΥΓΡΌ
ΆΝΕΜΟΣ
ΣΎΝΝΕΦΟ

22 - Strand

Ω	Τ	Ω	Δ	Α	Ι	Λ	Ύ	Χ	Ο	Κ	Ί	Σ	Β	Δ
Έ	Δ	Ω	Υ	Ε	Δ	Σ	Ξ	Έ	Υ	Α	Ί	Α	Δ	Λ
Ο	Έ	Μ	Π	Ρ	Μ	Ό	Δ	Α	Π	Β	Υ	Ν	Σ	Δ
Λ	Μ	Ρ	Γ	Ν	Ρ	Ν	Έ	Ξ	Ί	Ο	Η	Δ	Υ	Β
Ι	Π	Π	Θ	Ά	Λ	Α	Σ	Σ	Α	Ύ	Χ	Ά	Μ	Α
Μ	Τ	Ω	Ρ	Τ	Π	Ε	Ρ	Γ	Λ	Ρ	Ο	Λ	Ν	Π
Ν	Έ	Α	Ξ	Έ	Ο	Κ	Α	Ο	Δ	Ι	Β	Ι	Σ	Τ
Ο	Η	Ρ	Ί	Έ	Λ	Ω	Ω	Λ	Ι	Α	Ω	Α	Ο	Α
Θ	Λ	Θ	Ρ	Ν	Ρ	Α	Σ	Έ	Π	Ο	Κ	Α	Ι	Δ
Ά	Η	Ά	Μ	Γ	Χ	Α	Δ	Ξ	Ε	Λ	Π	Μ	Λ	Σ
Λ	Ρ	Β	Ξ	Δ	Ί	Χ	Σ	Ί	Τ	Ν	Ρ	Δ	Ή	Τ
Α	Η	Ο	Ρ	Ό	Φ	Ο	Ι	Τ	Σ	Ι	Έ	Ρ	Η	Η
Σ	Μ	Π	Α	Ω	Π	Η	Λ	Έ	Έ	Η	Ά	Μ	Μ	Ο
Σ	Τ	Α	Κ	Ρ	Ά	Β	Η	Τ	Τ	Π	Ν	Γ	Π	Α
Α	Α	Κ	Τ	Ή	Ξ	Τ	Β	Σ	Α	Γ	Ω	Ο	Τ	Β

ΜΠΛΕ
ΒΆΡΚΑ
ΑΠΟΒΆΘΡΑ
ΝΗΣΊ
ΠΕΤΣΈΤΑ
ΚΑΒΟΎΡΙ
ΑΚΤΉ
ΛΙΜΝΟΘΆΛΑΣΣΑ
ΩΚΕΑΝΌΣ
ΟΜΠΡΈΛΑ
ΞΈΡΑ
ΣΑΝΔΆΛΙΑ
ΚΟΧΎΛΙΑ
ΔΙΑΚΟΠΈΣ
ΆΜΜΟ
ΘΆΛΑΣΣΑ
ΙΣΤΙΟΦΌΡΟ
ΉΛΙΟΣ

23 - Eten #2

Ρ	Δ	Χ	Τ	Χ	Μ	Κ	Μ	Ψ	Ν	Έ	Β	Ω	Ί	Ω
Λ	Ύ	Π	Η	Έ	Ι	Ο	Π	Ω	Τ	Γ	Ο	Η	Σ	Ψ
Ί	Χ	Ζ	Ρ	Ο	Γ	Τ	Α	Μ	Ο	Ψ	Ξ	Έ	Μ	Α
Ν	Ω	Ω	Ι	Δ	Ν	Ό	Ν	Ί	Μ	Ά	Η	Ι	Γ	Ο
Σ	Ι	Τ	Ά	Ρ	Ι	Π	Ά	Α	Ά	Ρ	Έ	Χ	Ξ	Β
Ζ	Α	Μ	Π	Ό	Ν	Ο	Ν	Σ	Τ	Ι	Ί	Ξ	Ω	Ψ
Σ	Ε	Ν	Ξ	Ό	Γ	Υ	Α	Τ	Α	Δ	Μ	Α	Γ	Μ
Σ	Τ	Ο	Ά	Β	Τ	Λ	Μ	Π	Ρ	Ό	Κ	Ο	Λ	Ο
Π	Π	Α	Ω	Ζ	Τ	Ο	Ν	Ι	Κ	Ά	Δ	Ο	Ρ	Λ
Α	Λ	Η	Φ	Δ	Τ	Ξ	Π	Έ	Ο	Ω	Δ	Ω	Α	Α
Ρ	Ι	Α	Ψ	Ύ	Ο	Ι	Δ	Ί	Ν	Ι	Τ	Κ	Α	Δ
Ά	Α	Ξ	Ξ	Β	Λ	Ω	Λ	Μ	Ή	Λ	Ο	Ρ	Υ	Γ
Γ	Σ	Η	Ω	Χ	Λ	Ι	Ω	Ε	Τ	Υ	Ρ	Ί	Ξ	Ύ
Γ	Ί	Α	Ν	Α	Ν	Ά	Λ	Ν	Μ	Ψ	Έ	Ν	Ρ	Μ
Ι	Τ	Ρ	Ύ	Ο	Α	Ι	Γ	Μ	Σ	Ψ	Β	Σ	Σ	Α

ΑΜΎΓΔΑΛΟ
ΑΝΑΝΆ
ΜΉΛΟ
ΣΠΑΡΆΓΓΙ
ΜΕΛΙΤΖΆΝΑ
ΜΠΑΝΆΝΑ
ΜΠΡΌΚΟΛΟ
ΨΩΜΊ
ΣΤΑΦΎΛΙ
ΑΥΓΌ
ΖΑΜΠΌΝ
ΤΥΡΊ
ΚΟΤΌΠΟΥΛΟ
ΑΚΤΙΝΊΔΙΟ
ΡΟΔΆΚΙΝΟ
ΡΎΖΙ
ΣΙΤΆΡΙ
ΝΤΟΜΆΤΑ
ΨΆΡΙ
ΓΙΑΟΎΡΤΙ

24 - Geologie

Ρ	Χ	Υ	Λ	Α	Χ	Ε	Ο	Ι	Α	Λ	Ή	Π	Σ	Ο
Β	Ε	Ω	Ω	Τ	Α	Β	Ά	Λ	Έ	Λ	Ν	Μ	Ό	Ρ
Χ	Ξ	Π	Ο	Λ	Λ	Ξ	Γ	Δ	Β	Τ	Ά	Ο	Μ	Ο
Δ	Ψ	Γ	Τ	Η	Α	Σ	Τ	Ρ	Ώ	Μ	Α	Τ	Σ	Π
Σ	Ι	Η	Ν	Ώ	Ζ	Λ	Ι	Ω	Μ	Έ	Ν	Ο	Ι	Έ
Λ	Τ	Ά	Ι	Υ	Ί	Ο	Ρ	Υ	Κ	Τ	Ά	Ή	Ε	Δ
Η	Β	Α	Β	Ι	Α	Ξ	Ω	Μ	Λ	Σ	Ι	Π	Σ	Ι
Γ	Ν	Ρ	Λ	Ρ	Κ	Ο	Ρ	Ά	Λ	Λ	Ι	Ε	Ψ	Ο
Ξ	Ν	Υ	Α	Α	Ω	Δ	Α	Γ	Έ	Ί	Β	Ι	Δ	Α
Β	Η	Π	Δ	Μ	Κ	Σ	Η	Α	Ί	Ν	Ο	Ρ	Ο	Π
Λ	Δ	Ί	Ω	Δ	Ί	Τ	Η	Ψ	Ο	Ω	Ο	Ο	Ξ	Έ
Γ	Γ	Ί	Α	Μ	Ω	Θ	Ί	Λ	Ο	Π	Α	Σ	Ύ	Τ
Α	Σ	Β	Έ	Σ	Τ	Ι	Ο	Τ	Ι	Χ	Α	Η	Υ	Ρ
Η	Φ	Α	Ί	Σ	Τ	Ε	Ι	Ο	Η	Υ	Ξ	Ε	Ω	Α
Κ	Ρ	Ύ	Σ	Τ	Α	Λ	Λ	Α	Η	Σ	Υ	Ν	Ρ	Ε

ΣΕΙΣΜΌΣ
ΑΣΒΈΣΤΙΟ
ΉΠΕΙΡΟΣ
ΔΙΆΒΡΩΣΗ
ΑΠΟΛΊΘΩΜΑ
ΛΙΩΜΈΝΟ
ΣΠΉΛΑΙΟ
ΚΟΡΆΛΛΙ
ΚΡΎΣΤΑΛΛΑ
ΧΑΛΑΖΊΑ
ΣΤΡΏΜΑ
ΛΆΒΑ
ΟΡΥΚΤΆ
ΟΡΟΠΈΔΙΟ
ΣΤΑΛΑΚΤΊΤΗΣ
ΠΈΤΡΑ
ΗΦΑΊΣΤΕΙΟ
ΖΏΝΗ
ΑΛΆΤΙ
ΟΞΎ

25 - Specerijen

Κ	Κ	Μ	Χ	Τ	Λ	Ι	Σ	Κ	Γ	Ε	Ύ	Σ	Η	Σ
Β	Ρ	Ρ	Ω	Ψ	Ο	Σ	Λ	Ά	Σ	Ξ	Ι	Π	Η	Έ
Γ	Α	Ε	Ο	Ρ	Χ	Υ	Γ	Ρ	Ω	Σ	Β	Χ	Μ	Μ
Α	Π	Ν	Μ	Κ	Χ	Ψ	Λ	Δ	Σ	Β	Λ	Ί	Ύ	Τ
Ρ	Ά	Τ	Ί	Μ	Ο	Έ	Υ	Α	Ν	Μ	Λ	Δ	Ο	Δ
Ύ	Π	Ζ	Η	Λ	Ύ	Σ	Κ	Μ	Τ	Ε	Ο	Μ	Κ	Ε
Φ	Ρ	Ί	Η	Ρ	Ι	Δ	Ό	Ο	Ι	Σ	Θ	Ψ	Ρ	Π
Α	Ι	Ν	Ψ	Α	Ρ	Α	Ι	Τ	Ά	Λ	Α	Έ	Υ	Ι
Λ	Κ	Τ	Ν	Τ	Έ	Δ	Α	Σ	Κ	Ό	Ρ	Δ	Ο	Κ
Λ	Α	Ζ	Τ	Α	Π	Β	Β	Ο	Π	Ω	Ά	Ν	Κ	Ρ
Ο	Λ	Ε	Ο	Ν	Ι	Μ	Ύ	Κ	Λ	Ξ	Μ	Ξ	Δ	Ή
Ί	Έ	Ρ	Β	Π	Π	Γ	Λ	Υ	Κ	Ά	Ν	Ι	Σ	Ο
Π	Ν	Υ	Κ	Ά	Ρ	Υ	Έ	Γ	Ι	Χ	Χ	Ι	Β	Δ
Ε	Α	Δ	Ν	Ν	Δ	Ι	Δ	Έ	Μ	Σ	Υ	Ν	Γ	Ο
Έ	Κ	Μ	Ο	Σ	Χ	Ο	Κ	Ά	Ρ	Υ	Δ	Ο	Ε	Λ

ΓΛΥΚΆΝΙΣΟ
ΠΙΚΡΉ
ΤΖΊΝΤΖΕΡ
ΚΑΝΈΛΑ
ΚΆΡΔΑΜΟ
ΚΆΡΥ
ΣΚΌΡΔΟ
ΚΎΜΙΝΟ
ΓΑΡΎΦΑΛΛΟ
ΚΟΥΡΚΟΎΜΗ
ΜΟΣΧΟΚΆΡΥΔΟ
ΠΆΠΡΙΚΑ
ΠΙΠΈΡΙ
ΚΡΟΚΟΣ
ΓΕΎΣΗ
ΚΡΕΜΜΎΔΙ
ΒΑΝΊΛΙΑ
ΜΆΡΑΘΟ
ΓΛΥΚΌ
ΑΛΆΤΙ

26 - Groenten

Ξ	Ρ	Ι	Μ	Ω	Έ	Υ	Τ	Μ	Ο	Χ	Κ	Ε	Μ	Μ
Ω	Π	Ξ	Χ	Π	Η	Χ	Δ	Α	Ε	Ί	Ο	Λ	Ε	Α
Ξ	Ψ	Α	Λ	Χ	Ρ	Α	Μ	Τ	Η	Ψ	Λ	Ι	Λ	Ν
Γ	Λ	Σ	Ι	Ο	Τ	Ό	Ρ	Α	Κ	Έ	Ο	Ά	Ι	Ι
Σ	Π	Α	Ν	Ά	Κ	Ι	Κ	Ε	Ρ	Ω	Κ	Γ	Τ	Τ
Κ	Ρ	Ε	Μ	Μ	Ύ	Δ	Ι	Ο	Ι	Τ	Ύ	Ν	Ζ	Ά
Α	Γ	Υ	Τ	Ι	Ο	Τ	Β	Δ	Λ	Χ	Θ	Τ	Ά	Ρ
Α	Γ	Ο	Ν	Ι	Λ	Έ	Σ	Ρ	Έ	Ο	Α	Ο	Ν	Ι
Γ	Σ	Κ	Γ	Β	Λ	Α	Η	Ό	Ζ	Σ	Λ	Μ	Α	Χ
Γ	Α	Β	Ι	Γ	Σ	Ω	Ν	Κ	Ι	Μ	Ί	Ά	Ν	Δ
Ο	Λ	Ρ	Λ	Ν	Ύ	Τ	Α	Σ	Π	Η	Χ	Τ	Υ	Ί
Ύ	Ά	Β	Ρ	Χ	Ά	Λ	Ι	Λ	Μ	Ψ	Ν	Α	Γ	Χ
Ρ	Τ	Α	Γ	Υ	Μ	Ρ	Ι	Κ	Ά	Ν	Α	Π	Α	Ρ
Ι	Α	Σ	Γ	Σ	Ό	Ν	Α	Τ	Ν	Ϊ	Α	Μ	Ι	Ω
Ε	Σ	Κ	Α	Λ	Ω	Ν	Ί	Δ	Α	Ε	Ί	Χ	Ε	Ο

ΑΓΚΙΝΆΡΑ
ΜΕΛΙΤΖΆΝΑ
ΜΠΡΌΚΟΛΟ
ΜΠΙΖΈΛΙ
ΣΚΌΡΔΟ
ΑΓΓΟΎΡΙ
ΕΛΙΆ
ΜΑΝΙΤΆΡΙ
ΜΑΪΝΤΑΝΌΣ
ΚΟΛΟΚΎΘΑ
ΓΟΓΓΎΛΙ
ΡΑΠΑΝΆΚΙ
ΣΑΛΆΤΑ
ΣΈΛΙΝΟ
ΕΣΚΑΛΩΝΊΔΑ
ΣΠΑΝΆΚΙ
ΝΤΟΜΆΤΑ
ΚΡΕΜΜΎΔΙ
ΚΑΡΌΤΟ

27 - Archeologie

Π	Ο	Έ	Ν	Ε	Ξ	Ε	Υ	Ρ	Ή	Μ	Α	Τ	Α	Ο
Υ	Ο	Δ	Δ	Α	Μ	Ή	Ν	Μ	Η	Π	Α	Ρ	Δ	Μ
Χ	Γ	Λ	Σ	Β	Ό	Δ	Β	Ρ	Τ	Χ	Π	Τ	Π	Ά
Α	Ξ	Ο	Ι	Ρ	Ή	Τ	Σ	Υ	Μ	Γ	Ψ	Υ	Μ	Δ
Τ	Ν	Σ	Ο	Τ	Σ	Ω	Ν	Γ	Ά	Τ	Σ	Ο	Σ	Α
Η	Α	Τ	Ε	Υ	Ι	Θ	Ρ	Α	Ύ	Σ	Μ	Α	Τ	Α
Τ	Ν	Ε	Ι	Σ	Ν	Σ	Ή	Τ	Η	Ν	Υ	Ε	Ρ	Ε
Ό	Ά	Π	Ξ	Κ	Έ	Ο	Μ	Ί	Β	Υ	Ν	Ο	Γ	Μ
Ι	Λ	Ο	Ν	Ι	Ε	Ο	Ψ	Ό	Π	Ψ	Π	Έ	Β	Β
Α	Υ	Χ	Α	Η	Ο	Ϊ	Σ	Δ	Σ	Μ	Η	Τ	Λ	Η
Χ	Σ	Ή	Ο	Ι	Έ	Τ	Μ	Λ	Ε	Ί	Ψ	Α	Ν	Ο
Ρ	Η	Β	Ι	Ω	Ι	Ω	Ι	Ε	Υ	Δ	Λ	Λ	Ξ	Χ
Α	Α	Π	Ό	Γ	Ο	Ν	Ο	Σ	Ν	Λ	Ω	Ν	Ο	Υ
Α	Ξ	Ι	Ο	Λ	Ό	Γ	Η	Σ	Η	Α	Ί	Τ	Ο	Μ
Α	Π	Ο	Λ	Ί	Θ	Ω	Μ	Α	Ί	Τ	Ν	Ί	Η	Ε

ΑΝΆΛΥΣΗ
ΠΟΛΙΤΙΣΜΌΣ
ΕΥΡΉΜΑΤΑ
ΟΣΤΆ
ΑΞΙΟΛΌΓΗΣΗ
ΑΠΟΛΊΘΩΜΑ
ΘΡΑΎΣΜΑΤΑ
ΜΝΉΜΑ
ΜΥΣΤΉΡΙΟ
ΑΠΌΓΟΝΟΣ
ΑΝΤΙΚΕΊΜΕΝΑ
ΆΓΝΩΣΤΟΣ
ΕΡΕΥΝΗΤΉΣ
ΑΡΧΑΙΌΤΗΤΑ
ΛΕΊΨΑΝΟ
ΟΜΆΔΑ
ΝΑΌ
ΕΠΟΧΉ

28 - Dans

Χ	Ι	Ω	Λ	Ψ	Π	Ο	Λ	Ι	Τ	Ι	Σ	Μ	Ό	Σ
Σ	Α	Η	Σ	Ά	Τ	Σ	Δ	Λ	Ω	Κ	Κ	Α	Έ	Ψ
Β	Μ	Ρ	Έ	Ν	Ε	Τ	Ρ	Α	Π	Ί	Λ	Κ	Τ	Σ
Η	Ώ	Ά	Ο	Ί	Π	Δ	Ρ	Ή	Σ	Ν	Α	Α	Ή	Χ
Γ	Σ	Χ	Υ	Ύ	Γ	Π	Γ	Κ	Υ	Η	Σ	Δ	Κ	Λ
Χ	Τ	Ί	Σ	Η	Μ	Ρ	Ί	Α	Γ	Σ	Ι	Η	Ι	Ν
Ω	Υ	Χ	Τ	Ι	Α	Ε	Β	Ι	Κ	Η	Κ	Μ	Τ	Ο
Μ	Ο	Υ	Σ	Ι	Κ	Ή	Ν	Σ	Ί	Τ	Ή	Ί	Σ	Β
Ο	Ε	Έ	Μ	Δ	Π	Ε	Ί	Ο	Ν	Έ	Β	Α	Ι	Ω
Ρ	Π	Ν	Μ	Έ	Δ	Υ	Ο	Δ	Η	Χ	Π	Α	Τ	Λ
Υ	Γ	Τ	Έ	Σ	Υ	Β	Ί	Α	Σ	Ν	Έ	Β	Ι	Υ
Θ	Σ	Γ	Ι	Δ	Τ	Ψ	Ξ	Ρ	Η	Η	Α	Ό	Λ	Λ
Μ	Η	Ω	Β	Κ	Α	Ί	Φ	Α	Ρ	Γ	Ο	Ρ	Ο	Χ
Ο	Α	Έ	Η	Ί	Ή	Δ	Β	Π	Η	Χ	Μ	Π	Π	Ο
Ύ	Ξ	Ω	Ρ	Ε	Κ	Φ	Ρ	Α	Σ	Τ	Ι	Κ	Ή	Υ

ΑΚΑΔΗΜΊΑ
ΚΊΝΗΣΗ
ΧΑΡΟΎΜΕΝΟ
ΧΟΡΟΓΡΑΦΊΑ
ΠΟΛΙΤΙΣΤΙΚΉ
ΠΟΛΙΤΙΣΜΌΣ
ΣΥΓΚΊΝΗΣΗ
ΕΚΦΡΑΣΤΙΚΉ
ΧΆΡΗ
ΣΤΆΣΗ
ΚΛΑΣΙΚΉ
ΤΈΧΝΗ
ΣΏΜΑ
ΜΟΥΣΙΚΉ
ΠΑΡΤΕΝΈΡ
ΠΡΌΒΑ
ΡΥΘΜΟΎ
ΠΑΡΑΔΟΣΙΑΚΉ
ΟΠΤΙΚΉ

29 - Ziekte

Ο	Ο	Έ	Ν	Κ	Ω	Ή	Κ	Ϊ	Υ	Φ	Σ	Ο	Ι	Α
Ό	Κ	Ι	Τ	Ο	Δ	Α	Τ	Ε	Μ	Γ	Υ	Α	Ψ	Λ
Σ	Ώ	Μ	Α	Ι	Φ	Ν	Β	Γ	Έ	Ι	Ε	Υ	Υ	Λ
Η	Β	Τ	Β	Λ	Λ	Ό	Μ	Ε	Χ	Μ	Ί	Ί	Σ	Ε
Ξ	Ο	Π	Έ	Ι	Ε	Γ	Β	Ν	Ρ	Δ	Ί	Τ	Α	Ρ
Α	Χ	Ξ	Ω	Α	Γ	Ο	Μ	Ε	Ό	Η	Ω	Χ	Ί	Γ
Τ	Ο	Λ	Έ	Κ	Μ	Θ	Ω	Τ	Ν	Π	Ρ	Α	Ε	Ί
Δ	Μ	Τ	Γ	Ή	Ο	Α	Λ	Ι	Ι	Χ	Δ	Σ	Π	Α
Α	Ο	Ί	Μ	Σ	Ν	Π	Χ	Κ	Ο	Γ	Χ	Υ	Α	Η
Δ	Ρ	Α	Ψ	Υ	Ή	Ν	Β	Ή	Σ	Ν	Τ	Λ	Ρ	Π
Υ	Δ	Γ	Δ	Ο	Β	Π	Ά	Ν	Ε	Ψ	Ψ	Ί	Ε	Λ
Α	Ν	Α	Π	Ν	Ε	Υ	Σ	Τ	Ι	Κ	Ή	Α	Θ	Ο
Τ	Ύ	Κ	Α	Ρ	Δ	Ι	Ά	Π	Σ	Χ	Μ	Ί	Ρ	Ν
Ι	Σ	Ψ	Ι	Ή	Κ	Ι	Μ	Ο	Ν	Ο	Ρ	Η	Λ	Κ
Ν	Ε	Υ	Ρ	Ο	Π	Ά	Θ	Ε	Ι	Α	Έ	Β	Ί	Ο

ΑΝΑΠΝΕΥΣΤΙΚΉ
ΑΛΛΕΡΓΊΑ
ΜΕΤΑΔΟΤΙΚΌ
ΟΣΤΆ
ΚΟΙΛΙΑΚΉ
ΧΡΌΝΙΟΣ
ΚΛΗΡΟΝΟΜΙΚΉ
ΓΕΝΕΤΙΚΉ
ΥΓΕΊΑ
ΚΑΡΔΙΆ
ΑΣΥΛΊΑ
ΟΣΦΥΪΚΉ
ΣΏΜΑ
ΝΕΥΡΟΠΆΘΕΙΑ
ΦΛΕΓΜΟΝΉ
ΣΎΝΔΡΟΜΟ
ΘΕΡΑΠΕΊΑ
ΠΑΘΟΓΌΝΑ

30 - Mythologie

Σ	Ζ	Ρ	Ε	Ξ	Δ	Ή	Χ	Ω	Τ	Χ	Η	Θ	Α	Α
Ό	Υ	Ή	Φ	Ο	Ρ	Τ	Σ	Α	Τ	Α	Κ	Ρ	Α	Λ
Τ	Μ	Μ	Λ	Ί	Ο	Ν	Α	Δ	Ν	Π	Μ	Ύ	Θ	Ξ
Η	Ξ	Π	Π	Ι	Δ	Ο	Ρ	Α	Έ	Λ	Ξ	Λ	Α	Δ
Ν	Υ	Δ	Χ	Ε	Α	Ρ	Έ	Ί	Ι	Ά	Π	Ο	Ν	Ύ
Θ	Δ	Ο	Γ	Δ	Ρ	Β	Τ	Γ	Τ	Σ	Ο	Σ	Α	Ν
Η	Ρ	Ω	Ί	Δ	Α	Ι	Ψ	Ρ	Δ	Μ	Λ	Ε	Σ	Α
Α	Σ	Τ	Ρ	Α	Π	Ή	Φ	Υ	Ρ	Α	Ι	Κ	Ί	Μ
Σ	Ή	Τ	Σ	Ι	Μ	Ε	Λ	Ο	Π	Ν	Τ	Δ	Α	Η
Α	Ρ	Χ	Έ	Τ	Υ	Π	Ο	Ι	Ρ	Σ	Ι	Ί	Ρ	Λ
Γ	Ξ	Ω	Ή	Ρ	Ω	Α	Σ	Μ	Ί	Ά	Σ	Κ	Λ	Δ
Π	Ί	Ν	Ω	Σ	Λ	Υ	Ι	Η	Π	Δ	Μ	Η	Χ	Δ
Μ	Α	Γ	Ι	Κ	Ό	Η	Ο	Δ	Μ	Ξ	Ό	Σ	Ο	Ο
Λ	Α	Β	Ύ	Ρ	Ι	Ν	Θ	Ο	Σ	Χ	Σ	Η	Ρ	Χ
Β	Ί	Β	Ο	Ι	Η	Ρ	Ν	Ν	Δ	Σ	Ρ	Ψ	Ο	Ξ

ΑΡΧΈΤΥΠΟ
ΑΣΤΡΑΠΉ
ΔΗΜΙΟΥΡΓΊΑ
ΠΟΛΙΤΙΣΜΌΣ
ΒΡΟΝΤΉ
ΛΑΒΎΡΙΝΘΟΣ
ΣΥΜΠΕΡΙΦΟΡΆ
ΉΡΩΑΣ
ΗΡΩΊΔΑ
ΖΉΛΙΑ
ΔΎΝΑΜΗ
ΠΟΛΕΜΙΣΤΉΣ
ΘΡΎΛΟΣ
ΜΑΓΙΚΌ
ΤΈΡΑΣ
ΑΘΑΝΑΣΊΑ
ΚΑΤΑΣΤΡΟΦΉ
ΘΝΗΤΌΣ
ΠΛΆΣΜΑ
ΕΚΔΊΚΗΣΗ

31 - Eten #1

Ι	Δ	Ύ	Μ	Μ	Ε	Ρ	Κ	Ρ	Έ	Α	Σ	Ι	Υ	Π
Ι	Λ	Ο	Κ	Ο	Κ	Ί	Ρ	Ε	Β	Ξ	Ο	Χ	Δ	Δ
Σ	Τ	Κ	Κ	Α	Ρ	Ό	Τ	Ο	Κ	Α	Ν	Έ	Λ	Α
Ό	Α	Ι	Ι	Λ	Η	Δ	Λ	Ψ	Τ	Ί	Ό	Ι	Έ	Λ
Μ	Σ	Λ	Δ	Ά	Ο	Ι	Ε	Τ	Σ	Ε	Τ	Σ	Ξ	Υ
Υ	Π	Ι	Ά	Γ	Β	Ν	Λ	Υ	Β	Ν	Ρ	Ι	Χ	Ο
Χ	Υ	Σ	Λ	Τ	Ε	Δ	Ι	Ε	Δ	Ρ	Ί	Κ	Σ	Ά
Μ	Η	Α	Χ	Ι	Α	Ι	Ι	Ρ	Μ	Ρ	Ψ	Ί	Ο	Ρ
Υ	Ρ	Β	Α	Ρ	Ξ	Ψ	Σ	Ζ	Ν	Ό	Υ	Τ	Ύ	Φ
Σ	Π	Α	Ν	Ά	Κ	Ι	Ο	Τ	Ά	Υ	Ν	Σ	Π	Ί
Δ	Ι	Γ	Ο	Θ	Ν	Χ	Β	Έ	Ρ	Χ	Π	Ι	Α	Σ
Η	Ε	Σ	Ε	Ι	Τ	Ά	Λ	Α	Ο	Τ	Α	Φ	Ξ	Έ
Η	Ρ	Ο	Δ	Ρ	Ό	Κ	Σ	Λ	Χ	Υ	Μ	Ρ	Έ	Έ
Η	Ο	Λ	Σ	Κ	Ι	Η	Ο	Ω	Υ	Η	Ψ	Έ	Η	Χ
Ψ	Η	Ω	Μ	Ο	Υ	Π	Ο	Χ	Έ	Β	Ί	Μ	Ε	Ο

ΦΡΆΟΥΛΑ
ΒΕΡΊΚΟΚΟ
ΒΑΣΙΛΙΚΟΎ
ΛΕΜΌΝΙ
ΚΡΙΘΆΡΙ
ΚΑΝΈΛΑ
ΣΚΌΡΔΟ
ΓΆΛΑ
ΑΧΛΆΔΙ
ΦΙΣΤΊΚΙ
ΣΑΛΆΤΑ
ΧΥΜΌΣ
ΣΟΎΠΑ
ΣΠΑΝΆΚΙ
ΖΆΧΑΡΗ
ΤΌΝΟΣ
ΚΡΕΜΜΎΔΙ
ΚΡΈΑΣ
ΚΑΡΌΤΟ
ΑΛΆΤΙ

32 - Avontuur

Έ	Μ	Ε	Τ	Ο	Α	Η	Ε	Ι	Ο	Λ	Ί	Φ	Π	Α
Β	Ω	Κ	Α	Μ	Τ	Σ	Ξ	Ψ	Ι	Έ	Δ	Υ	Ρ	Σ
Ί	Ε	Δ	Ξ	Ο	Η	Η	Φ	Ρ	Γ	Χ	Ψ	Π	Ο	Υ
Ο	Ν	Ρ	Ί	Ρ	Τ	Γ	Α	Ά	Ό	Ι	Ε	Τ	Ο	Ν
Έ	Θ	Ο	Δ	Φ	Ό	Ή	Ο	Ψ	Λ	Δ	Έ	Β	Ρ	Ή
Α	Ο	Μ	Ι	Ι	Ι	Ο	Δ	Η	Ο	Ε	Π	Ί	Ι	Θ
Τ	Υ	Ή	Υ	Ά	Α	Λ	Ξ	Ν	Μ	Ω	Ι	Ξ	Σ	Ι
Η	Σ	Ύ	Φ	Χ	Ν	Π	Ξ	Δ	Ο	Ψ	Γ	Α	Μ	Σ
Ξ	Ι	Ψ	Μ	Η	Ν	Α	Ψ	Ί	Ρ	Η	Γ	Έ	Ό	Τ
Χ	Α	Ο	Ψ	Ε	Ε	Λ	Η	Β	Δ	Ε	Ί	Ν	Σ	Ο
Α	Σ	Ν	Υ	Ί	Γ	Π	Α	Ρ	Α	Σ	Κ	Ε	Υ	Ή
Ρ	Μ	Ε	Π	Ι	Κ	Ί	Ν	Δ	Υ	Ν	Ο	Β	Ο	Ρ
Ά	Ό	Ε	Υ	Κ	Α	Ι	Ρ	Ί	Α	Ε	Ι	Ψ	Μ	Ν
Ί	Σ	Δ	Ρ	Α	Σ	Τ	Η	Ρ	Ι	Ό	Τ	Η	Τ	Α
Δ	Υ	Σ	Κ	Ο	Λ	Ί	Α	Ν	Π	Ε	Ν	Μ	Ί	Ω

ΔΡΑΣΤΗΡΙΌΤΗΤΑ
ΠΡΟΟΡΙΣΜΌΣ
ΕΝΘΟΥΣΙΑΣΜΌΣ
ΕΚΔΡΟΜΉ
ΕΠΙΚΊΝΔΥΝΟ
ΕΥΚΑΙΡΊΑ
ΓΕΝΝΑΙΌΤΗΤΑ
ΔΥΣΚΟΛΊΑ
ΦΎΣΗ
ΠΛΟΉΓΗΣΗ
ΝΈΑ
ΑΣΥΝΉΘΙΣΤΟ
ΔΡΟΜΟΛΌΓΙΟ
ΤΑΞΊΔΙ
ΟΜΟΡΦΙΆ
ΑΣΦΆΛΕΙΑ
ΠΑΡΑΣΚΕΥΉ
ΧΑΡΆ
ΦΊΛΟΙ

33 - Restaurant #2

Α	Δ	Λ	Α	Χ	Α	Ν	Ι	Κ	Ά	Τ	Λ	Η	Ψ	Π
Ω	Υ	Ε	Η	Μ	Σ	Λ	Ψ	Σ	Ί	Ω	Τ	Α	Β	Ο
Δ	Β	Ψ	Ί	Γ	Ξ	Ξ	Η	Έ	Α	Υ	Γ	Α	Ξ	Τ
Ν	Ε	Ρ	Ό	Π	Μ	Π	Α	Χ	Α	Ρ	Ι	Κ	Ό	Ό
Σ	Ο	Ύ	Π	Α	Ν	Β	Ρ	Σ	Γ	Ι	Ι	Ξ	Λ	Α
Ο	Τ	Χ	Λ	Λ	Ο	Ο	Ο	Ε	Σ	Ε	Π	Σ	Ί	Λ
Γ	Ύ	Ρ	Υ	Κ	Ι	Έ	Κ	Ρ	Η	Ξ	Ύ	Γ	Ί	Ά
Ά	Ο	Τ	Τ	Έ	Ν	Έ	Λ	Β	Γ	Ί	Δ	Μ	Ν	Τ
Π	Ρ	Γ	Χ	Ρ	Ύ	Ι	Α	Ι	Σ	Ξ	Δ	Λ	Α	Ι
Ρ	Φ	Η	Σ	Α	Ο	Δ	Ζ	Τ	Έ	Α	Ω	Ι	Έ	Γ
Έ	Π	Ο	Ξ	Κ	Ρ	Σ	Ά	Ό	Λ	Λ	Λ	Ρ	Χ	Χ
Ί	Δ	Υ	Σ	Ί	Ι	Μ	Ν	Ρ	Τ	Έ	Ο	Ά	Ξ	Γ
Τ	Τ	Μ	Χ	Σ	Π	Ε	Ι	Ο	Α	Ν	Λ	Ψ	Τ	Ψ
Κ	Ο	Υ	Τ	Ά	Λ	Ι	Α	Σ	Π	Ω	Ο	Τ	Π	Α
Έ	Ν	Ό	Σ	Τ	Ι	Μ	Ο	Η	Ε	Ε	Σ	Ε	Υ	Δ

ΚΈΙΚ
ΔΕΊΠΝΟ
ΠΟΤΌ
ΑΥΓΑ
ΦΡΟΎΤΟ
ΛΑΧΑΝΙΚΆ
ΝΌΣΤΙΜΟ
ΠΆΓΟΣ
ΚΟΥΤΆΛΙ
ΓΕΎΜΑ
ΛΑΖΆΝΙΑ
ΣΕΡΒΙΤΌΡΟΣ
ΣΑΛΆΤΑ
ΣΟΎΠΑ
ΜΠΑΧΑΡΙΚΌ
ΚΑΡΈΚΛΑ
ΨΆΡΙ
ΠΙΡΟΎΝΙ
ΝΕΡΌ
ΑΛΆΤΙ

34 - Bijen

Γ	Έ	Τ	Ε	Ν	Ν	Μ	Β	Ι	Η	Χ	Η	Ι	Χ	Ξ
Λ	Ψ	Δ	Φ	Υ	Ί	Η	Έ	Ψ	Υ	Χ	Χ	Α	Ε	Τ
Μ	Σ	Η	Τ	Β	Ε	Η	Σ	Λ	Σ	Λ	Β	Ψ	Υ	Α
Ξ	Ή	Σ	Ε	Ε	Έ	Ρ	Κ	Χ	Ι	Β	Ρ	Ρ	Β	Ο
Ξ	Τ	Π	Ρ	Σ	Τ	Ύ	Γ	Υ	Κ	Ή	Π	Ο	Σ	Κ
Β	Σ	Ω	Ά	Π	Ε	Γ	Τ	Ε	Ψ	Λ	Έ	Ψ	Ο	Ε
Β	Α	Σ	Ί	Λ	Ι	Σ	Σ	Α	Τ	Έ	Ί	Τ	Θ	Ρ
Ή	Ι	Φ	Ρ	Φ	Μ	Ψ	Α	Ε	Μ	Ι	Λ	Ί	Ν	Ί
Λ	Ν	Ρ	Ξ	Υ	Α	Ψ	Έ	Λ	Σ	Ν	Κ	Η	Ά	Έ
Ι	Ο	Ο	Ρ	Τ	Τ	Β	Β	Β	Λ	Ι	Ξ	Ή	Σ	Ν
Ο	Κ	Ύ	Ρ	Ά	Μ	Β	Σ	Γ	Ρ	Β	Λ	Φ	Μ	Τ
Σ	Ι	Τ	Κ	Α	Π	Ν	Ί	Ζ	Ο	Υ	Ν	Ο	Ή	Ο
Ι	Π	Ο	Λ	Ο	Υ	Λ	Ο	Ύ	Δ	Ι	Α	Ρ	Ν	Μ
Τ	Ε	Γ	Ι	Ψ	Μ	Έ	Ω	Β	Τ	Ξ	Δ	Τ	Ο	Ο
Π	Ο	Ι	Κ	Ι	Λ	Ί	Α	Ι	Ν	Π	Ί	Έ	Σ	Ω

ΕΠΙΚΟΝΙΑΣΤΉΣ
ΚΥΨΈΛΗ
ΛΟΥΛΟΎΔΙΑ
ΆΝΘΟΣ
ΠΟΙΚΙΛΊΑ
ΦΡΟΎΤΟ
ΜΈΛΙ
ΈΝΤΟΜΟ
ΒΑΣΊΛΙΣΣΑ
ΦΥΤΆ
ΚΑΠΝΊΖΟΥΝ
ΓΎΡΗ
ΚΉΠΟΣ
ΦΤΕΡΆ
ΤΡΟΦΉ
ΕΥΕΡΓΕΤΙΚΉ
ΚΕΡΊ
ΉΛΙΟΣ
ΣΜΉΝΟΣ

35 - Wandelen

Ί	Ο	Ο	Ο	Λ	Ί	Ρ	Ε	Κ	Ν	Ο	Ι	Ρ	Γ	Ά
Ε	Γ	Ί	Υ	Ί	Π	Ν	Ε	Ά	Γ	Δ	Γ	Χ	Ί	Μ
Κ	Β	Ί	Ι	Ε	Έ	Ε	Έ	Μ	Σ	Η	Τ	Ρ	Ά	Χ
Ψ	Ο	Α	Β	Υ	Α	Ρ	Π	Π	Ν	Γ	Π	Ω	Ι	Ε
Ξ	Ω	Υ	Ρ	Ω	Ο	Ό	Έ	Ι	Α	Ο	Α	Ρ	Ξ	Β
Έ	Μ	Ψ	Ρ	Ι	Ε	Ν	Τ	Ν	Ι	Ί	Ρ	Υ	Έ	Ξ
Φ	Ύ	Σ	Η	Α	Ά	Δ	Ρ	Γ	Π	Ω	Α	Ν	Ν	Β
Ω	Ι	Α	Υ	Μ	Σ	Δ	Α	Κ	Ύ	Ε	Σ	Μ	Ω	Χ
Ζ	Ώ	Α	Π	Ί	Ε	Μ	Δ	Ψ	Ο	Ε	Κ	Σ	Ν	Β
Γ	Έ	Κ	Ο	Λ	Τ	Β	Έ	Ψ	Ν	Υ	Ε	Λ	Ω	Ψ
Β	Ι	Ρ	Π	Κ	Ό	Ρ	Π	Ν	Υ	Ξ	Υ	Ο	Ψ	Σ
Ο	Δ	Ά	Ε	Ί	Π	Ά	Β	Ο	Ο	Έ	Ή	Τ	Β	Ε
Υ	Β	Π	Β	Τ	Μ	Χ	Ξ	Ψ	Κ	Σ	Ο	Ι	Λ	Ή
Ν	Υ	Ή	Φ	Υ	Ρ	Ο	Κ	Α	Ι	Ρ	Ό	Σ	Ξ	Ο
Ό	Ν	Π	Β	Α	Έ	Ί	Υ	Α	Μ	Μ	Ε	Χ	Σ	Ν

ΒΟΥΝΌ
ΖΏΑ
ΟΔΗΓΟΊ
ΧΆΡΤΗ
ΚΆΜΠΙΝΓΚ
ΒΡΆΧΟ
ΚΛΊΜΑ
ΜΠΌΤΕΣ
ΚΟΥΡΑΣΜΈΝΟΣ
ΚΟΥΝΟΎΠΙΑ
ΦΎΣΗ
ΠΆΡΚΑ
ΠΈΤΡΑ
ΚΟΡΥΦΉ
ΠΑΡΑΣΚΕΥΉ
ΝΕΡΌ
ΚΑΙΡΌΣ
ΆΓΡΙΟ
ΉΛΙΟΣ
ΒΑΡΙΆ

36 - Biologie

Α	Ι	Ρ	Π	Ξ	Λ	Ε	Ξ	Έ	Λ	Ι	Ξ	Η	Σ	Π
Φ	Ν	Σ	Υ	Μ	Β	Ί	Ω	Σ	Η	Δ	Μ	Τ	Ύ	Ρ
Ό	Ω	Α	Μ	Ω	Σ	Ό	Μ	Ω	Ρ	Χ	Χ	Γ	Ν	Ω
Σ	Α	Τ	Τ	Κ	Ο	Λ	Λ	Α	Γ	Ό	Ν	Ο	Α	Τ
Μ	Ί	Ι	Ο	Ο	Ρ	Ύ	Ε	Ν	Π	Έ	Β	Δ	Ψ	Ε
Ω	Ψ	Ω	Γ	Σ	Μ	Ο	Ρ	Χ	Ί	Ή	Ξ	Ί	Η	Ι
Σ	Γ	Ε	Β	Μ	Ύ	Ί	Β	Χ	Έ	Κ	Ε	Λ	Ί	¨
Η	Ή	Ο	Ν	Π	Α	Ν	Α	Λ	Α	Ι	Ψ	Ρ	Τ	´
Ο	Μ	Ω	Ψ	Ί	Ν	Λ	Θ	Ω	Ψ	Σ	Γ	Π	Ο	Ν
Λ	Ρ	Ί	Ν	Π	Τ	Γ	Τ	Ε	Ν	Υ	Χ	Δ	Σ	Η
Ε	Υ	Μ	Χ	Μ	Λ	Ν	Λ	Ν	Σ	Φ	Ι	Ρ	Ε	Έ
Ν	Δ	Ί	Ό	Τ	Ε	Π	Ρ	Ε	Λ	Η	Χ	Ψ	Ψ	Τ
Τ	Α	Ξ	Α	Ν	Ώ	Ρ	Υ	Ε	Ν	Χ	Ο	Σ	Ι	Χ
Ν	Λ	Μ	Ν	Τ	Η	Μ	Ε	Τ	Ά	Λ	Λ	Α	Ξ	Η
Έ	Ν	Ζ	Υ	Μ	Ο	Έ	Μ	Β	Ρ	Υ	Ο	Σ	Ν	Ω

ΑΝΑΠΝΟΉ
ΑΝΑΤΟΜΊΑ
ΚΕΛΊ
ΧΡΩΜΌΣΩΜΑ
ΚΟΛΛΑΓΌΝΟ
ΠΡΩΤΕΪΝΗ
ΈΜΒΡΥΟ
ΈΝΖΥΜΟ
ΕΞΈΛΙΞΗ
ΦΩΤΟΣΎΝΘΕΣΗ
ΟΡΜΌΝΗ
ΜΕΤΆΛΛΑΞΗ
ΦΥΣΙΚΉ
ΝΕΥΡΏΝΑ
ΌΣΜΩΣΗ
ΕΡΠΕΤΌ
ΣΥΜΒΊΩΣΗ
ΣΎΝΑΨΗ
ΝΈΥΡΟ

37 - Landen #1

Σ	Έ	Ω	Χ	Γ	Ε	Ρ	Μ	Α	Ν	Ί	Α	Ω	Ο	Υ
Σ	Ε	Ρ	Δ	Ι	Ι	Σ	Π	Α	Ν	Ί	Α	Ι	Η	Ν
Σ	Τ	Ν	Α	Ί	Λ	Ι	Ζ	Α	Ρ	Β	Λ	Ρ	Ν	Ι
Χ	Δ	Τ	Ε	Α	Ξ	Ή	Υ	Σ	Έ	Γ	Δ	Ά	Ξ	Κ
Ρ	Γ	Γ	Σ	Γ	Ψ	Π	Β	Λ	Α	Μ	Β	Κ	Ω	Α
Ν	Ο	Γ	Έ	Λ	Ά	Ψ	Ρ	Ε	Λ	Γ	Π	Η	Η	Ρ
Α	Κ	Υ	Τ	Δ	Χ	Λ	Ο	Τ	Ξ	Μ	Ν	Α	Ύ	Ά
Ι	Ό	Λ	Μ	Χ	Μ	Ω	Η	Ο	Ι	Γ	Λ	Έ	Β	Γ
Τ	Ρ	Ά	Δ	Α	Ν	Α	Κ	Ν	Ρ	Α	Μ	Δ	Ι	Ο
Α	Α	Ι	Χ	Χ	Ν	Δ	Έ	Ί	Ι	Ν	Τ	Ε	Λ	Υ
Λ	Μ	Π	Τ	Τ	Ψ	Ί	Ι	Α	Μ	Ρ	Ψ	Υ	Η	Α
Ί	Ν	Γ	Σ	Γ	Η	Χ	Α	Π	Ο	Λ	Ω	Ν	Ί	Α
Α	Η	Ί	Μ	Ι	Σ	Ρ	Α	Ή	Λ	Ρ	Ε	Υ	Υ	Ν
Ρ	Π	Α	Ν	Α	Μ	Ά	Ν	Ο	Ρ	Β	Η	Γ	Ί	Α
Β	Υ	Α	Ί	Γ	Υ	Π	Τ	Ο	Σ	Ί	Η	Η	Λ	Β

ΒΈΛΓΙΟ
ΒΡΑΖΙΛΊΑ
ΚΑΝΑΔΆ
ΧΙΛΉ
ΓΕΡΜΑΝΊΑ
ΑΊΓΥΠΤΟΣ
ΙΡΆΚ
ΙΣΡΑΉΛ
ΙΤΑΛΊΑ
ΛΕΤΟΝΊΑ
ΛΙΒΎΗ
ΜΑΡΌΚΟ
ΝΙΚΑΡΆΓΟΥΑ
ΝΟΡΒΗΓΊΑ
ΠΑΝΑΜΆ
ΠΟΛΩΝΊΑ
ΡΟΥΜΑΝΊΑ
ΣΕΝΕΓΆΛΗ
ΙΣΠΑΝΊΑ

38 - Installaties

Π	Ι	Κ	Γ	Η	Σ	Η	Τ	Σ	Ά	Λ	Β	Έ	Χ	Η
Γ	Η	Β	Ή	Ρ	Ί	Ν	Χ	Έ	Ξ	Ο	Δ	Έ	Λ	Ν
Ε	Π	Ο	Φ	Π	Α	Ύ	Ρ	Β	Μ	Υ	Ν	Τ	Ω	Ν
Ρ	Έ	Π	Ύ	Σ	Ο	Σ	Α	Δ	Υ	Λ	Λ	Ί	Ρ	Τ
Ρ	Ξ	Έ	Λ	Ρ	Ρ	Σ	Ί	Υ	Α	Ο	Η	Μ	Ί	Υ
Ο	Ω	Ψ	Λ	Α	Τ	Ο	Τ	Δ	Α	Ύ	Χ	Ν	Δ	Ι
Ψ	Υ	Ι	Ο	Ο	Ν	Τ	Ψ	Α	Ι	Δ	Β	Τ	Α	Τ
Α	Ξ	Λ	Τ	Δ	Έ	Κ	Λ	Ί	Μ	Ι	Έ	Γ	Π	Ψ
Μ	Ω	Ό	Λ	Η	Δ	Ά	Ψ	Ά	Σ	Τ	Ο	Ω	Π	Ί
Ω	Π	Σ	Ρ	Η	Ή	Κ	Ι	Ν	Α	Τ	Ο	Β	Ξ	Σ
Λ	Ξ	Α	Ρ	Ί	Ζ	Α	Γ	Θ	Σ	Ξ	Β	Ι	Έ	Ι
Λ	Έ	Φ	Μ	Β	Σ	Ρ	Ι	Ο	Ρ	Ύ	Ο	Μ	Λ	Ξ
Ύ	Ο	Λ	Χ	Π	Έ	Π	Ί	Σ	Ό	Σ	Σ	Ι	Κ	Β
Φ	Δ	Ω	Ο	Ν	Ο	Λ	Ί	Π	Α	Σ	Μ	Α	Σ	Α
Σ	Ε	Σ	Ί	Η	Έ	Ύ	Β	Ό	Τ	Α	Ν	Ο	Ξ	Τ

ΜΠΑΜΠΟΎ
ΜΟΎΡΟ
ΦΎΛΛΟ
ΛΟΥΛΟΎΔΙ
ΆΝΘΟΣ
ΔΈΝΤΡΟ
ΦΑΣΌΛΙ
ΔΑΣΟΣ
ΚΆΚΤΟΣ
ΧΛΩΡΊΔΑ
ΦΎΛΛΩΜΑ
ΓΡΑΣΊΔΙ
ΚΙΣΣΌΣ
ΒΌΤΑΝΟ
ΛΊΠΑΣΜΑ
ΒΡΎΑ
ΒΟΤΑΝΙΚΉ
ΚΉΠΟΣ
ΒΛΆΣΤΗΣΗ
ΡΊΖΑ

39 - Agronomie

Δ	Η	Σ	Ω	Ρ	Β	Ά	Ι	Δ	Υ	Τ	Έ	Ψ	Α	Λ
Ί	Μ	Α	Π	Ξ	Ψ	Α	Μ	Ο	Λ	Π	Ή	Ξ	Σ	Α
Ο	Ή	Ν	Ι	Ό	Α	Ί	Γ	Ρ	Ω	Ε	Γ	Ο	Θ	Χ
Ο	Τ	Α	Ν	Σ	Ρ	Γ	Δ	Ύ	Ξ	Α	Ω	Η	Έ	Α
Β	Σ	Γ	Ε	Α	Λ	Ο	Α	Π	Α	Ω	Γ	Ρ	Ν	Ν
Ι	Ι	Ν	Ρ	Ί	Ο	Λ	Ι	Α	Ν	Σ	Α	Λ	Ε	Ι
Ο	Π	Ώ	Ό	Ξ	Λ	Ο	Ε	Ν	Ά	Β	Ρ	Ί	Ι	Κ
Λ	Ε	Ρ	Μ	Ψ	Ο	Κ	Γ	Σ	Π	Ξ	Α	Π	Α	Ά
Ο	Γ	Ι	Α	Η	Ι	Ι	Ρ	Η	Τ	Ρ	Π	Α	Έ	Έ
Γ	Α	Σ	Σ	Δ	Ν	Ο	Έ	Μ	Υ	Σ	Ν	Σ	Ρ	Ω
Ι	Έ	Η	Ψ	Ο	Ω	Β	Ν	Ι	Ξ	Ν	Ψ	Μ	Ε	Χ
Κ	Μ	Λ	Ί	Ω	Ι	Β	Ε	Σ	Η	Π	Ψ	Α	Υ	Ι
Ή	Κ	Ι	Τ	Ο	Ρ	Γ	Α	Ώ	Δ	Τ	Δ	Π	Ν	Α
Σ	Ύ	Σ	Τ	Η	Μ	Α	Ε	Ι	Ξ	Ψ	Λ	Η	Α	Σ
Ω	Λ	Β	Ν	Ο	Λ	Λ	Ά	Β	Ι	Ρ	Ε	Π	Λ	Ι

ΒΙΏΣΙΜΗ
ΟΙΚΟΛΟΓΊΑ
ΕΝΈΡΓΕΙΑ
ΔΙΆΒΡΩΣΗ
ΑΝΆΠΤΥΞΗ
ΛΑΧΑΝΙΚΆ
ΑΝΑΓΝΏΡΙΣΗ
ΓΕΩΡΓΊΑ
ΑΓΡΟΤΙΚΉ
ΛΊΠΑΣΜΑ
ΠΕΡΙΒΆΛΛΟΝ
ΈΡΕΥΝΑ
ΒΙΟΛΟΓΙΚΉ
ΠΑΡΑΓΩΓΉ
ΣΎΣΤΗΜΑ
ΡΎΠΑΝΣΗ
ΝΕΡΌ
ΕΠΙΣΤΉΜΗ
ΣΠΌΡΟΙ
ΑΣΘΈΝΕΙΑ

40 - Oceaan

Έ	Λ	Μ	Ε	Π	Γ	Α	Ρ	Ί	Δ	Α	Τ	Γ	Δ	Κ
Ι	Χ	Ψ	Φ	Ά	Λ	Α	Ι	Ν	Α	Ο	Ό	Η	Π	Ο
Ξ	Ι	Δ	Ό	Π	Α	Τ	Χ	Χ	Α	Δ	Ν	Ί	Ο	Ρ
Β	Ά	Ρ	Κ	Α	Ι	Ρ	Ά	Γ	Γ	Υ	Ο	Φ	Σ	Ά
Ξ	Χ	Π	Ύ	Α	Λ	Ά	Τ	Ι	Η	Η	Σ	Ν	Η	Λ
Έ	Ω	Έ	Ρ	Ο	Π	Η	Ν	Χ	Ι	Γ	Ε	Μ	Ι	Λ
Ρ	Σ	Η	Λ	Λ	Β	Η	Ν	Ε	Π	Μ	Σ	Χ	Ο	Ι
Α	Β	Γ	Α	Ι	Π	Α	Α	Λ	Ε	Δ	Υ	Λ	Π	Ρ
Δ	Ε	Λ	Φ	Ί	Ν	Ι	Κ	Ώ	Έ	Η	Ο	Β	Ψ	Ά
Ξ	Σ	Ά	Β	Γ	Ρ	Β	Μ	Ν	Α	Υ	Δ	Λ	Μ	Ψ
Ι	Α	Δ	Ί	Γ	Ι	Α	Τ	Α	Κ	Ι	Έ	Ω	Η	Δ
Σ	Τ	Ρ	Ε	Ί	Δ	Ι	Ν	Ί	Χ	Μ	Μ	Ξ	Ψ	Χ
Κ	Α	Ρ	Χ	Α	Ρ	Ί	Α	Σ	Α	Δ	Σ	Ν	Δ	Ε
Π	Α	Λ	Ί	Ρ	Ρ	Ο	Ι	Α	Λ	Β	Ρ	Λ	Ο	Μ
Ω	Ι	Ψ	Μ	Υ	Δ	Ε	Έ	Χ	Υ	Ρ	Έ	Β	Υ	Έ

ΧΈΛΙ
ΆΛΓΗ
ΒΆΡΚΑ
ΔΕΛΦΊΝΙ
ΓΑΡΊΔΑ
ΠΑΛΊΡΡΟΙΑ
ΚΑΡΧΑΡΊΑΣ
ΚΟΡΆΛΛΙ
ΚΑΒΟΎΡΙ
ΜΈΔΟΥΣΕΣ
ΧΤΑΠΌΔΙ
ΣΤΡΕΊΔΙ
ΞΈΡΑ
ΧΕΛΏΝΑ
ΣΦΟΥΓΓΆΡΙ
ΚΑΤΑΙΓΊΔΑ
ΤΌΝΟΣ
ΨΆΡΙ
ΦΆΛΑΙΝΑ
ΑΛΆΤΙ

41 - Landen #2

Σ	Ο	Μ	Α	Λ	Ί	Α	Ί	Ρ	Ε	Β	Ι	Λ	Ε	Μ
Έ	Ε	Έ	Ί	Ρ	Σ	Υ	Ρ	Ί	Α	Ψ	Ν	Χ	Λ	Α
Γ	Ο	Χ	Ρ	Τ	Ω	Ί	Ρ	Β	Σ	Ο	Ε	Υ	Λ	Λ
Α	Δ	Ψ	Η	Μ	Λ	Σ	Μ	Ψ	Ρ	Ξ	Ο	Έ	Ά	Α
Α	Σ	Ο	Γ	Τ	Γ	Ά	Ί	Ι	Ε	Λ	Έ	Ξ	Δ	Ι
Ί	Η	Χ	Ι	Ε	Ί	Ν	Ο	Α	Τ	Γ	Ο	Δ	Α	Σ
Π	Ο	Ό	Ν	Χ	Γ	Α	Ε	Σ	Ω	Ι	Γ	Α	Ί	Ί
Ο	Υ	Κ	Ρ	Α	Ν	Ί	Α	Π	Ξ	Α	Λ	Ν	Λ	Α
Ι	Κ	Ι	Π	Τ	Ψ	Σ	Ο	Δ	Ά	Ε	Ί	Ί	Λ	Ι
Θ	Έ	Ξ	Ψ	Ν	Υ	Η	Έ	Υ	Έ	Λ	Β	Α	Α	Α
Ι	Ν	Ε	Ι	Ά	Ω	Ν	Γ	Ί	Π	Ε	Α	Χ	Γ	Π
Α	Υ	Μ	Μ	Κ	Ί	Ο	Η	Α	Ο	Ι	Ν	Ε	Έ	Ω
Ί	Α	Α	Ν	Γ	Ν	Δ	Χ	Ε	Χ	Ί	Ο	Ρ	Ρ	Ν
Β	Ξ	Έ	Ι	Υ	Σ	Ν	Γ	Έ	Ί	Έ	Σ	Ξ	Γ	Ί
Α	Λ	Η	Ξ	Ο	Ι	Ι	Ρ	Λ	Α	Ν	Δ	Ί	Α	Α

ΔΑΝΊΑ
ΑΙΘΙΟΠΊΑ
ΓΑΛΛΊΑ
ΕΛΛΆΔΑ
ΙΡΛΑΝΔΊΑ
ΙΝΔΟΝΗΣΊΑ
ΙΑΠΩΝΊΑ
ΚΈΝΥΑ
ΛΆΟΣ
ΛΊΒΑΝΟΣ
ΛΙΒΕΡΊΑ
ΜΑΛΑΙΣΊΑ
ΜΕΞΙΚΌ
ΝΕΠΆΛ
ΝΙΓΗΡΊΑ
ΟΥΓΚΆΝΤΑ
ΟΥΚΡΑΝΊΑ
ΡΩΣΊΑ
ΣΟΜΑΛΊΑ
ΣΥΡΊΑ

42 - Bloemen

Κ	Μ	Λ	Χ	Τ	Σ	Ω	Ι	Ί	Μ	Ε	Σ	Α	Ι	Γ
Λ	Ρ	Ο	Ξ	Ο	Π	Ι	Β	Β	Α	Τ	Ξ	Ί	Χ	Ξ
Ψ	Ε	Ί	Ψ	Ψ	Ξ	Α	Ί	Ρ	Ν	Ρ	Α	Ν	Ρ	Τ
Μ	Ω	Β	Ν	Χ	Σ	Ρ	Σ	Ν	Ό	Ι	Ρ	Ω	Δ	Ψ
Ρ	Α	Ω	Ά	Ο	Ι	Ν	Κ	Ί	Λ	Φ	Α	Ι	Μ	Α
Η	Τ	Σ	Χ	Ν	Σ	Ί	Ο	Μ	Ι	Ύ	Υ	Α	Υ	Π
Τ	Ί	Έ	Χ	Λ	Τ	Ί	Σ	Π	Α	Λ	Α	Π	Σ	Ί
Ο	Ρ	Λ	Τ	Υ	Γ	Α	Λ	Ο	Τ	Λ	Ι	Γ	Έ	Λ
Γ	Α	Ρ	Δ	Έ	Ν	Ι	Α	Υ	Τ	Ι	Μ	Η	Υ	Υ
Έ	Γ	Χ	Χ	Ι	Δ	Ο	Β	Κ	Π	Έ	Τ	Α	Λ	Ο
Λ	Ρ	Λ	Γ	Π	Π	Ε	Α	Έ	Δ	Ι	Χ	Ρ	Ο	Τ
Π	Α	Σ	Χ	Α	Λ	Ι	Ά	Τ	Ψ	Έ	Ε	Τ	Ί	Ξ
Λ	Μ	Α	Τ	Υ	Α	Ν	Ύ	Ο	Ρ	Α	Π	Α	Π	Γ
Π	Α	Σ	Σ	Ι	Φ	Λ	Ό	Ρ	Α	Ω	Έ	Ξ	Ρ	Ψ
Τ	Ρ	Ι	Α	Ν	Τ	Ά	Φ	Υ	Λ	Λ	Ο	Ι	Γ	Μ

ΠΈΤΑΛΟ
ΜΠΟΥΚΈΤΟ
ΓΑΡΔΈΝΙΑ
ΙΒΊΣΚΟΣ
ΓΙΑΣΕΜΊ
ΤΡΙΦΎΛΛΙ
ΛΕΒΆΝΤΑ
ΚΡΊΝΟΣ
ΠΑΣΧΑΛΙΆ
ΜΑΡΓΑΡΊΤΑ
ΜΑΝΌΛΙΑ
ΟΡΧΙΔΈΑ
ΠΑΠΑΡΟΎΝΑ
ΠΑΣΣΙΦΛΌΡΑ
ΠΑΙΩΝΊΑ
ΤΡΙΑΝΤΆΦΥΛΛΟ
ΤΟΥΛΊΠΑ

43 - Landschappen

Η	Φ	Α	Ί	Σ	Τ	Ε	Ι	Ο	Ρ	Β	Ν	Σ	Τ	Π
Κ	Α	Τ	Α	Ρ	Ρ	Ά	Κ	Τ	Η	Χ	Δ	Π	Ο	Α
Π	Δ	Ψ	Ε	Ι	Α	Υ	Λ	Χ	Α	Ο	Λ	Ή	Ύ	Γ
Ω	Ο	Φ	Ό	Λ	Λ	Η	Λ	Ξ	Μ	Ψ	Δ	Λ	Ν	Ε
Κ	Σ	Τ	Ρ	Γ	Ξ	Ν	Η	Λ	Ε	Σ	Π	Α	Δ	Τ
Ε	Η	Θ	Α	Δ	Ξ	Χ	Η	Σ	Α	Ό	Α	Ι	Ρ	Ώ
Α	Ν	Ά	Δ	Μ	Λ	Δ	Η	Σ	Α	Ψ	Ν	Ο	Α	Ν
Ν	Ό	Λ	Ά	Ο	Ό	Χ	Α	Ο	Ί	Ψ	Π	Υ	Ψ	Α
Ό	Σ	Α	Λ	Έ	Έ	Σ	Σ	Π	Λ	Δ	Ο	Ο	Ο	Σ
Σ	Ρ	Σ	Ι	Π	Γ	Ο	Π	Λ	Α	Υ	Ε	Μ	Ι	Β
Β	Ε	Σ	Ο	Μ	Τ	Τ	Ρ	Ό	Ρ	Υ	Λ	Ή	Δ	Α
Ί	Χ	Α	Κ	Υ	Ξ	Λ	Ω	Κ	Α	Ω	Ψ	Ρ	Λ	Ο
Ε	Λ	Ί	Μ	Ν	Η	Ά	Ι	Ι	Π	Η	Δ	Ε	Χ	Μ
Ο	Ρ	Ρ	Έ	Λ	Υ	Β	Λ	Ο	Σ	Σ	Υ	Μ	Ί	Ρ
Χ	Έ	Υ	Ρ	Ο	Χ	Π	Α	Γ	Ό	Β	Ο	Υ	Ν	Ο

ΒΟΥΝΌ
ΝΗΣΊ
ΠΑΓΕΤΏΝΑΣ
ΚΌΛΠΟΣ
ΣΠΉΛΑΙΟ
ΛΌΦΟ
ΠΑΓΌΒΟΥΝΟ
ΛΊΜΝΗ
ΒΆΛΤΟΣ
ΌΑΣΗ

ΩΚΕΑΝΌΣ
ΠΟΤΑΜΌΣ
ΧΕΡΣΌΝΗΣΟ
ΠΑΡΑΛΊΑ
ΤΟΎΝΔΡΑ
ΚΟΙΛΆΔΑ
ΗΦΑΊΣΤΕΙΟ
ΚΑΤΑΡΡΆΚΤΗ
ΕΡΉΜΟΥ
ΘΆΛΑΣΣΑ

44 - Tuin

Γ	Η	Ν	Α	Ω	Ρ	Τ	Β	Β	Ω	Μ	Φ	Γ	Ω	Ξ
Ί	Κ	Α	Ι	Ώ	Ρ	Α	Μ	Ο	Ε	Υ	Τ	Ρ	Έ	Π
Χ	Ω	Α	Ι	Ν	Ά	Ζ	Ι	Ζ	Υ	Μ	Υ	Α	Ο	Ε
Ω	Β	Ν	Ζ	Ι	Ψ	Ά	Κ	Δ	Η	Ξ	Ά	Σ	Π	Ρ
Η	Μ	Ά	Ο	Ό	Η	Ρ	Ά	Χ	Ύ	Η	Ρ	Ί	Π	Ι
Δ	Έ	Ρ	Ν	Ω	Ν	Α	Κ	Ν	Ν	Ο	Ι	Δ	Ρ	Β
Ι	Α	Κ	Ε	Ψ	Μ	Κ	Γ	Τ	Μ	Λ	Λ	Ι	Ν	Ό
Β	Γ	Γ	Π	Ξ	Ί	Γ	Α	Λ	Υ	Α	Ν	Υ	Ψ	Λ
Γ	Μ	Υ	Χ	Β	Λ	Ρ	Π	Ο	Μ	Ρ	Α	Α	Ο	Ι
Η	Γ	Ο	Ν	Ί	Λ	Ο	Π	Μ	Α	Ρ	Τ	Ξ	Ρ	Λ
Π	Ί	Σ	Η	Τ	Κ	Α	Ρ	Φ	Ν	Β	Ν	Π	Τ	Έ
Ι	Ι	Τ	Ο	Λ	Ρ	Β	Ε	Ξ	Ή	Δ	Ά	Ξ	Ν	Π
Ί	Λ	Τ	Ί	Π	Μ	Β	Ξ	Ν	Λ	Χ	Ρ	Γ	Έ	Μ
Α	Υ	Γ	Η	Γ	Ή	Σ	Χ	Α	Ω	Ρ	Ε	Π	Δ	Α
Γ	Σ	Ψ	Έ	Β	Β	Κ	Ε	Τ	Σ	Μ	Β	Τ	Ξ	Π

ΠΑΓΚΆΚΙ
ΛΟΥΛΟΎΔΙ
ΔΈΝΤΡΟ
ΠΕΡΙΒΌΛΙ
ΓΚΑΡΆΖ
ΓΚΑΖΌΝ
ΓΡΑΣΊΔΙ
ΑΙΏΡΑ
ΤΣΟΥΓΚΡΆΝΑ
ΦΡΑΚΤΗΣ
ΖΙΖΆΝΙΑ
ΦΤΥΆΡΙ
ΣΩΛΉΝΑ
ΒΕΡΆΝΤΑ
ΤΡΑΜΠΟΛΊΝΟ
ΚΉΠΟΣ
ΛΊΜΝΗ
ΑΜΠΈΛΙ

45 - Beroepen #2

Μ	Π	Λ	Σ	Ό	Γ	Ρ	Υ	Ο	Ρ	Ι	Ε	Χ	Λ	Χ
Λ	Η	Ι	Σ	Ο	Σ	Ο	Γ	Ό	Λ	Ο	Ι	Β	Γ	Β
Χ	Έ	Χ	Λ	Ι	Έ	Λ	Β	Σ	Έ	Ψ	Κ	Ι	Χ	Ε
Δ	Έ	Τ	Α	Ο	Σ	Ο	Φ	Ά	Ρ	Γ	Ο	Τ	Ω	Φ
Κ	Σ	Ρ	Η	Ν	Τ	Η	Ν	Α	Ι	Ζ	Ν	Κ	Ε	Ε
Ζ	Η	Β	Σ	Ε	Ι	Ι	Π	Λ	Α	Ω	Ο	Έ	Φ	Ρ
Ω	Τ	Π	Σ	Ο	Ν	Κ	Κ	Ι	Τ	Γ	Γ	Τ	Ε	Ε
Ο	Ύ	Ω	Ο	Ψ	Έ	Ψ	Ό	Ή	Ρ	Ρ	Ρ	Ε	Υ	Υ
Λ	Α	Σ	Φ	Υ	Ί	Α	Β	Σ	Ο	Ά	Ά	Τ	Ρ	Ν
Ό	Ν	Ν	Ο	Η	Ρ	Ε	Ξ	Τ	Σ	Φ	Φ	Ν	Έ	Η
Γ	Ο	Λ	Σ	Β	Λ	Ό	Ι	Ο	Τ	Ο	Ο	Δ	Τ	Τ
Ο	Ρ	Χ	Ό	Υ	Ν	Χ	Σ	Ψ	Γ	Σ	Σ	Λ	Η	Ή
Σ	Τ	Ν	Λ	Α	Γ	Ρ	Ο	Τ	Η	Σ	Σ	Ν	Σ	Σ
Ν	Σ	Η	Ι	Γ	Λ	Ω	Σ	Σ	Ο	Λ	Ό	Γ	Ο	Σ
Γ	Α	Η	Φ	Δ	Ά	Σ	Κ	Α	Λ	Ο	Σ	Σ	Ρ	Λ

ΙΑΤΡΟΣ
ΑΣΤΡΟΝΑΎΤΗΣ
ΒΙΟΛΌΓΟΣ
ΑΓΡΟΤΗΣ
ΧΕΙΡΟΥΡΓΌΣ
ΝΤΕΤΈΚΤΙΒ
ΦΙΛΌΣΟΦΟΣ
ΦΩΤΟΓΡΆΦΟΣ
ΕΙΚΟΝΟΓΡΆΦΟΣ
ΜΗΧΑΝΙΚΌΣ
ΔΆΣΚΑΛΟΣ
ΓΛΩΣΣΟΛΌΓΟΣ
ΕΡΕΥΝΗΤΉΣ
ΠΙΛΟΤΙΚΉ
ΖΩΓΡΆΦΟΣ
ΚΗΠΟΥΡΌΣ
ΕΦΕΥΡΈΤΗΣ
ΖΩΟΛΌΓΟΣ

46 - Dagen en Maanden

Ι	Ν	Λ	Μ	Ε	Ν	Ί	Υ	Π	Ρ	Σ	Ε	Χ	Λ	Δ
Α	Ο	Υ	Ο	Ί	Λ	Υ	Ο	Ι	Έ	Γ	Ν	Ψ	Ξ	Ξ
Ν	Ε	Ο	Ο	Μ	Ή	Ν	Α	Σ	Σ	Μ	Υ	Ψ	Χ	Λ
Ο	Μ	Ί	Ι	Ί	Α	Ί	Ε	Ρ	Ο	Π	Π	Μ	Π	Ε
Υ	Β	Ρ	Γ	Τ	Ρ	Ί	Τ	Η	Τ	Ρ	Ά	Τ	Ε	Τ
Α	Ρ	Α	Ό	Ω	Έ	Β	Τ	Δ	Ε	Α	Β	Α	Η	Κ
Ρ	Ί	Υ	Λ	Χ	Τ	Ο	Ω	Ι	Ε	Δ	Ν	Γ	Α	Υ
Ί	Ο	Ο	Ο	Ε	Υ	Σ	Ί	Τ	Ξ	Ά	Ι	Α	Υ	Ρ
Ο	Υ	Ρ	Ρ	Ν	Ε	Ε	Έ	Χ	Κ	Μ	Ο	Σ	Γ	Ι
Υ	Ί	Β	Ε	Ι	Δ	Η	Χ	Ι	Λ	Ο	Υ	Ά	Ο	Α
Μ	Δ	Ε	Μ	Υ	Γ	Ν	Β	Ω	Ω	Δ	Ν	Β	Ύ	Κ
Γ	Γ	Φ	Η	Ψ	Γ	Δ	Έ	Ρ	Β	Β	Ί	Β	Σ	Ή
Γ	Δ	Ξ	Τ	Ψ	Τ	Έ	Ο	Τ	Μ	Ε	Ο	Α	Τ	Ε
Σ	Ε	Π	Τ	Ε	Μ	Β	Ρ	Ί	Ο	Υ	Υ	Τ	Ο	Ψ
Π	Α	Ρ	Α	Σ	Κ	Ε	Υ	Ή	Έ	Χ	Ω	Ο	Υ	Π

ΑΥΓΟΎΣΤΟΥ
ΤΡΊΤΗ
ΠΈΜΠΤΗ
ΦΕΒΡΟΥΑΡΊΟΥ
ΕΤΟΣ
ΙΑΝΟΥΑΡΊΟΥ
ΙΟΥΛΊΟΥ
ΙΟΥΝΊΟΥ
ΗΜΕΡΟΛΌΓΙΟ
ΜΉΝΑΣ
ΔΕΥΤΈΡΑ
ΠΟΡΕΊΑ
ΝΟΕΜΒΡΊΟΥ
ΟΚΤΩΒΡΊΟΥ
ΣΕΠΤΕΜΒΡΊΟΥ
ΠΑΡΑΣΚΕΥΉ
ΕΒΔΟΜΆΔΑ
ΤΕΤΆΡΤΗ
ΣΆΒΒΑΤΟ
ΚΥΡΙΑΚΉ

47 - Beeldende Kunsten

Κ	Π	Κ	Ε	Ρ	Α	Μ	Ι	Κ	Ή	Σ	Σ	Κ	Α	Γ
Ε	Γ	Ο	Κ	Μ	Σ	Γ	Ο	Τ	Γ	Ύ	Η	Α	Ρ	Λ
Ρ	Ή	Ε	Λ	Α	Ί	Ν	Ι	Α	Τ	Ν	Μ	Λ	Ι	Υ
Ί	Κ	Π	Ί	Υ	Β	Ν	Ί	Τ	Α	Θ	Μ	Λ	Σ	Π
Έ	Ι	Π	Ο	Ι	Γ	Α	Ί	Ξ	Μ	Ε	Ρ	Ι	Τ	Τ
Μ	Ν	Α	Γ	Ο	Π	Ρ	Λ	Ί	Η	Σ	Π	Τ	Ο	Ι
Π	Ο	Ί	Έ	Ρ	Ξ	Μ	Ά	Έ	Ω	Η	Κ	Έ	Ύ	Κ
Ρ	Τ	Λ	Υ	Μ	Λ	Β	Β	Φ	Τ	Ι	Ά	Χ	Ρ	Ή
Ο	Κ	Ω	Ύ	Ρ	Ο	Ε	Σ	Τ	Ο	Ο	Ρ	Ν	Γ	Έ
Ο	Ε	Μ	Ί	Β	Δ	Ρ	Ν	Ξ	Ε	Σ	Β	Η	Η	Μ
Π	Τ	Ι	Η	Έ	Ι	Ν	Ψ	Ν	Υ	Ν	Ο	Σ	Μ	Σ
Τ	Ι	Κ	Β	Ρ	Ε	Ί	Ι	Ξ	Β	Χ	Υ	Ε	Α	Μ
Ι	Χ	Η	Ι	Ω	Ξ	Κ	Υ	Ι	Η	Α	Ν	Υ	Α	Τ
Κ	Ρ	Υ	Β	Ω	Ψ	Ι	Ί	Η	Ε	Έ	Ο	Ρ	Β	Ε
Ή	Α	Π	Ο	Ρ	Τ	Ρ	Έ	Τ	Ο	Σ	Τ	Υ	Λ	Ό

ΑΡΧΙΤΕΚΤΟΝΙΚΉ
ΚΑΛΛΙΤΈΧΝΗΣ
ΓΛΥΠΤΙΚΉ
ΚΑΒΑΛΈΤΟ
ΤΑΙΝΊΑ
ΚΆΡΒΟΥΝΟ
ΚΕΡΑΜΙΚΉ
ΚΙΜΩΛΊΑ
ΑΡΙΣΤΟΎΡΓΗΜΑ
ΣΤΥΛΌ
ΠΡΟΟΠΤΙΚΉ
ΠΟΡΤΡΈΤΟ
ΜΟΛΎΒΙ
ΣΎΝΘΕΣΗ
ΠΟΛΥΓΡΆΦΟ
ΒΕΡΝΊΚΙ
ΚΕΡΊ

48 - Mode

Ρ	Ο	Ι	Ρ	Τ	Έ	Μ	Μ	Π	Ο	Υ	Τ	Ί	Κ	Λ
Ι	Ν	Β	Μ	Δ	Ρ	Μ	Σ	Ε	Χ	Ά	Ω	Ψ	Έ	Χ
Γ	Ρ	Ί	Ί	Η	Ν	Ξ	Χ	Π	Μ	Β	Έ	Ν	Τ	Ν
Ψ	Έ	Τ	Ή	Τ	Ι	Σ	Ο	Ρ	Π	Ι	Μ	Δ	Β	Δ
Σ	Τ	Υ	Λ	Ο	Ο	Ή	Κ	Ι	Χ	Ρ	Α	Λ	Υ	Ά
Ψ	Ν	Ξ	Ο	Ό	Ψ	Μ	Ο	Κ	Ή	Κ	Ε	Λ	Έ	Ν
Δ	Ο	Ο	Α	Π	Τ	Ε	Γ	Ύ	Φ	Α	Σ	Μ	Α	Ε
Ν	Μ	Μ	Ή	Π	Έ	Ρ	Η	Ξ	Υ	Ψ	Ρ	Κ	Ί	Τ
Ρ	Έ	Α	Κ	Β	Λ	Κ	Ι	Σ	Υ	Ε	Α	Ο	Ξ	Ο
Α	Ω	Έ	Ι	Ψ	Υ	Ό	Έ	Τ	Ά	Σ	Η	Υ	Ο	Ξ
Δ	Α	Ν	Τ	Έ	Λ	Α	Σ	Ν	Ρ	Υ	Π	Μ	Ψ	Γ
Η	Ί	Ξ	Κ	Μ	Έ	Ε	Ω	Ι	Τ	Α	Λ	Π	Έ	Ρ
Ί	Ρ	Ε	Α	Ω	Β	Ί	Η	Α	Ι	Η	Ι	Ι	Π	Ε
Β	Ο	Ρ	Ρ	Ν	Μ	Λ	Ξ	Χ	Ω	Β	Μ	Ά	Ο	Ν
Χ	Ω	Μ	Π	Ι	Ε	Υ	Έ	Η	Σ	Υ	Δ	Α	Ί	Α

ΜΈΤΡΙΟ
ΠΡΟΣΙΤΉ
ΚΈΝΤΗΜΑ
ΆΝΕΤΟ
ΑΚΡΙΒΆ
ΑΠΛΌΣ
ΚΟΜΨΌ
ΔΑΝΤΈΛΑ
ΚΟΥΜΠΙΆ
ΜΟΝΤΈΡΝΟ
ΑΡΧΙΚΉ
ΜΟΤΊΒΟ
ΠΡΑΚΤΙΚΉ
ΣΤΥΛ
ΎΦΑΣΜΑ
ΥΦΉ
ΤΆΣΗ
ΜΠΟΥΤΊΚ

49 - Tuinieren

Δ	Τ	Γ	Σ	Κ	Β	Ο	Τ	Α	Ν	Ι	Κ	Ή	Ν	Μ
Λ	Ο	Π	Ω	Β	Ο	Λ	Λ	Ύ	Φ	Ω	Ο	Β	Ε	Ψ
Α	Ο	Χ	Δ	Ψ	Ε	Π	Κ	Λ	Ί	Μ	Α	Π	Ρ	Ι
Π	Τ	Υ	Ε	Γ	Η	Μ	Ρ	Ά	Ν	Θ	Ο	Σ	Ό	Ο
Ί	Έ	Δ	Λ	Ί	Έ	Γ	Γ	Ό	Κ	Ι	Τ	Ω	Ξ	Ε
Ψ	Κ	Ο	Χ	Ο	Ο	Υ	Ρ	Ω	Χ	Α	Ν	Ξ	Ξ	Ν
Γ	Υ	Ρ	Έ	Ι	Υ	Ε	Γ	Έ	Δ	Ω	Α	Π	Γ	Β
Έ	Ο	Π	Α	Λ	Α	Δ	Ι	Υ	Ρ	Ι	Μ	Β	Υ	Σ
Γ	Π	Λ	Γ	Ό	Ί	Υ	Ι	Μ	Ξ	Υ	Ω	Α	Χ	Α
Ξ	Μ	Σ	Ι	Β	Σ	Ο	Γ	Ώ	Έ	Ξ	Λ	Ν	Ν	Π
Ε	Π	Ο	Χ	Ι	Α	Κ	Ή	Υ	Ν	Σ	Λ	Ή	Έ	Ω
Γ	Δ	Δ	Λ	Ρ	Ρ	Ξ	Τ	Β	Γ	Ι	Ύ	Λ	Ξ	Έ
Λ	Σ	Ί	Ψ	Ε	Γ	Ξ	Β	Β	Ρ	Σ	Φ	Ω	Β	Δ
Π	Η	Ε	Ε	Π	Υ	Β	Ρ	Ω	Μ	Ι	Ά	Σ	Ι	Η
Ξ	Β	Ρ	Ώ	Σ	Ι	Μ	Α	Σ	Π	Ό	Ρ	Ο	Ι	Η

ΦΎΛΛΟ
ΛΟΥΛΟΥΔΙΏΝ
ΆΝΘΟΣ
ΜΠΟΥΚΈΤΟ
ΠΕΡΙΒΌΛΙ
ΒΟΤΑΝΙΚΉ
ΚΟΠΡΌΧΩΜΑ
ΔΟΧΕΊΟ
ΒΡΏΣΙΜΑ
ΕΞΩΤΙΚΌ
ΦΎΛΛΩΜΑ
ΚΛΊΜΑ
ΕΠΟΧΙΑΚΉ
ΣΩΛΉΝΑ
ΕΊΔΟΣ
ΥΓΡΑΣΊΑ
ΒΡΩΜΙΆ
ΝΕΡΌ
ΣΠΌΡΟΙ

50 - Menselijk Lichaam

Ί	Ω	Σ	Ώ	Μ	Ο	Σ	Ω	Σ	Η	Α	Λ	Α	Ν	Χ
Ρ	Ψ	Ρ	Ί	Σ	Ι	Η	Ρ	Η	Ξ	Τ	Β	Λ	Η	Ο
Π	Η	Ρ	Ι	Β	Χ	Ρ	Ρ	Σ	Μ	Υ	Χ	Ω	Μ	Λ
Κ	Α	Ρ	Δ	Ι	Ά	Μ	Ι	Ί	Ω	Λ	Έ	Χ	Ξ	Τ
Η	Ί	Ω	Δ	Π	Μ	Υ	Ψ	Π	Λ	Ν	Ρ	Υ	Σ	Α
Ξ	Π	Υ	Δ	Δ	Ο	Α	Μ	Ρ	Έ	Δ	Ι	Β	Σ	Δ
Ε	Π	Π	Ο	Λ	Τ	Λ	Π	Ι	Ψ	Υ	Λ	Μ	Α	Ά
Υ	Β	Ό	Ω	Μ	Σ	Ό	Μ	Ι	Α	Λ	Ά	Ξ	Γ	Χ
Ξ	Α	Δ	Δ	Π	Ί	Η	Δ	Ξ	Υ	Ί	Φ	Σ	Ό	Τ
Ί	Υ	Μ	Γ	Ι	Ν	Ύ	Ο	Γ	Η	Π	Ε	Ε	Ν	Υ
Ο	Τ	Έ	Ί	Ό	Ν	Ε	Ε	Ί	Ξ	Ι	Κ	Η	Ι	Λ
Α	Ί	Β	Ο	Α	Ν	Ώ	Κ	Γ	Α	Μ	Ό	Τ	Σ	Ο
Μ	Ι	Ί	Ι	Β	Ν	Α	Σ	Σ	Ώ	Λ	Γ	Ύ	Ο	Μ
Σ	Ο	Λ	Α	Γ	Ά	Ρ	Τ	Σ	Α	Γ	Γ	Μ	Η	Τ
Λ	Ω	Α	Ψ	Δ	Χ	Ψ	Ί	Ο	Ν	Τ	Λ	Χ	Λ	Π

ΠΌΔΙ
ΑΊΜΑ
ΑΓΚΏΝΑ
ΑΣΤΡΆΓΑΛΟΣ
ΧΈΡΙ
ΚΑΡΔΙΆ
ΜΥΑΛΌ
ΚΕΦΆΛΙ
ΔΈΡΜΑ
ΣΑΓΌΝΙ
ΠΗΓΟΎΝΙ
ΓΌΝΑΤΟ
ΣΤΟΜΆΧΙ
ΣΤΌΜΑ
ΛΑΙΜΌΣ
ΜΎΤΗ
ΑΥΤΊ
ΏΜΟΣ
ΓΛΏΣΣΑ
ΔΆΧΤΥΛΟ

51 - Energie

Α	Ω	Ξ	Β	Μ	Β	Τ	Λ	Σ	Σ	Ψ	Γ	Ε	Υ	Β
Ρ	Τ	Λ	Ε	Ζ	Ί	Τ	Ν	Β	Σ	Τ	Ξ	Η	Δ	Ι
Ή	Κ	Ι	Ν	Η	Ρ	Υ	Π	Η	Δ	Ω	Ο	Η	Ρ	Ο
Ί	Χ	Ι	Ζ	Ο	Η	Α	Π	Α	Π	Σ	Ν	Λ	Ο	Μ
Θ	Μ	Γ	Ί	Μ	Ψ	Ε	Ω	Ί	Λ	Σ	Έ	Η	Γ	Η
Σ	Ε	Β	Ν	Ο	Λ	Λ	Ά	Β	Ι	Ρ	Ε	Π	Ό	Χ
Τ	Ά	Ρ	Η	Μ	Ι	Σ	Ώ	Ε	Ν	Α	Ν	Α	Ν	Α
Ρ	Ν	Ο	Μ	Ι	Σ	Ύ	Α	Κ	Ο	Ί	Ρ	Ί	Ο	Ν
Ο	Θ	Ι	Ά	Ό	Α	Τ	Μ	Ο	Ύ	Ρ	Ύ	Π	Μ	Ί
Β	Ρ	Ν	Ν	Ν	Τ	Π	Λ	Ι	Ν	Α	Π	Ο	Α	Α
Ί	Α	Ό	Ε	Μ	Χ	Η	Ο	Λ	Λ	Τ	Α	Ρ	Η	Ξ
Λ	Κ	Τ	Μ	Ρ	Μ	Π	Τ	Σ	Ξ	Α	Ν	Τ	Ψ	Χ
Ω	Α	Ω	Ο	Υ	Ψ	Ο	Γ	Α	Ψ	Π	Σ	Ν	Δ	Ι
Ν	Σ	Φ	Σ	Μ	Η	Χ	Α	Ν	Ή	Μ	Η	Ε	Ί	Ρ
Έ	Η	Λ	Ε	Κ	Τ	Ρ	Ι	Κ	Ή	Π	Ί	Δ	Ξ	Ί

ΜΠΑΤΑΡΊΑ
ΒΕΝΖΊΝΗ
ΚΑΎΣΙΜΟ
ΝΤΊΖΕΛ
ΗΛΕΚΤΡΙΚΉ
ΕΝΤΡΟΠΊΑ
ΦΩΤΌΝΙΟ
ΑΝΑΝΕΏΣΙΜΗ
ΒΙΟΜΗΧΑΝΊΑ
ΆΝΘΡΑΚΑΣ
ΜΗΧΑΝΉ
ΠΥΡΗΝΙΚΉ
ΠΕΡΙΒΆΛΛΟΝ
ΑΤΜΟΎ
ΣΤΡΟΒΊΛΩΝ
ΡΎΠΑΝΣΗ
ΘΕΡΜΌΤΗΤΑ
ΥΔΡΟΓΌΝΟ
ΆΝΕΜΟΣ

52 - Familie

Γ	Ή	Φ	Λ	Ε	Δ	Α	Ν	Η	Ί	Μ	Α	Δ	Ο	Β
Υ	Κ	Α	Ψ	Π	Ρ	Ξ	Β	Υ	Ν	Η	Ν	Υ	Ο	Π
Ν	Ι	Β	Σ	Ό	Ι	Ψ	Ι	Ν	Α	Τ	Ι	Ω	Τ	Α
Α	Ρ	Σ	Ύ	Έ	Π	Π	Μ	Ψ	Α	Έ	Ψ	Σ	Ν	Π
Ί	Τ	Ν	Ζ	Δ	Ω	Ρ	Α	Τ	Ι	Ρ	Ι	Ψ	Γ	Π
Κ	Α	Μ	Υ	Δ	Ί	Δ	Ό	Τ	Υ	Α	Ά	Ω	Λ	Ο
Α	Π	Ί	Γ	Δ	Η	Η	Έ	Γ	Έ	Κ	Ό	Ρ	Η	Ύ
Π	Α	Ε	Ο	Ι	Ν	Η	Ψ	Ί	Ο	Ρ	Έ	Υ	Π	Σ
Θ	Ί	Ν	Σ	Ό	Ν	Ο	Γ	Γ	Ε	Ν	Α	Λ	Α	Έ
Α	Ε	Γ	Β	Λ	Τ	Σ	Α	Ι	Υ	Σ	Ο	Σ	Ι	Υ
Τ	Ρ	Ί	Δ	Γ	Λ	Ξ	Β	Α	Ί	Ω	Μ	Σ	Δ	Γ
Η	Η	Έ	Α	Ί	Σ	Ί	Ι	Γ	Σ	Π	Β	Ι	Ί	Ο
Ω	Έ	Π	Σ	Σ	Ρ	Ρ	Ί	Ι	Ν	Ό	Γ	Γ	Ε	Ο
Ξ	Ί	Α	Π	Η	Ι	Υ	Λ	Ά	Η	Ω	Γ	Β	Μ	Λ
Θ	Ε	Ί	Ο	Σ	Ο	Φ	Λ	Ε	Δ	Α	Η	Ί	Σ	Δ

ΑΔΕΛΦΟΣ
ΚΌΡΗ
ΓΙΑΓΙΆ
ΠΑΙΔΊ
ΕΓΓΌΝΙ
ΕΓΓΟΝΌΣ
ΣΎΖΥΓΟΣ
ΜΗΤΈΡΑ
ΑΝΙΨΙΌΣ
ΑΝΙΨΙΆ
ΘΕΊΟΣ
ΠΑΠΠΟΎΣ
ΘΕΊΑ
ΔΊΔΥΜΑ
ΠΑΤΈΡΑΣ
ΠΑΤΡΙΚΉ
ΠΡΌΓΟΝΟΣ
ΓΥΝΑΊΚΑ
ΑΔΕΛΦΉ

53 - Gebouwen

Α	Μ	Σ	Ι	Ρ	Έ	Μ	Α	Ι	Δ	Σ	Ι	Ψ	Χ	Σ
Γ	Γ	Σ	Π	Α	Ν	Ε	Π	Ι	Σ	Τ	Ή	Μ	Ι	Ο
Ρ	Κ	Κ	Τ	Ο	Ί	Ε	Χ	Ο	Δ	Ο	Ν	Ε	Ξ	Γ
Ό	Α	Η	Ο	Ι	Ί	Θ	Ε	Ο	Ρ	Λ	Ω	Έ	Μ	Ρ
Κ	Ρ	Ν	Ρ	Σ	Ψ	Έ	Ρ	Δ	Ί	Ψ	Ί	Λ	Ψ	Ύ
Τ	Ά	Ή	Ε	Ά	Μ	Α	Γ	Ω	Π	Ε	Ε	Μ	Β	Π
Η	Ζ	Τ	Ω	Τ	Ά	Τ	Α	Ί	Ε	Β	Σ	Ε	Ρ	Π
Μ	Α	Σ	Λ	Σ	Ρ	Ρ	Σ	Τ	Σ	Δ	Ί	Υ	Ω	Ξ
Α	Ί	Χ	Ν	Ο	Κ	Ο	Τ	Κ	Ά	Σ	Τ	Ρ	Ο	Ε
Ι	Υ	Έ	Υ	Γ	Ε	Ν	Ή	Β	Ρ	Ξ	Έ	Υ	Α	Μ
Σ	Ο	Ν	Γ	Ρ	Τ	Ρ	Ρ	Κ	Α	Μ	Π	Ί	Ν	Α
Ξ	Μ	Υ	Ψ	Ε	Ώ	Π	Ι	Α	Δ	Χ	Β	Τ	Χ	Υ
Σ	Τ	Ά	Δ	Ι	Ο	Ν	Ο	Σ	Χ	Ο	Λ	Ε	Ί	Ο
Έ	Χ	Α	Υ	Ι	Μ	Σ	Α	Ο	Ξ	Ί	Β	Υ	Ν	Ν
Π	Α	Ρ	Α	Τ	Η	Ρ	Η	Τ	Ή	Ρ	Ι	Ο	Ψ	Π

ΠΡΕΣΒΕΊΑ
ΔΙΑΜΈΡΙΣΜΑ
ΑΓΡΌΚΤΗΜΑ
ΚΑΜΠΊΝΑ
ΕΡΓΟΣΤΆΣΙΟ
ΓΚΑΡΆΖ
ΞΕΝΟΔΟΧΕΊΟ
ΚΆΣΤΡΟ
ΕΡΓΑΣΤΉΡΙΟ
ΜΟΥΣΕΊΟ
ΠΑΡΑΤΗΡΗΤΉΡΙΟ
ΣΧΟΛΕΊΟ
ΑΧΥΡΏΝΑ
ΣΤΆΔΙΟ
ΜΆΡΚΕΤ
ΣΚΗΝΉ
ΘΈΑΤΡΟ
ΠΎΡΓΟΣ
ΠΑΝΕΠΙΣΤΉΜΙΟ

54 - Beroepen #1

Έ	Σ	Τ	Ρ	Α	Π	Ε	Ζ	Ί	Τ	Η	Σ	Ω	Α	Π
Ξ	Ό	Υ	Δ	Ρ	Α	Υ	Λ	Ι	Κ	Ό	Σ	Α	Ψ	Υ
Χ	Ι	Α	Ψ	Ί	Κ	Υ	Ν	Η	Γ	Ό	Σ	Ί	Ί	Ρ
Μ	Ο	Ξ	Σ	Ψ	Υ	Χ	Ο	Λ	Ό	Γ	Ο	Σ	Ι	Ο
Ο	Π	Ρ	Ω	Τ	Κ	Ά	Δ	Ι	Δ	Δ	Γ	Α	Ο	Σ
Υ	Ο	Ψ	Ε	Μ	Η	Α	Ο	Σ	Ν	Ι	Ό	Γ	Χ	Β
Σ	Κ	Ω	Τ	Υ	Ε	Έ	Σ	Τ	Ο	Κ	Λ	Ρ	Π	Έ
Ι	Α	Μ	Σ	Ψ	Τ	Χ	Η	Η	Σ	Η	Ω	Ε	Ι	Σ
Κ	Μ	Υ	Ψ	Υ	Έ	Ή	Β	Γ	Ο	Γ	Ε	Ξ	Α	Τ
Ό	Ρ	Ο	Ο	Ψ	Τ	Γ	Σ	Β	Κ	Ό	Γ	Ε	Ν	Η
Σ	Α	Η	Τ	Ί	Τ	Ξ	Έ	Γ	Ό	Ρ	Ξ	Π	Ί	Σ
Ι	Φ	Ρ	Σ	Λ	Π	Ω	Ρ	Ο	Μ	Ο	Ο	Ε	Σ	Ν
Α	Θ	Λ	Η	Τ	Ή	Σ	Π	Ι	Α	Σ	Ψ	Π	Τ	Ξ
Ω	Δ	Γ	Κ	Τ	Η	Ν	Ί	Α	Τ	Ρ	Ο	Σ	Α	Σ
Α	Σ	Τ	Ρ	Ο	Ν	Ό	Μ	Ο	Σ	Π	Ε	Υ	Σ	Η

ΔΙΚΗΓΌΡΟΣ
ΠΡΈΣΒΗΣ
ΦΑΡΜΑΚΟΠΟΙΌΣ
ΑΣΤΡΟΝΌΜΟΣ
ΑΘΛΗΤΉΣ
ΤΡΑΠΕΖΊΤΗΣ
ΠΥΡΟΣΒΈΣΤΗΣ
ΧΟΡΕΥΤΉΣ
ΚΤΗΝΊΑΤΡΟΣ
ΔΙΔΆΚΤΩΡ
ΕΠΕΞΕΡΓΑΣΊΑ
ΓΕΩΛΌΓΟΣ
ΚΥΝΗΓΌΣ
ΥΔΡΑΥΛΙΚΌΣ
ΜΟΥΣΙΚΌΣ
ΠΙΑΝΊΣΤΑΣ
ΨΥΧΟΛΌΓΟΣ
ΝΟΣΟΚΌΜΑ

55 - Antarctica

Λ	Ν	Ή	Χ	Κ	Ε	Ο	Η	Β	Σ	Έ	Ι	Μ	Ε	Π
Ω	Α	Κ	Τ	Ε	Ό	Χ	Δ	Ε	Λ	Β	Ψ	Ε	Ρ	Ι
Ψ	Π	Ι	Ι	Α	Ρ	Λ	Ξ	Ν	Ξ	Π	Α	Τ	Ε	Γ
Τ	Ο	Ν	Υ	Ί	Δ	Σ	Π	Μ	Ι	Ά	Ί	Α	Υ	Κ
Λ	Ι	Ο	Έ	Ο	Ι	Ο	Ό	Ο	Γ	Γ	Φ	Ν	Ν	Ο
Η	Π	Μ	Β	Τ	Α	Δ	Ι	Ν	Ρ	Ο	Α	Ά	Η	Υ
Ι	Ι	Η	Ξ	Ρ	Τ	Ί	Γ	Ο	Η	Σ	Ρ	Σ	Τ	Ί
Τ	Τ	Τ	Π	Λ	Ή	Ε	Χ	Λ	Ε	Σ	Γ	Τ	Ή	Ν
Ν	Η	Σ	Ι	Ά	Ρ	Ξ	Δ	Λ	Κ	Ψ	Ο	Ε	Σ	Ο
Υ	Ε	Ι	Α	Χ	Η	Ρ	Ω	Ά	Δ	Ο	Π	Υ	Π	Ι
Σ	Ω	Π	Χ	Η	Σ	Ξ	Έ	Β	Ρ	Ρ	Ο	Σ	Ν	Δ
Χ	Τ	Ε	Σ	Β	Η	Ρ	Η	Ι	Ο	Υ	Τ	Η	Έ	Ο
Ή	Π	Ε	Ι	Ρ	Ο	Σ	Γ	Ρ	Μ	Κ	Ν	Ε	Ρ	Ό
Β	Ρ	Α	Χ	Ώ	Δ	Η	Σ	Ε	Ή	Τ	Λ	Ψ	Π	Ο
Σ	Ύ	Ν	Ν	Ε	Φ	Α	Ι	Π	Ν	Ά	Χ	Ξ	Η	Ρ

ΚΌΛΠΟ
ΔΙΑΤΉΡΗΣΗ
ΉΠΕΙΡΟΣ
ΝΗΣΙΆ
ΕΚΔΡΟΜΉ
ΠΆΓΟΣ
ΜΕΤΑΝΆΣΤΕΥΣΗ
ΟΡΥΚΤΆ
ΠΕΡΙΒΆΛΛΟΝ
ΕΡΕΥΝΗΤΉΣ
ΠΙΓΚΟΥΊΝΟΙ
ΒΡΑΧΏΔΗΣ
ΧΕΡΣΌΝΗΣΟ
ΕΊΔΟΣ
ΤΟΠΟΓΡΑΦΊΑ
ΝΕΡΌ
ΕΠΙΣΤΗΜΟΝΙΚΉ
ΣΎΝΝΕΦΑ

56 - Ballet

Ξ	Π	Ι	Β	Ή	Κ	Ι	Τ	Σ	Α	Ρ	Φ	Κ	Ε	Π
Β	Ψ	Έ	Ε	Β	Ε	Τ	Α	Ε	Η	Ι	Β	Μ	Σ	Β
Ί	Ν	Ί	Χ	Υ	Δ	Τ	Ί	Ρ	Χ	Ο	Γ	Ψ	Ν	Ξ
Ψ	Ω	Χ	Ι	Έ	Α	Η	Μ	Λ	Υ	Ν	Ρ	Π	Σ	Κ
Γ	Έ	Χ	Ξ	Ο	Ν	Σ	Ο	Χ	Υ	Θ	Ι	Υ	Ν	Α
Ο	Σ	Τ	Υ	Λ	Ί	Η	Ν	Ο	Ω	Ω	Μ	Κ	Ι	Λ
Α	Μ	Η	Τ	Ό	Ρ	Κ	Ο	Ρ	Ι	Ε	Χ	Ο	Ή	Λ
Ψ	Β	Ρ	Έ	Σ	Α	Σ	Ρ	Ε	Υ	Έ	Σ	Ο	Ύ	Ι
Ε	Ι	Ό	Ο	Η	Λ	Ά	Ι	Υ	Μ	Ν	Υ	Ρ	Ψ	Τ
Α	Δ	Π	Ρ	Β	Α	Έ	Ε	Τ	Ε	Τ	Ν	Χ	Β	Ε
Ξ	Ν	Χ	Ι	Π	Π	Ψ	Χ	Ε	Π	Α	Θ	Ή	Η	Χ
Ο	Δ	Ψ	Δ	Η	Μ	Ψ	Δ	Σ	Γ	Σ	Έ	Σ	Υ	Ν
Σ	Τ	Ί	Μ	Ο	Υ	Σ	Ι	Κ	Ή	Η	Τ	Τ	Σ	Ι
Έ	Χ	Ο	Ρ	Ο	Γ	Ρ	Α	Φ	Ί	Α	Η	Ρ	Υ	Κ
Α	Κ	Ρ	Ο	Α	Τ	Ή	Ρ	Ι	Ο	Β	Η	Α	Υ	Ή

ΧΕΙΡΟΚΡΌΤΗΜΑ
ΚΑΛΛΙΤΕΧΝΙΚΉ
ΜΠΑΛΑΡΊΝΑ
ΧΟΡΟΓΡΑΦΊΑ
ΣΥΝΘΈΤΗ
ΧΟΡΕΥΤΕΣ
ΕΚΦΡΑΣΤΙΚΉ
ΧΕΙΡΟΝΟΜΊΑ
ΈΝΤΑΣΗ
ΜΟΥΣΙΚΉ
ΟΡΧΉΣΤΡΑ
ΆΣΚΗΣΗ
ΑΚΡΟΑΤΉΡΙΟ
ΠΡΌΒΑ
ΡΥΘΜΟΎ
ΣΌΛΟ
ΣΤΥΛ
ΤΕΧΝΙΚΉ

57 - Vissen

Π	Α	Ρ	Α	Λ	Ί	Α	Κ	Ρ	Ά	Β	Ε	Ω	Ν	Ρ
Τ	Ι	Μ	Ι	Θ	Ά	Λ	Α	Κ	Γ	Τ	Ξ	Ε	Ί	Ω
Ν	Χ	Ί	Γ	Β	Α	Ξ	Ί	Ρ	Κ	Σ	Ο	Ψ	Ν	Ί
Ψ	Γ	Γ	Ύ	Σ	Α	Ρ	Λ	Δ	Ι	Τ	Π	Σ	Τ	Έ
Η	Ά	Δ	Ρ	Ω	Ν	Γ	Ί	Χ	Σ	Α	Λ	Ί	Έ	Ί
Μ	Ρ	Β	Ε	Μ	Σ	Ξ	Γ	Α	Τ	Γ	Ι	Ε	Ί	Ι
Έ	Β	Β	Τ	Μ	Ό	Ρ	Ε	Ν	Ρ	Γ	Σ	Η	Ξ	Σ
Σ	Γ	Υ	Π	Ο	Μ	Ο	Ν	Ή	Ο	Τ	Μ	Μ	Λ	Β
Σ	Ύ	Σ	Ό	Ν	Α	Ε	Κ	Ω	Χ	Υ	Ό	Ο	Ί	Ν
Ε	Α	Ρ	Σ	Γ	Τ	Η	Μ	Γ	Ο	Ο	Σ	Ψ	Μ	Λ
Ρ	Σ	Γ	Μ	Β	Ο	Υ	Α	Π	Λ	Ί	Π	Ο	Ν	Γ
Ε	Ν	Γ	Ό	Α	Π	Δ	Ό	Λ	Ω	Μ	Α	Ε	Η	Χ
Ω	Τ	Υ	Γ	Ν	Υ	Π	Ε	Ρ	Β	Ο	Λ	Ή	Χ	Γ
Ε	Σ	Ε	Ξ	Λ	Ι	Ζ	Υ	Γ	Ί	Ζ	Ω	Ν	Μ	Ο
Η	Σ	Τ	Ί	Α	Ί	Ι	Ι	Ί	Α	Δ	Ρ	Ι	Ο	Ξ

ΔΌΛΩΜΑ
ΕΞΟΠΛΙΣΜΌΣ
ΒΆΡΚΑ
ΣΎΡΜΑ
ΥΠΟΜΟΝΉ
ΖΥΓΊΖΩ
ΆΓΚΙΣΤΡΟ
ΣΑΓΌΝΙ
ΒΡΆΓΧΙΑ
ΚΑΛΆΘΙ
ΛΊΜΝΗ
ΩΚΕΑΝΌΣ
ΥΠΕΡΒΟΛΉ
ΠΟΤΑΜΌΣ
ΕΠΟΧΉ
ΠΑΡΑΛΊΑ
ΠΤΕΡΎΓΙΑ
ΝΕΡΌ

58 - Fruit

Α	Ξ	Ί	Υ	Κ	Ω	Λ	Ο	Κ	Γ	Ν	Ά	Μ	Χ	Δ
Ξ	Ι	Β	Ν	Ψ	Ε	Η	Τ	Σ	Τ	Α	Φ	Ύ	Λ	Ι
Λ	Ν	Δ	Ί	Π	Ι	Ρ	Ν	Υ	Σ	Ε	Μ	Μ	Ν	Ί
Η	Ί	Ι	Λ	Ε	Ψ	Ί	Ά	Ν	Α	Ν	Α	Α	Π	Ψ
Π	Ρ	Δ	Ω	Π	Ι	Ί	Κ	Σ	Η	Ψ	Σ	Β	Ο	Β
Β	Α	Γ	Έ	Ό	Ε	Ε	Ο	Ο	Ι	Ν	Ό	Μ	Ε	Λ
Ε	Τ	Π	Ί	Ν	Μ	Ν	Β	Μ	Π	Α	Ν	Ά	Ν	Α
Ρ	Κ	Π	Ά	Ι	Ξ	Ο	Α	Β	Δ	Δ	Ρ	Χ	Υ	Γ
Ί	Ε	Ω	Μ	Γ	Ε	Χ	Ύ	Ω	Ξ	Ύ	Μ	Έ	Σ	Χ
Κ	Ν	Ψ	Ή	Ι	Ι	Β	Ι	Ρ	Γ	Ρ	Ε	Ο	Ο	Λ
Ο	Υ	Λ	Λ	Β	Τ	Α	Ψ	Χ	Ο	Α	Σ	Ι	Ι	Τ
Κ	Έ	Ψ	Ο	Ι	Δ	Ί	Ν	Ι	Τ	Κ	Α	Ξ	Μ	Ε
Ο	Τ	Β	Α	Τ	Ό	Μ	Ο	Υ	Ρ	Ο	Η	Τ	Γ	Β
Ρ	Ο	Δ	Ά	Κ	Ι	Ν	Ο	Α	Χ	Λ	Ά	Δ	Ι	Ί
Π	Ο	Ρ	Τ	Ο	Κ	Ά	Λ	Ι	Τ	Ο	Χ	Έ	Ψ	Μ

ΒΕΡΊΚΟΚΟ
ΑΝΑΝΆ
ΜΉΛΟ
ΑΒΟΚΆΝΤΟ
ΜΠΑΝΆΝΑ
ΜΟΎΡΟ
ΛΕΜΌΝΙ
ΣΤΑΦΎΛΙ
ΒΑΤΌΜΟΥΡΟ
ΚΕΡΆΣΙ
ΑΚΤΙΝΊΔΙΟ
ΚΑΡΎΔΑ
ΜΆΝΓΚΟ
ΠΕΠΌΝΙ
ΝΕΚΤΑΡΊΝΙ
ΠΟΡΤΟΚΆΛΙ
ΠΑΠΆΓΙΑ
ΑΧΛΆΔΙ
ΡΟΔΆΚΙΝΟ

59 - Engineering

Τ	Σ	Ό	Μ	Σ	Ι	Γ	Ο	Λ	Ο	Π	Υ	Υ	Κ	Ε
Ω	Ν	Ρ	Π	Γ	Ο	Ν	Τ	Ί	Ζ	Ε	Λ	Γ	Α	Ν
Η	Ψ	Α	Μ	Μ	Α	Ρ	Γ	Ά	Ι	Δ	Ο	Ρ	Τ	Έ
Σ	Τ	Α	Θ	Ε	Ρ	Ό	Τ	Η	Τ	Α	Λ	Ό	Α	Ρ
Η	Δ	Ο	Μ	Ή	Γ	Δ	Π	Ε	Γ	Χ	Τ	Ί	Σ	Γ
Ρ	Ω	Σ	Ψ	Α	Π	Τ	Ε	Μ	Μ	Έ	Ι	Π	Κ	Ε
Τ	Ξ	Γ	Ο	Ε	Ί	Π	Ρ	Γ	Η	Ά	Ξ	Υ	Ε	Ι
Έ	Ά	Ξ	Ο	Ν	Α	Σ	Ι	Δ	Κ	Υ	Ι	Ξ	Υ	Α
Μ	Ή	Έ	Ρ	Λ	Υ	Η	Σ	Ύ	Ί	Έ	Τ	Δ	Ή	Δ
Χ	Β	Υ	Π	Ι	Ξ	Μ	Τ	Ν	Ν	Γ	Μ	Ν	Ν	Π
Δ	Ι	Α	Ν	Ο	Μ	Ή	Ρ	Α	Η	Σ	Η	Θ	Ώ	Λ
Α	Ρ	Α	Ί	Χ	Γ	Δ	Ο	Μ	Σ	Ο	Χ	Α	Ρ	Σ
Α	Τ	Ε	Τ	Ν	Ψ	Π	Φ	Η	Η	Θ	Α	Λ	Δ	Ι
Ί	Η	Ο	Ω	Γ	Ω	Χ	Ή	Ι	Ψ	Ά	Ν	Α	Α	Μ
Β	Π	Λ	Ρ	Έ	Ε	Γ	Ξ	Ί	Έ	Β	Ή	Τ	Β	Λ

ΆΞΟΝΑΣ
ΥΠΟΛΟΓΙΣΜΌΣ
ΚΊΝΗΣΗ
ΚΑΤΑΣΚΕΥΉ
ΔΙΆΓΡΑΜΜΑ
ΔΙΆΜΕΤΡΟΣ
ΒΆΘΟΣ
ΝΤΊΖΕΛ
ΔΙΑΝΟΜΉ
ΕΝΈΡΓΕΙΑ
ΓΩΝΊΑ
ΔΎΝΑΜΗ
ΜΗΧΑΝΉ
ΜΈΤΡΗΣΗ
ΠΕΡΙΣΤΡΟΦΉ
ΣΤΑΘΕΡΌΤΗΤΑ
ΔΟΜΉ
ΥΓΡΌ
ΏΘΗΣΗ
ΤΡΙΒΉ

60 - Literatuur

Α	Χ	Τ	Π	Υ	Μ	Λ	Η	Σ	Ι	Ρ	Κ	Γ	Ύ	Σ
Ν	Υ	Ρ	Ε	Δ	Υ	Χ	Π	Τ	Α	Τ	Ρ	Α	Ο	Ν
Α	Α	Α	Ω	Ι	Θ	Α	Ο	Υ	Ί	Σ	Γ	Μ	Ο	Η
Λ	Λ	Γ	Σ	Ά	Ι	Ο	Ρ	Λ	Φ	Χ	Τ	Σ	Β	Ι
Ο	Έ	Ω	Π	Λ	Σ	Υ	Η	Υ	Α	Χ	Β	Α	Τ	Ί
Γ	Ί	Δ	Α	Ο	Τ	Ή	Φ	Α	Ρ	Γ	Ι	Ρ	Ε	Π
Ί	Ί	Ί	Ή	Γ	Ό	Λ	Γ	Υ	Γ	Υ	Γ	Έ	Υ	Χ
Α	Μ	Α	Κ	Ο	Ρ	Η	Ν	Α	Ο	Π	Θ	Π	Ο	Α
Ί	Χ	Ε	Ι	Σ	Η	Η	Ώ	Υ	Ι	Χ	Δ	Μ	Τ	Ί
Σ	Γ	Υ	Τ	Ί	Μ	Η	Μ	Ο	Β	Ω	Μ	Υ	Ο	Β
Α	Έ	Ι	Η	Α	Α	Μ	Η	Ί	Ο	Π	Π	Σ	Δ	Ύ
Τ	Χ	Γ	Ι	Π	Φ	Μ	Λ	Λ	Γ	Π	Λ	Μ	Κ	Ρ
Ν	Ί	Υ	Ο	Ν	Π	Ο	Έ	Α	Σ	Σ	Σ	Σ	Έ	Ω
Α	Β	Υ	Π	Ω	Ρ	Π	Ρ	Θ	Ω	Γ	Γ	Ψ	Ν	Ε
Φ	Η	Ο	Γ	Η	Σ	Υ	Λ	Ά	Ν	Α	Ι	Ο	Α	Ο

ΑΝΑΛΟΓΊΑ
ΑΝΆΛΥΣΗ
ΑΝΈΚΔΟΤΟ
ΒΙΟΓΡΑΦΊΑ
ΣΥΜΠΈΡΑΣΜΑ
ΔΙΆΛΟΓΟΣ
ΦΑΝΤΑΣΊΑ
ΠΟΊΗΜΑ
ΓΝΏΜΗ
ΜΕΤΑΦΟΡΆ
ΠΕΡΙΓΡΑΦΉ
ΠΟΙΗΤΙΚΉ
ΡΥΘΜΟΎ
ΜΥΘΙΣΤΌΡΗΜΑ
ΣΤΥΛ
ΘΈΜΑ
ΤΡΑΓΩΔΊΑ
ΣΎΓΚΡΙΣΗ

61 - Boeken

Λ	Ο	Έ	Σ	Υ	Λ	Λ	Ο	Γ	Ή	Β	Χ	Τ	Π	Ε
Δ	Ο	Β	Έ	Ή	Α	Ί	Ρ	Ο	Τ	Σ	Ι	Ρ	Ε	Φ
Η	Ν	Γ	Λ	Κ	Δ	Α	Ί	Ι	Τ	Π	Α	Α	Ρ	Ε
Δ	Ε	Μ	Ο	Ι	Ί	Ο	Έ	Σ	Π	Ο	Φ	Γ	Ι	Υ
Ό	Π	Α	Λ	Τ	Λ	Π	Ψ	Ί	Ο	Ί	Η	Ι	Π	Ρ
Κ	Ι	Η	Δ	Ε	Ε	Α	Η	Α	Ί	Η	Γ	Κ	Έ	Ε
Ι	Κ	Ί	Ι	Χ	Σ	Χ	Λ	Λ	Η	Μ	Η	Ή	Τ	Τ
Ρ	Ή	Γ	Ί	Σ	Ο	Ξ	Ν	Π	Σ	Α	Τ	Υ	Ε	Ι
Ο	Ξ	Γ	Ρ	Α	Π	Τ	Ή	Ι	Η	Ω	Ή	Η	Ι	Κ
Τ	Έ	Ε	Ρ	Γ	Ο	Ξ	Μ	Γ	Κ	Λ	Σ	Σ	Α	Ή
Σ	Υ	Γ	Γ	Ρ	Α	Φ	Έ	Α	Σ	Ή	Π	Β	Τ	Ρ
Ι	Γ	Δ	Δ	Υ	Α	Δ	Ι	Κ	Ό	Τ	Η	Τ	Α	Η
Ί	Η	Χ	Ι	Ο	Υ	Μ	Ο	Ρ	Ι	Σ	Τ	Ι	Κ	Ό
Μ	Υ	Γ	Π	Α	Ν	Α	Γ	Ν	Ώ	Σ	Τ	Η	Σ	Ι
Μ	Υ	Θ	Ι	Σ	Τ	Ό	Ρ	Η	Μ	Α	Η	Ω	Υ	Ψ

ΣΥΓΓΡΑΦΈΑΣ
ΠΕΡΙΠΈΤΕΙΑ
ΣΕΛΊΔΑ
ΣΥΛΛΟΓΉ
ΠΛΑΊΣΙΟ
ΔΥΑΔΙΚΌΤΗΤΑ
ΕΠΙΚΉ
ΠΟΊΗΜΑ
ΓΡΑΠΤΉ
ΙΣΤΟΡΙΚΌ
ΧΙΟΥΜΟΡΙΣΤΙΚΌ
ΕΦΕΥΡΕΤΙΚΉ
ΑΝΑΓΝΏΣΤΗΣ
ΛΟΓΟΤΕΧΝΙΚΉ
ΠΟΊΗΣΗ
ΣΧΕΤΙΚΉ
ΜΥΘΙΣΤΌΡΗΜΑ
ΤΡΑΓΙΚΉ
ΙΣΤΟΡΊΑ
ΑΦΗΓΗΤΉΣ

62 - Meer Informatie

Β	Ι	Β	Λ	Ι	Α	Έ	Φ	Τ	Κ	Ρ	Ψ	Δ	Ά	Α
Μ	Ω	Σ	Σ	Η	Ή	Α	Ο	Ε	Ό	Ο	Ε	Υ	Κ	Τ
Ξ	Η	Ξ	Η	Ρ	Κ	Έ	Υ	Χ	Σ	Ξ	Υ	Σ	Ρ	Ο
Υ	Η	Δ	Τ	Ο	Ι	Μ	Τ	Ν	Μ	Η	Δ	Τ	Ο	Μ
Ε	Γ	Ω	Ή	Μ	Τ	Η	Ο	Ο	Ο	Ε	Α	Ο	Γ	Ι
Ι	Ι	Α	Ν	Π	Σ	Ψ	Υ	Λ	Ω	Ω	Ί	Π	Έ	Κ
Γ	Χ	Τ	Α	Ό	Ι	Τ	Ρ	Ο	Ί	Ω	Σ	Ί	Χ	Ό
Ω	Α	Ι	Λ	Τ	Λ	Λ	Ι	Γ	Ψ	Ί	Θ	Α	Χ	Ί
Ξ	Ί	Λ	Π	Ο	Α	Ψ	Σ	Ί	Π	Σ	Η	Ν	Ν	Μ
Μ	Π	Ξ	Α	Δ	Ε	Π	Τ	Α	Ν	Ψ	Σ	Ε	Ψ	Η
Τ	Ο	Σ	Η	Ξ	Ρ	Ά	Ι	Τ	Ω	Φ	Η	Η	Ω	Ί
Ψ	Τ	Α	Η	Μ	Ί	Ή	Κ	Ι	Μ	Η	Χ	Π	Ω	Ο
Ί	Υ	Ι	Ο	Υ	Β	Α	Ό	Ί	Ε	Ψ	Ο	Β	Β	Γ
Μ	Ο	Ι	Ρ	Ά	Ν	Ε	Σ	Μ	Α	Ν	Τ	Ε	Ί	Ο
Η	Τ	Μ	Ε	Φ	Α	Ν	Τ	Α	Σ	Τ	Ι	Κ	Ό	Ξ

ΑΤΟΜΙΚΌ
ΒΙΒΛΙΑ
ΦΩΤΙΆ
ΧΗΜΙΚΉ
ΦΑΝΤΑΣΤΙΚΌ
ΔΥΣΤΟΠΊΑ
ΈΚΡΗΞΗ
ΆΚΡΟ
ΦΟΥΤΟΥΡΙΣΤΙΚΌ
ΨΕΥΔΑΊΣΘΗΣΗ
ΜΑΝΤΕΊΟ
ΠΛΑΝΉΤΗΣ
ΡΕΑΛΙΣΤΙΚΉ
ΡΟΜΠΌΤ
ΣΕΝΆΡΙΟ
ΓΑΛΑΞΊΑΣ
ΤΕΧΝΟΛΟΓΊΑ
ΟΥΤΟΠΊΑ
ΚΌΣΜΟ

63 - Regenwoud

Ω	Ψ	Έ	Ψ	Α	Η	Ί	Ι	Α	Φ	Ε	Ν	Ν	Ύ	Σ
Κ	Ο	Ι	Ν	Ό	Τ	Η	Τ	Α	Μ	Α	Ο	Λ	Χ	Β
Θ	Η	Λ	Α	Σ	Τ	Ι	Κ	Ά	Υ	Φ	Ν	Β	Ω	Ρ
Έ	Τ	Η	Σ	Ω	Ί	Β	Ι	Π	Ε	Η	Ί	Ρ	Ε	Ψ
Τ	Ο	Σ	Σ	Έ	Μ	Π	Ο	Υ	Λ	Ι	Ά	Β	Ω	Ι
Δ	Ι	Α	Τ	Ή	Ρ	Η	Σ	Η	Έ	Γ	Φ	Ι	Ι	Ξ
Π	Γ	Τ	Β	Ο	Τ	Α	Ν	Ι	Κ	Ή	Ε	Ύ	Ψ	Α
Ο	Ύ	Σ	Κ	Λ	Ί	Μ	Α	Σ	Ε	Λ	Ψ	Χ	Σ	Ψ
Ι	Φ	Ά	Δ	Υ	Ί	Ω	Ζ	Έ	Έ	Ί	Ξ	Γ	Υ	Η
Κ	Α	Τ	Τ	Μ	Δ	Η	Ο	Β	Ν	Ξ	Δ	Β	Ο	Γ
Ι	Τ	Α	Β	Ρ	Ύ	Α	Ύ	Ο	Τ	Λ	Η	Ο	Ρ	Β
Λ	Α	Κ	Ξ	Ν	Μ	Ι	Γ	Μ	Ο	Υ	Υ	Ν	Σ	Π
Ί	Κ	Ο	Χ	Ι	Ί	Χ	Κ	Α	Μ	Τ	Π	Α	Σ	Γ
Α	Π	Π	Ε	Υ	Ί	Μ	Λ	Ι	Α	Ο	Δ	Ω	Ρ	Ξ
Λ	Χ	Α	Ν	Ο	Γ	Υ	Α	Μ	Ι	Τ	Ύ	Λ	Ο	Π

ΑΜΦΊΒΙΑ
ΔΙΑΤΉΡΗΣΗ
ΒΟΤΑΝΙΚΉ
ΠΟΙΚΙΛΊΑ
ΚΟΙΝΌΤΗΤΑ
ΈΝΤΟΜΑ
ΖΟΎΓΚΛΑ
ΚΛΊΜΑ
ΒΡΎΑ
ΦΎΣΗ
ΕΠΙΒΊΩΣΗ
ΣΈΒΟΜΑΙ
ΑΠΟΚΑΤΆΣΤΑΣΗ
ΕΊΔΟΣ
ΚΑΤΑΦΎΓΙΟ
ΠΟΥΛΙΆ
ΠΟΛΎΤΙΜΑ
ΣΎΝΝΕΦΑ
ΘΗΛΑΣΤΙΚΆ

64 - Haartypes

Ω	Π	Ξ	Χ	Ρ	Υ	Έ	Λ	Γ	Χ	Λ	Ξ	Π	Α	Λ
Β	Λ	Ρ	Ο	Σ	Δ	Ε	Υ	Υ	Ή	Λ	Α	Λ	Δ	Π
Μ	Ε	Λ	Α	Μ	Π	Ε	Ρ	Ά	Τ	Ο	Ν	Ε	Λ	Ξ
Υ	Γ	Α	Ψ	Ι	Ψ	Έ	Π	Ί	Π	Ι	Θ	Ξ	Ν	Ν
Τ	Μ	Κ	Ο	Ν	Τ	Ό	Κ	Υ	Ε	Λ	Ά	Ο	Ί	Β
Ί	Έ	Φ	Α	Κ	Δ	Σ	Σ	Π	Λ	Χ	Β	Ύ	Λ	Λ
Υ	Ν	Δ	Ο	Μ	Υ	Ε	Η	Γ	Ί	Λ	Ο	Δ	Ω	Ε
Γ	Ο	Μ	Ό	Κ	Α	Λ	Α	Μ	Ο	Γ	Λ	Ε	Ξ	Α
Ι	Μ	Ξ	Β	Μ	Ρ	Κ	Τ	Ο	Π	Υ	Μ	Σ	Ψ	Ο
Ή	Ο	Μ	Α	Λ	Ή	Ύ	Ρ	Ρ	Ι	Α	Ρ	Η	Τ	Δ
Γ	Ω	Ί	Ρ	Ω	Ρ	Ο	Υ	Ύ	Χ	Α	Π	Ά	Ε	Ξ
Δ	Κ	Δ	Ξ	Υ	Ψ	Π	Φ	Α	Λ	Α	Κ	Ρ	Ό	Σ
Ψ	Α	Ρ	Ω	Ι	Υ	Μ	Ν	Μ	Μ	Ρ	Υ	Ι	Ρ	Γ
Ί	Ε	Ο	Ι	Ν	Έ	Μ	Η	Σ	Α	Χ	Λ	Τ	Η	Ξ
Ο	Χ	Π	Ω	Ε	Χ	Ν	Ξ	Λ	Μ	Υ	Δ	Β	Ξ	Ι

ΞΑΝΘΆ
ΚΑΦΈ
ΠΑΧΎ
ΞΗΡΌ
ΛΕΠΤΉ
ΠΛΕΓΜΈΝΟ
ΥΓΙΉ
ΟΜΑΛΉ
ΛΑΜΠΕΡΆ
ΓΚΡΙ
ΦΑΛΑΚΡΌΣ
ΚΟΝΤΌ
ΜΠΟΎΚΛΕΣ
ΣΓΟΥΡΆ
ΜΑΚΡΎ
ΠΛΕΞΟΎΔΕΣ
ΛΕΥΚΌ
ΜΑΛΑΚΌ
ΑΣΗΜΈΝΙΟ
ΜΑΎΡΟ

65 - Stad

Π	Ί	Μ	Μ	Τ	Υ	Μ	Ξ	Ξ	Ψ	Ι	Σ	Λ	Γ	Β
Α	Ζ	Ε	Π	Ά	Ρ	Τ	Τ	Ε	Κ	Ρ	Ά	Μ	Τ	Ν
Ν	Β	Δ	Ε	Ε	Ε	Δ	Δ	Ν	Σ	Τ	Ά	Δ	Ι	Ο
Ε	Ι	Ο	Ί	Ε	Λ	Ω	Π	Ο	Ι	Λ	Β	Ι	Β	Ξ
Π	Β	Ί	Ι	Έ	Ί	Ψ	Δ	Δ	Ο	Ι	Τ	Λ	Γ	Τ
Ι	Λ	Ε	Α	Μ	Ρ	Χ	Ω	Ο	Ί	Ε	Σ	Υ	Ο	Μ
Σ	Ι	Λ	Ί	Ε	Ό	Ά	Ψ	Χ	Ε	Ω	Β	Ε	Ι	Α
Τ	Ο	Ο	Υ	Χ	Β	Ρ	Τ	Ε	Κ	Δ	Β	Ι	Ρ	Π
Ή	Θ	Χ	Ο	Ο	Π	Ο	Δ	Ί	Α	Σ	Τ	Ν	Ό	Ο
Μ	Ή	Σ	Β	Υ	Γ	Γ	Θ	Ο	Μ	Ο	Ν	Ψ	Τ	Θ
Ι	Κ	Δ	Ψ	Λ	Υ	Α	Ω	Έ	Ρ	Ψ	Ν	Λ	Α	Η
Ο	Η	Κ	Λ	Ι	Ν	Ι	Κ	Ή	Α	Ε	Τ	Ψ	Ι	Κ
Σ	Υ	Λ	Λ	Ο	Γ	Ή	Ε	Ψ	Φ	Τ	Α	Β	Τ	Ε
Ζ	Ω	Ο	Λ	Ο	Γ	Ι	Κ	Ό	Ξ	Γ	Ρ	Τ	Σ	Ύ
Α	Ν	Θ	Ο	Π	Ω	Λ	Ε	Ί	Ο	Η	Ι	Ο	Ε	Ω

ΦΑΡΜΑΚΕΊΟ
ΤΡΆΠΕΖΑ
ΒΙΒΛΙΟΘΉΚΗ
ΑΝΘΟΠΩΛΕΊΟ
ΒΙΒΛΙΟΠΩΛΕΊΟ
ΖΩΟΛΟΓΙΚΌ
ΣΥΛΛΟΓΉ
ΞΕΝΟΔΟΧΕΊΟ
ΚΛΙΝΙΚΉ
ΑΕΡΟΔΡΌΜΙΟ
ΑΓΟΡΆ
ΜΟΥΣΕΊΟ
ΕΣΤΙΑΤΌΡΙΟ
ΣΧΟΛΕΊΟ
ΣΤΆΔΙΟ
ΜΆΡΚΕΤ
ΘΈΑΤΡΟ
ΠΑΝΕΠΙΣΤΉΜΙΟ
ΑΠΟΘΗΚΕΎΩ

66 - Creativiteit

Ε	Ν	Έ	Ξ	Ξ	Ψ	Ω	Ι	Ω	Β	Τ	Ε	Α	Υ	Σ
Μ	Π	Α	Ί	Γ	Ε	Γ	Λ	Δ	Τ	Π	Φ	Υ	Υ	Υ
Ή	Κ	Ι	Τ	Α	Μ	Α	Ρ	Δ	Έ	Ψ	Ε	Θ	Ψ	Ν
Ζ	Σ	Ρ	Δ	Η	Σ	Η	Θ	Σ	Ί	Α	Υ	Ε	Β	Α
Ω	Α	Δ	Ο	Ε	Ω	Υ	Α	Β	Ί	Ι	Ρ	Ν	Ο	Ι
Τ	Φ	Ι	Χ	Π	Ξ	Α	Ν	Ω	Α	Σ	Ε	Τ	Έ	Σ
Ι	Ή	Α	Ν	Ω	Ρ	Ι	Μ	Γ	Ν	Ξ	Τ	Ι	Κ	Θ
Κ	Ν	Ί	Ψ	Η	Ρ	Α	Ό	Ρ	Ί	Ε	Ι	Κ	Φ	Ή
Ό	Ε	Σ	Γ	Δ	Η	Σ	Α	Τ	Ν	Έ	Κ	Ό	Ρ	Μ
Τ	Ι	Θ	Ε	Ι	Κ	Ό	Ν	Α	Η	Χ	Ή	Τ	Α	Α
Η	Α	Η	Ο	Ρ	Ά	Μ	Α	Τ	Α	Τ	Ψ	Η	Σ	Τ
Τ	Π	Σ	Φ	Α	Ν	Τ	Α	Σ	Ί	Α	Α	Τ	Η	Α
Α	Μ	Η	Τ	Η	Μ	Ρ	Ό	Θ	Υ	Α	Ψ	Α	Τ	Λ
Έ	Μ	Π	Ν	Ε	Υ	Σ	Η	Σ	Ω	Π	Ύ	Τ	Ν	Ε
Κ	Α	Λ	Λ	Ι	Τ	Ε	Χ	Ν	Ι	Κ	Ή	Δ	Γ	Γ

ΚΑΛΛΙΤΕΧΝΙΚΉ
ΕΙΚΌΝΑ
ΔΡΑΜΑΤΙΚΉ
ΑΥΘΕΝΤΙΚΌΤΗΤΑ
ΣΥΝΑΙΣΘΉΜΑΤΑ
ΑΊΣΘΗΣΗ
ΣΑΦΉΝΕΙΑ
ΙΔΈΑ
ΕΝΤΎΠΩΣΗ
ΈΜΠΝΕΥΣΗ
ΈΝΤΑΣΗ
ΔΙΑΊΣΘΗΣΗ
ΕΦΕΥΡΕΤΙΚΉ
ΑΥΘΌΡΜΗΤΗ
ΈΚΦΡΑΣΗ
ΕΠΙΔΕΞΙΌΤΗΤΑ
ΦΑΝΤΑΣΊΑ
ΟΡΆΜΑΤΑ
ΖΩΤΙΚΌΤΗΤΑ

67 - Natuur

Δ	Χ	Έ	Ν	Λ	Γ	Ζ	Κ	Τ	Φ	Β	Ο	Ν	Χ	Ω
Ι	Σ	Ν	Β	Μ	Ο	Ω	Α	Ί	Ύ	Ρ	Μ	Α	Σ	Α
Ά	Ν	Υ	Ο	Β	Τ	Τ	Τ	Η	Λ	Δ	Ο	Π	Δ	Α
Β	Ε	Ω	Ζ	Ώ	Α	Ι	Α	Ο	Λ	Έ	Ρ	Α	Α	Β
Ρ	Μ	Ξ	Π	Β	Π	Κ	Φ	Έ	Ω	Β	Φ	Γ	Δ	Ο
Ω	Ο	Β	Δ	Ρ	Ξ	Ή	Ύ	Ξ	Μ	Ψ	Ι	Ε	Υ	Μ
Σ	Ο	Σ	Α	Δ	Ν	Κ	Γ	Π	Α	Ε	Ά	Τ	Ν	Ί
Η	Π	Γ	Ρ	Σ	Χ	Ι	Ι	Ο	Σ	Ρ	Β	Ώ	Α	Χ
Ί	Χ	Ο	Ε	Ν	Έ	Τ	Ο	Τ	Ύ	Ή	Ή	Ν	Μ	Λ
Ν	Ο	Ι	Ρ	Γ	Ά	Κ	Ψ	Α	Ν	Μ	Κ	Α	Ι	Η
Ω	Τ	Ν	Ω	Ο	Ε	Ρ	Ν	Μ	Ν	Ο	Ι	Σ	Κ	Υ
Ε	Τ	Ή	Υ	Τ	Λ	Α	Γ	Ό	Ε	Υ	Π	Ε	Ή	Ε
Μ	Έ	Λ	Ι	Σ	Σ	Ε	Σ	Σ	Φ	Β	Ο	Ρ	Ρ	Σ
Ι	Α	Α	Η	Ί	Σ	Ε	Ε	Χ	Α	Ν	Ρ	Ω	Χ	Ό
Ι	Λ	Γ	Α	Β	Ν	Υ	Χ	Π	Ρ	Ν	Τ	Π	Γ	Ξ

ΑΡΚΤΙΚΉ
ΒΟΥΝΆ
ΜΈΛΙΣΣΕΣ
ΔΑΣΟΣ
ΖΏΑ
ΔΥΝΑΜΙΚΉ
ΔΙΆΒΡΩΣΗ
ΦΎΛΛΩΜΑ
ΠΑΓΕΤΏΝΑΣ
ΙΕΡΌ
ΟΜΊΧΛΗ
ΠΟΤΑΜΌΣ
ΟΜΟΡΦΙΆ
ΚΑΤΑΦΎΓΙΟ
ΓΑΛΉΝΙΟ
ΤΡΟΠΙΚΉ
ΖΩΤΙΚΉ
ΆΓΡΙΟ
ΕΡΉΜΟΥ
ΣΎΝΝΕΦΑ

68 - Zoogdieren

Γ	Κ	Α	Ω	Ί	Β	Λ	Ι	Δ	Λ	Ρ	Δ	Μ	Μ	Έ
Ο	Σ	Α	Κ	Α	Γ	Κ	Ο	Υ	Ρ	Ό	Ε	Α	Ψ	Ξ
Ρ	Έ	Δ	Μ	Ν	Ε	Έ	Γ	Ί	Η	Λ	Ε	Ϊ	Π	Μ
Ί	Υ	Ί	Ε	Η	Ψ	Σ	Ο	Ρ	Ύ	Α	Τ	Μ	Ξ	Α
Λ	Σ	Γ	Χ	Λ	Λ	Τ	Λ	Ω	Π	Τ	Ψ	Ο	Γ	Κ
Α	Χ	Έ	Ω	Γ	Έ	Ο	Ά	Μ	Ο	Ά	Ν	Ύ	Α	Ο
Σ	Ρ	Έ	Β	Λ	Ι	Φ	Π	Π	Υ	Γ	Γ	Ξ	Ϊ	Υ
Ψ	Σ	Ψ	Υ	Έ	Ρ	Σ	Α	Ά	Σ	Β	Ε	Ι	Δ	Ν
Α	Ο	Κ	Α	Μ	Ή	Λ	Α	Ν	Ρ	Ξ	Ξ	Λ	Ο	Έ
Ν	Λ	Ί	Χ	Τ	Σ	Κ	Δ	Η	Τ	Δ	Δ	Ν	Ύ	Λ
Ι	Ύ	Ε	Δ	Ε	Α	Ο	Έ	Έ	Ί	Α	Α	Έ	Ρ	Ι
Α	Κ	Γ	Π	Ε	Μ	Γ	Α	Χ	Η	Ξ	Σ	Λ	Ι	Ν
Λ	Σ	Σ	Β	Ο	Ί	Ι	Ν	Ί	Φ	Λ	Ε	Δ	Η	Γ
Ά	Χ	Ν	Ω	Δ	Ύ	Ό	Κ	Ά	Σ	Τ	Ο	Ρ	Α	Σ
Φ	Λ	Ύ	Κ	Ο	Σ	Τ	Λ	Ι	Ο	Ν	Τ	Ά	Ρ	Ι

ΜΑΪΜΟΎ
ΚΆΣΤΟΡΑΣ
ΚΟΓΙΌΤ
ΔΕΛΦΊΝΙ
ΓΑΪΔΟΎΡΙ
ΓΊΔΑ
ΚΑΜΗΛΟΠΆΡΔΑΛΗ
ΓΟΡΊΛΑΣ
ΣΚΎΛΟΣ
ΚΑΜΉΛΑ
ΚΑΓΚΟΥΡΌ
ΓΆΤΑ
ΚΟΥΝΈΛΙ
ΛΙΟΝΤΆΡΙ
ΕΛΈΦΑΝΤΑΣ
ΆΛΟΓΟ
ΤΑΎΡΟΣ
ΑΛΕΠΟΎ
ΦΆΛΑΙΝΑ
ΛΎΚΟΣ

69 - Overheid

Λ	Α	Δ	Ε	Ι	Ρ	Η	Ν	Ι	Κ	Ή	Ι	Ε	Α	Χ
Υ	Ί	Ξ	Ι	Δ	Σ	Ύ	Ν	Τ	Α	Γ	Μ	Α	Ή	Μ
Ψ	Ρ	Π	Ή	Κ	Ι	Τ	Σ	Α	Κ	Ι	Δ	Η	Κ	Μ
Έ	Ε	Χ	Ν	Η	Α	Ι	Θ	Α	Γ	Έ	Ν	Ε	Ι	Α
Ρ	Θ	Υ	Η	Ι	Η	Ι	Π	Ι	Δ	Τ	Ψ	Ι	Τ	Ί
Ψ	Υ	Ν	Δ	Ι	Ή	Χ	Ο	Ι	Ρ	Ε	Π	Σ	Ι	Λ
Ί	Ε	Ι	Ο	Ι	Σ	Ω	Έ	Σ	Λ	Ο	Ί	Ό	Λ	Ι
Ρ	Λ	Ε	Ι	Σ	Κ	Β	Δ	Ι	Ύ	Λ	Υ	Τ	Ο	Μ
Α	Ε	Δ	Β	Ψ	Ι	Α	Γ	Μ	Τ	Ν	Π	Η	Π	Ο
Δ	Ί	Κ	Α	Ι	Ο	Α	Ι	Ί	Γ	Δ	Η	Τ	Γ	Ί
Σ	Ύ	Μ	Β	Ο	Λ	Ο	Ξ	Ώ	Ξ	Δ	Χ	Α	Μ	Ε
Κ	Α	Τ	Ά	Σ	Τ	Α	Σ	Η	Μ	Ρ	Ο	Π	Ν	Μ
Δ	Η	Μ	Ο	Κ	Ρ	Α	Τ	Ί	Α	Α	Γ	Ρ	Ί	Η
Δ	Η	Μ	Ό	Σ	Ι	Α	Τ	Ε	Ε	Ί	Τ	Η	Ω	Ν
Σ	Υ	Ζ	Ή	Τ	Η	Σ	Η	Ε	Γ	Λ	Σ	Α	Σ	Μ

ΙΘΑΓΈΝΕΙΑ
ΔΗΜΌΣΙΑ
ΔΗΜΟΚΡΑΤΊΑ
ΣΥΖΉΤΗΣΗ
ΙΣΌΤΗΤΑ
ΔΙΚΑΣΤΙΚΉ
ΔΙΚΑΙΟΣΎΝΗ
ΣΎΝΤΑΓΜΑ
ΜΝΗΜΕΊΟ
ΈΘΝΟΣ
ΠΟΛΙΤΙΚΉ
ΔΙΚΑΙΏΜΑΤΑ
ΕΙΡΗΝΙΚΉ
ΚΑΤΆΣΤΑΣΗ
ΣΎΜΒΟΛΟ
ΟΜΙΛΊΑ
ΕΛΕΥΘΕΡΊΑ
ΔΊΚΑΙΟ
ΠΕΡΙΟΧΉ

70 - Voertuigen

Υ	Β	Α	Ξ	Η	Β	Ε	Ο	Ν	Έ	Ρ	Τ	Ω	Ί	Ο
Ε	Π	Ρ	Ο	Υ	Κ	Έ	Τ	Α	Μ	Μ	Ο	Α	Η	Σ
Λ	Η	Ο	Τ	Ρ	Ο	Χ	Ό	Σ	Π	Ι	Τ	Ο	Ξ	Ρ
Ι	Α	Ρ	Β	Φ	Ο	Ρ	Τ	Η	Γ	Ό	Η	Ν	Λ	Ί
Κ	Μ	Ό	Β	Ρ	Έ	Τ	Κ	Α	Ρ	Τ	Ν	Ά	Ε	Β
Ό	Σ	Φ	Ά	Ε	Ύ	Ί	Ε	Β	Α	Λ	Ί	Λ	Ω	Μ
Π	Χ	Ο	Ρ	Τ	Π	Χ	Α	Ξ	Υ	Ω	Κ	Π	Φ	Μ
Τ	Ε	Ν	Κ	Ύ	Λ	Ο	Ι	Β	Η	Ξ	Ο	Ο	Ο	Ε
Ε	Δ	Ε	Α	Ο	Β	Τ	Ρ	Ο	Τ	Ν	Τ	Ρ	Ρ	Τ
Ρ	Ί	Θ	Μ	Κ	Ψ	Τ	Ψ	Θ	Λ	Ψ	Υ	Ε	Ε	Ρ
Ο	Α	Σ	Ί	Σ	Η	Γ	Έ	Δ	Μ	Η	Α	Α	Ί	Ό
Ε	Π	Α	Χ	Ι	Τ	Σ	Ά	Λ	Γ	Ε	Σ	Β	Ο	Β
Π	Ο	Δ	Ή	Λ	Α	Τ	Ο	Ω	Γ	Τ	Ί	Ο	Α	Χ
Ί	Ω	Υ	Δ	Α	Μ	Η	Χ	Α	Ν	Ή	Π	Ο	Χ	Ξ
Δ	Χ	Ψ	Β	Π	Ξ	Ο	Έ	Π	Χ	Έ	Ι	Λ	Ε	Ν

ΑΣΘΕΝΟΦΌΡΟ
ΑΥΤΟΚΊΝΗΤΟ
ΛΆΣΤΙΧΑ
ΒΆΡΚΑ
ΛΕΩΦΟΡΕΊΟ
ΤΡΟΧΌΣΠΙΤΟ
ΠΟΔΉΛΑΤΟ
ΕΛΙΚΌΠΤΕΡΟ
ΜΕΤΡΌ
ΜΗΧΑΝΉ
ΥΠΟΒΡΎΧΙΟ
ΡΟΥΚΈΤΑ
ΣΚΟΎΤΕΡ
ΤΑΞΊ
ΤΡΑΚΤΈΡ
ΤΡΈΝΟ
ΠΟΡΘΜΕΊΟ
ΑΕΡΟΠΛΆΝΟ
ΣΧΕΔΊΑ
ΦΟΡΤΗΓΌ

71 - Geografie

Λ	Ο	Ι	Ψ	Μ	Τ	Ο	Β	Ψ	Υ	Ν	Τ	Γ	Ψ	Π
Β	Υ	Σ	Ό	Ν	Α	Ε	Κ	Ω	Ψ	Ό	Ρ	Ρ	Π	Ι
Ο	Έ	Η	Η	Χ	Ό	Π	Υ	Ί	Ό	Τ	Ο	Ί	Χ	Ω
Υ	Ί	Μ	Τ	Μ	Ν	Η	Ψ	Γ	Μ	Ι	Ε	Η	Γ	Π
Ν	Υ	Ε	Ρ	Γ	Ι	Ί	Β	Α	Ε	Α	Ε	Γ	Τ	Ό
Ό	Ο	Ρ	Ά	Ω	Ρ	Σ	Λ	Τ	Τ	Δ	Ύ	Σ	Η	Λ
Β	Δ	Ι	Χ	Σ	Β	Η	Φ	Ν	Ρ	Α	Ρ	Σ	Π	Η
Ξ	Δ	Ν	Ώ	Χ	Μ	Ν	Ν	Α	Ο	Μ	Σ	Ό	Κ	Τ
Ω	Δ	Ό	Ρ	Χ	Η	Τ	Λ	Λ	Ί	Ά	Ο	Μ	Π	Ι
Δ	Ί	Σ	Α	Ω	Σ	Γ	Λ	Τ	Δ	Ρ	Ρ	Α	Ε	Ο
Π	Υ	Υ	Μ	Ν	Ε	Ψ	Έ	Ά	Υ	Ρ	Ι	Τ	Ρ	Ρ
Χ	Ε	Ψ	Ο	Σ	Μ	Μ	Β	Γ	Ο	Ο	Ε	Ο	Ι	Δ
Π	Η	Θ	Ά	Λ	Α	Σ	Σ	Α	Ί	Β	Π	Π	Ο	Ε
Γ	Ε	Ω	Γ	Ρ	Α	Φ	Ι	Κ	Ό	Έ	Ή	Ι	Χ	Ι
Μ	Ξ	Σ	Ο	Β	Η	Ν	Η	Σ	Ί	Η	Γ	Ί	Ή	Β

ΆΤΛΑΝΤΑ
ΒΟΥΝΌ
ΉΠΕΙΡΟΣ
ΝΗΣΊ
ΙΣΗΜΕΡΙΝΌΣ
ΗΜΙΣΦΑΊΡΙΟ
ΥΨΌΜΕΤΡΟ
ΧΆΡΤΗ
ΧΏΡΑ
ΓΕΩΓΡΑΦΙΚΌ
ΜΕΣΗΜΒΡΙΝΌ
ΒΟΡΡΆ
ΩΚΕΑΝΌΣ
ΠΕΡΙΟΧΉ
ΠΟΤΑΜΌΣ
ΠΌΛΗ
ΚΌΣΜΟ
ΔΎΣΗ
ΘΆΛΑΣΣΑ
ΝΌΤΙΑ

72 - Barbecues

Μ	Ω	Α	Χ	Γ	Μ	Ο	Υ	Σ	Ι	Κ	Ή	Κ	Δ	Λ
Κ	Α	Ψ	Δ	Ι	Ο	Γ	Ά	Ί	Ξ	Δ	Ξ	Ρ	Ν	Μ
Ο	Ι	Χ	Ν	Ω	Τ	Π	Κ	Ξ	Ρ	Ρ	Ω	Ε	Τ	Υ
Τ	Ν	Π	Α	Ρ	Ύ	Μ	Ι	Τ	Ά	Λ	Α	Μ	Ο	Ν
Ό	Ύ	Ρ	Μ	Ί	Ο	Ο	Ν	Π	Ί	Ε	Δ	Μ	Μ	Γ
Π	Ο	Ό	Ύ	Ω	Ρ	Μ	Α	Ο	Έ	Η	Ψ	Ύ	Ά	Ω
Ο	Ρ	Σ	Ε	Έ	Φ	Ι	Χ	Ι	Π	Ρ	Ν	Δ	Τ	Σ
Υ	Ι	Κ	Γ	Μ	Ρ	Ρ	Α	Κ	Δ	Γ	Ι	Ι	Α	Ά
Λ	Π	Λ	Β	Έ	Β	Ί	Λ	Ο	Μ	Λ	Ν	Α	Ρ	Λ
Ο	Υ	Η	Α	Τ	Ο	Α	Ε	Γ	Ω	Δ	Ρ	Ν	Ά	Τ
Ό	Τ	Σ	Ε	Ζ	Π	Κ	Α	Έ	Β	Τ	Ρ	Ί	Χ	Σ
Ι	Ρ	Η	Ε	Λ	Ν	Ο	Ψ	Ν	Ε	Ε	Έ	Ε	Σ	Α
Σ	Α	Λ	Ά	Τ	Α	Λ	Β	Ε	Ο	Ο	Η	Π	Ν	Ε
Μ	Η	Γ	Ο	Ξ	Ο	Α	Β	Ι	Ι	Ι	Π	Υ	Η	Ψ
Λ	Γ	Η	Έ	Α	Δ	Κ	Ί	Α	Ν	Δ	Ξ	Α	Ο	Μ

ΔΕΊΠΝΟ
ΟΙΚΟΓΈΝΕΙΑ
ΦΡΟΎΤΟ
ΣΧΆΡΑ
ΛΑΧΑΝΙΚΆ
ΖΕΣΤΌ
ΠΕΊΝΑ
ΚΟΤΌΠΟΥΛΟ
ΓΕΎΜΑ
ΜΑΧΑΊΡΙΑ
ΜΟΥΣΙΚΉ
ΠΙΠΈΡΙ
ΣΑΛΆΤΑ
ΣΆΛΤΣΑ
ΝΤΟΜΆΤΑ
ΚΡΕΜΜΎΔΙΑ
ΠΡΌΣΚΛΗΣΗ
ΠΙΡΟΎΝΙΑ
ΚΑΛΟΚΑΊΡΙ
ΑΛΆΤΙ

73 - Schoonheid

Ξ	Β	Ν	Ψ	Ω	Ρ	Υ	Μ	Π	Κ	Ε	Η	Σ	Κ	Φ
Υ	Ψ	Σ	Υ	Ε	Έ	Π	Α	Ρ	Ο	Ο	Λ	Α	Α	Ω
Υ	Σ	Ω	Η	Λ	Β	Η	Κ	Ο	Μ	Ψ	Ρ	Μ	Λ	Τ
Ί	Ε	Α	Ι	Ι	Ρ	Ρ	Ι	Ϊ	Ψ	Α	Λ	Π	Λ	Ο
Ρ	Λ	Ί	Β	Ψ	Ο	Ε	Γ	Ό	Ό	Κ	Σ	Ο	Υ	Γ
Ε	Κ	Ο	Μ	Ψ	Ό	Σ	Ι	Ν	Τ	Ρ	Τ	Υ	Ν	Ε
Χ	Ύ	Ψ	Γ	Υ	Υ	Ί	Ά	Σ	Η	Α	Υ	Ά	Τ	Ν
Ί	Ο	Ο	Γ	Ο	Ά	Α	Ζ	Β	Τ	Γ	Λ	Ν	Ι	Η
Ο	Π	Γ	Γ	Τ	Η	Ρ	Ά	Χ	Α	Ι	Ί	Λ	Κ	Σ
Α	Μ	Μ	Γ	Ω	Ν	Τ	Ω	Δ	Τ	Ό	Σ	Ε	Ά	Ψ
Α	Ρ	Α	Κ	Σ	Ά	Μ	Ε	Μ	Χ	Ν	Τ	Δ	Χ	Υ
Ν	Σ	Μ	Λ	Λ	Χ	Γ	Η	Ί	Α	Ψ	Α	Έ	Τ	Α
Η	Ρ	Ώ	Σ	Ή	Γ	Ψ	Έ	Α	Α	Ο	Σ	Ρ	Α	Ο
Έ	Α	Ρ	Κ	Α	Θ	Ρ	Ε	Φ	Τ	Η	Σ	Μ	Τ	Ω
Β	Ο	Χ	Ψ	Α	Λ	Ί	Δ	Ι	Ί	Α	Ψ	Α	Ν	Δ

ΓΟΗΤΕΊΑ
ΚΑΛΛΥΝΤΙΚΆ
ΥΠΗΡΕΣΊΑ
ΚΟΜΨΌ
ΚΟΜΨΌΤΗΤΑ
ΦΩΤΟΓΕΝΗΣ
ΧΆΡΗ
ΆΡΩΜΑ
ΟΜΑΛΉ
ΔΈΡΜΑ
ΧΡΏΜΑ
ΜΠΟΎΚΛΕΣ
ΚΡΑΓΙΌΝ
ΜΆΣΚΑΡΑ
ΠΡΟΪΌΝ
ΨΑΛΊΔΙ
ΣΑΜΠΟΥΆΝ
ΚΑΘΡΕΦΤΗΣ
ΣΤΥΛΊΣΤΑΣ
ΜΑΚΙΓΙΆΖ

74 - Wetenschappelijke Discip

Α	Ρ	Χ	Α	Ι	Ο	Λ	Ο	Γ	Ί	Α	Β	Λ	Κ	Α
Ο	Ι	Κ	Ο	Λ	Ο	Γ	Ί	Α	Ψ	Υ	Ι	Ι	Ο	Μ
Γ	Ε	Ω	Λ	Ο	Γ	Ί	Α	Σ	Ω	Β	Ο	Δ	Ι	Ε
Α	Σ	Τ	Ρ	Ο	Ν	Ο	Μ	Ί	Α	Ο	Λ	Χ	Ν	Τ
Μ	Η	Χ	Α	Ν	Ι	Κ	Ή	Π	Σ	Τ	Ο	Η	Ω	Ε
Α	Ί	Μ	Ο	Τ	Α	Ν	Α	Ε	Γ	Α	Γ	Μ	Ν	Ω
Υ	Β	Γ	Υ	Ν	Ε	Ί	Ί	Ψ	Ε	Ν	Ί	Ε	Ι	Ρ
Φ	Υ	Σ	Ι	Ο	Λ	Ο	Γ	Ί	Α	Ι	Α	Ί	Ο	Ο
Ξ	Ο	Ε	Έ	Ω	Α	Ψ	Ο	Ο	Π	Κ	Ρ	Α	Λ	Λ
Ι	Μ	Έ	Δ	Ο	Ξ	Τ	Λ	Σ	Λ	Ή	Ω	Ι	Ο	Ο
Ω	Α	Ί	Ε	Μ	Η	Χ	Ο	Ι	Β	Ο	Η	Ψ	Γ	Γ
Τ	Τ	Υ	Ξ	Λ	Β	Τ	Σ	Ψ	Γ	Υ	Ρ	Σ	Ί	Ί
Ξ	Ί	Ι	Ή	Κ	Ι	Τ	Ο	Π	Μ	Ο	Ρ	Υ	Α	Α
Ο	Ξ	Ή	Κ	Ι	Μ	Α	Ν	Υ	Δ	Ο	Μ	Ρ	Ε	Θ
Υ	Τ	Ν	Β	Ξ	Α	Έ	Α	Ί	Γ	Τ	Ο	Η	Ο	Ν

ΑΝΑΤΟΜΊΑ
ΑΡΧΑΙΟΛΟΓΊΑ
ΑΣΤΡΟΝΟΜΊΑ
ΒΙΟΧΗΜΕΊΑ
ΒΙΟΛΟΓΊΑ
ΧΗΜΕΊΑ
ΟΙΚΟΛΟΓΊΑ
ΦΥΣΙΟΛΟΓΊΑ
ΓΕΩΛΟΓΊΑ
ΑΝΟΣΟΛΟΓΊΑ
ΜΗΧΑΝΙΚΉ
ΜΕΤΕΩΡΟΛΟΓΊΑ
ΝΕΥΡΟΛΟΓΊΑ
ΒΟΤΑΝΙΚΉ
ΡΟΜΠΟΤΙΚΉ
ΚΟΙΝΩΝΙΟΛΟΓΊΑ
ΘΕΡΜΟΔΥΝΑΜΙΚΉ

75 - Bijvoeglijke Naamwoorden

Ο	Δ	Α	Γ	Ν	Ό	Ε	Κ	Α	Ν	Ο	Ν	Ι	Κ	Ή
Υ	Ρ	Ξ	Ξ	Σ	Ο	Ν	Έ	Μ	Σ	Α	Ν	Ι	Ε	Π
Γ	Α	Ν	Υ	Λ	Μ	Δ	Χ	Ρ	Τ	Ε	Ι	Έ	Ή	Ί
Ι	Μ	Μ	Ί	Ό	Κ	Ι	Τ	Ν	Ε	Θ	Υ	Α	Κ	Ρ
Ή	Α	Ο	Ί	Γ	Β	Α	Ν	Έ	Α	Μ	Έ	Η	Ι	Ξ
Ρ	Τ	Ρ	Έ	Λ	Χ	Φ	Π	Ο	Λ	Ω	Ν	Χ	Γ	Χ
Υ	Ι	Φ	Σ	Ο	Ν	Έ	Μ	Σ	Ι	Κ	Ι	Ο	Ρ	Π
Χ	Κ	Α	Υ	Ί	Β	Ρ	Γ	Ί	Β	Ξ	Ν	Ρ	Υ	Β
Σ	Ή	Ξ	Τ	Σ	Α	Ο	Ξ	Σ	Ρ	Η	Α	Ε	Ο	Η
Ι	Τ	Α	Η	Η	Ι	Ν	Α	Ω	Μ	Ξ	Δ	Π	Ι	Ί
Ι	Γ	Ι	Ε	Έ	Τ	Κ	Ο	Χ	Α	Β	Ξ	Υ	Μ	Σ
Υ	Π	Ν	Η	Λ	Ί	Α	Ή	Ρ	Υ	Μ	Λ	Α	Η	Β
Υ	Π	Ε	Ύ	Θ	Υ	Ν	Ο	Σ	Α	Υ	Λ	Ί	Δ	Ξ
Π	Α	Ρ	Α	Γ	Ω	Γ	Ι	Κ	Ή	Ά	Γ	Ρ	Ι	Ο
Κ	Ο	Υ	Ρ	Α	Σ	Μ	Έ	Ν	Ο	Σ	Ξ	Ψ	Β	Σ

ΑΥΘΕΝΤΙΚΌ
ΠΡΟΙΚΙΣΜΈΝΟΣ
ΔΗΜΙΟΥΡΓΙΚΉ
ΔΡΑΜΑΤΙΚΉ
ΥΓΙΉ
ΠΕΙΝΑΣΜΈΝΟΣ
ΕΝΔΙΑΦΈΡΟΝ
ΚΟΥΡΑΣΜΈΝΟΣ
ΦΥΣΙΚΉ
ΝΈΑ
ΚΑΝΟΝΙΚΉ
ΠΑΡΑΓΩΓΙΚΉ
ΥΠΝΗΛΊΑ
ΙΣΧΥΡΉ
ΥΠΕΡΟΧΗ
ΥΠΕΎΘΥΝΟΣ
ΆΓΡΙΟ
ΑΛΜΥΡΉ
ΑΓΝΌ

76 - Kleding

Τ	Ζ	Η	Υ	Σ	Η	Σ	Ο	Π	Η	Ν	Π	Π	Γ	Π
Π	Σ	Ώ	Ψ	Έ	Δ	Α	Δ	Ό	Μ	Ο	Α	Ο	Ά	Α
Δ	Α	Γ	Ν	Χ	Δ	Ν	Π	Δ	Σ	Ξ	Ν	Υ	Ν	Π
Δ	Ι	Ι	Π	Η	Γ	Δ	Έ	Η	Ο	Η	Τ	Λ	Τ	Ο
Σ	Α	Κ	Ά	Κ	Ι	Ά	Ι	Δ	Ο	Π	Ε	Ό	Ι	Ύ
Π	Α	Ί	Β	Υ	Ω	Λ	Γ	Η	Υ	Γ	Λ	Β	Α	Τ
Π	Α	Μ	Ά	Ζ	Τ	Ι	Π	Ρ	Ω	Ψ	Ό	Ε	Ζ	Σ
Ο	Σ	Λ	Ό	Κ	Σ	Α	Κ	Υ	Σ	Ρ	Ν	Ρ	Ύ	Ι
Υ	Τ	Ψ	Τ	Ρ	Ί	Έ	Μ	Π	Χ	Έ	Ι	Λ	Ο	Κ
Κ	Λ	Ν	Τ	Ό	Α	Λ	Α	Ε	Ξ	Ι	Δ	Ψ	Λ	Ο
Ά	Ά	Φ	Ο	Ύ	Σ	Τ	Α	Σ	Ρ	Ε	Γ	Ψ	Π	Μ
Μ	Κ	Ρ	Η	Κ	Α	Π	Έ	Λ	Ο	Ό	Α	Δ	Μ	Ν
Ι	Λ	Ό	Ι	Χ	Α	Ρ	Β	Τ	Ξ	Ω	Φ	Τ	Σ	Η
Σ	Α	Τ	Ο	Ν	Α	Π	Η	Β	Χ	Γ	Γ	Ξ	Λ	Β
Ο	Ξ	Ψ	Ί	Ν	Έ	Η	Ι	Ν	Ψ	Ί	Υ	Ο	Έ	Ω

ΒΡΑΧΙΌΛΙ
ΜΠΛΟΎΖΑ
ΠΑΝΤΕΛΌΝΙ
ΓΆΝΤΙΑ
ΚΑΠΈΛΟ
ΠΑΛΤΌ
ΣΑΚΆΚΙ
ΦΌΡΕΜΑ
ΚΟΛΙΈ
ΜΌΔΑ
ΠΙΤΖΆΜΑ
ΖΏΝΗ
ΦΟΎΣΤΑ
ΣΑΝΔΆΛΙΑ
ΠΑΠΟΎΤΣΙ
ΠΟΔΙΆ
ΠΟΥΚΆΜΙΣΟ
ΚΑΣΚΌΛ
ΚΆΛΤΣΑ
ΠΟΥΛΌΒΕΡ

77 - Vliegtuigen

Π	Μ	Υ	Ο	Δ	Ο	Ί	Χ	Έ	Λ	Π	Κ	Ξ	Μ	Δ
Π	Ε	Η	Τ	Ά	Β	Ι	Π	Ε	Ή	Α	Α	Ν	Υ	Ρ
Α	Ρ	Ρ	Χ	Σ	Ο	Ι	Δ	Έ	Χ	Σ	Τ	Ι	Δ	Π
Μ	Ν	Ο	Ι	Α	Κ	Ι	Λ	Έ	Α	Π	Ε	Λ	Α	Τ
Π	Ή	Π	Σ	Π	Ν	Ρ	Ω	Ω	Ρ	Λ	Ύ	Ο	Τ	Η
Γ	Γ	Β	Ο	Γ	Έ	Ή	Ξ	Ω	Α	Ή	Θ	Υ	Μ	Κ
Ψ	Ω	Ω	Ψ	Υ	Ε	Τ	Ω	Χ	Τ	Ρ	Υ	Ρ	Ό	Α
Μ	Γ	Ί	Υ	Χ	Τ	Ί	Ε	Υ	Α	Ω	Ν	Α	Σ	Τ
Κ	Α	Ύ	Σ	Ι	Μ	Ο	Ω	Ι	Ν	Μ	Σ	Ν	Φ	Α
Χ	Τ	Δ	Α	Ν	Γ	Η	Η	Σ	Α	Α	Η	Ό	Α	Σ
Ο	Α	Η	Ρ	Ό	Μ	Χ	Ξ	Γ	Η	Σ	Α	Σ	Ι	Κ
Ν	Κ	Μ	Έ	Λ	Π	Ι	Λ	Ο	Τ	Ι	Κ	Ή	Ρ	Ε
Ι	Υ	Λ	Α	Α	Ί	Ρ	Ο	Τ	Σ	Ι	Ν	Χ	Α	Υ
Έ	Ν	Σ	Γ	Π	Υ	Δ	Ρ	Ο	Γ	Ό	Ν	Ο	Δ	Ή
Α	Ι	Τ	Ο	Μ	Χ	Χ	Χ	Τ	Α	Ε	Μ	Λ	Υ	Ί

ΚΑΤΑΓΩΓΉ
ΑΤΜΌΣΦΑΙΡΑ
ΠΕΡΙΠΈΤΕΙΑ
ΜΠΑΛΌΝΙ
ΠΛΉΡΩΜΑ
ΚΑΤΑΣΚΕΥΉ
ΚΑΎΣΙΜΟ
ΙΣΤΟΡΊΑ
ΟΥΡΑΝΌΣ
ΥΨΟΣ
ΠΡΟΣΓΕΊΩΣΗ
ΑΈΡΑΣ
ΜΗΧΑΝΉ
ΣΧΈΔΙΟ
ΕΠΙΒΆΤΗ
ΠΙΛΟΤΙΚΉ
ΈΛΙΚΑ
ΚΑΤΕΎΘΥΝΣΗ
ΑΝΑΤΑΡΑΧΉ
ΥΔΡΟΓΌΝΟ

78 - Herbalisme

Μ	Β	Μ	Β	Π	Ω	Η	Λ	Β	Ό	Ν	Δ	Σ	Λ	Θ
Α	Α	Ά	Ο	Ο	Θ	Η	Ν	Ά	Κ	Ν	Ω	Κ	Ο	Υ
Ν	Σ	Ρ	Ω	Ι	Σ	Δ	Ν	Ε	Ι	Η	Γ	Ό	Υ	Μ
Τ	Ι	Α	Ν	Ό	Κ	Γ	Α	Ρ	Τ	Σ	Ε	Ρ	Λ	Ά
Ζ	Λ	Θ	Υ	Τ	Κ	Ψ	Ι	Ο	Α	Ύ	Ρ	Δ	Ο	Ρ
Ο	Ι	Ο	Ρ	Η	Ξ	Ή	Υ	Τ	Τ	Ε	Ρ	Ο	Ύ	Ι
Υ	Κ	Ε	Ω	Τ	Ξ	Κ	Π	Β	Σ	Γ	Η	Ί	Δ	Υ
Ρ	Ο	Ξ	Μ	Α	Ρ	Ι	Ι	Ο	Υ	Μ	Έ	Δ	Ι	Α
Ά	Ύ	Ί	Υ	Ω	Σ	Ρ	Ω	Μ	Σ	Ο	Κ	Ο	Ρ	Κ
Ν	Α	Ν	Ω	Ψ	Ρ	Ι	Ρ	Π	Ρ	Ά	Σ	Ι	Ν	Ο
Α	Α	Τ	Ν	Ά	Β	Ε	Λ	Ί	Ο	Χ	Π	Ε	Ρ	Ν
Ί	Γ	Λ	Ρ	Χ	Λ	Γ	Ί	Η	Γ	Π	Α	Α	Ν	Τ
Ν	Ξ	Ό	Κ	Ι	Τ	Α	Μ	Ω	Ρ	Α	Η	Ε	Π	Η
Ω	Ο	Η	Ί	Ν	Β	Μ	Ω	Υ	Σ	Α	Ν	Α	Β	Έ
Μ	Α	Ϊ	Ν	Τ	Α	Ν	Ό	Σ	Δ	Έ	Χ	Η	Π	Σ

ΑΡΩΜΑΤΙΚΌ
ΒΑΣΙΛΙΚΌΥ
ΛΟΥΛΟΎΔΙ
ΜΑΓΕΙΡΙΚΉ
ΆΝΗΘΟ
ΕΣΤΡΑΓΚΌΝ
ΠΡΆΣΙΝΟ
ΣΥΣΤΑΤΙΚΌ
ΣΚΌΡΔΟ
ΠΟΙΌΤΗΤΑ
ΛΕΒΆΝΤΑ
ΜΑΝΤΖΟΥΡΆΝΑ
ΡΊΓΑΝΗ
ΜΑΪΝΤΑΝΌΣ
ΚΡΟΚΟΣ
ΓΕΎΣΗ
ΘΥΜΆΡΙ
ΚΉΠΟΣ
ΜΆΡΑΘΟ

79 - Kracht en Zwaartekracht

Τ	Υ	Γ	Α	Γ	Α	Κ	Δ	Ψ	Ρ	Τ	Ε	Ν	Β	Χ
Ρ	Δ	Σ	Β	Υ	Ν	Έ	Μ	Τ	Έ	Α	Δ	Ω	Ρ	Ψ
Ι	Ε	Δ	Φ	Σ	Α	Ν	Ο	Ξ	Ά	Χ	Ώ	Ρ	Α	Ι
Β	Λ	Ξ	Υ	Ω	Κ	Τ	Ι	Η	Ι	Ύ	Δ	Κ	Η	Δ
Ή	Γ	Ί	Σ	Π	Ά	Ρ	Υ	Π	Χ	Τ	Δ	Α	Ε	Ι
Δ	Χ	Ο	Ι	Σ	Λ	Ο	Β	Ο	Ο	Η	Ψ	Θ	Ο	Ό
Π	Σ	Χ	Κ	Α	Υ	Ζ	Κ	Λ	Ρ	Τ	Ρ	Ο	Η	Τ
Χ	Ω	Δ	Ή	Π	Ψ	Σ	Υ	Ί	Τ	Α	Δ	Λ	Ω	Η
Α	Β	Υ	Α	Ό	Η	Ψ	Υ	Γ	Ν	Ι	Ν	Ι	Ι	Τ
Σ	Ι	Ν	Ψ	Σ	Σ	Ψ	Π	Μ	Ί	Η	Ί	Κ	Υ	Α
Μ	Μ	Α	Ξ	Τ	Ε	Τ	Λ	Η	Ι	Ζ	Σ	Ή	Ε	Έ
Ο	Μ	Μ	Ω	Α	Ί	Δ	Έ	Ψ	Η	Υ	Ω	Η	Ν	Λ
Ω	Ξ	Ι	Λ	Σ	Π	Μ	Η	Χ	Α	Ν	Ι	Κ	Ή	Έ
Έ	Α	Κ	Ι	Η	Σ	Α	Τ	Κ	Έ	Π	Ε	Β	Ι	Ο
Π	Η	Ή	Μ	Α	Γ	Ν	Η	Τ	Ι	Σ	Μ	Ό	Σ	Β

ΑΠΌΣΤΑΣΗ
ΆΞΟΝΑΣ
ΤΡΟΧΙΆ
ΚΊΝΗΣΗ
ΚΈΝΤΡΟ
ΠΊΕΣΗ
ΔΥΝΑΜΙΚΉ
ΙΔΙΌΤΗΤΑ
ΖΥΓΊΖΩ
ΜΑΓΝΗΤΙΣΜΌΣ
ΜΗΧΑΝΙΚΉ
ΦΥΣΙΚΉ
ΑΝΑΚΆΛΥΨΗ
ΤΑΧΎΤΗΤΑ
ΏΡΑ
ΕΠΈΚΤΑΣΗ
ΚΑΘΟΛΙΚΉ
ΤΡΙΒΉ

80 - Rijden

Δ	Κ	Σ	Γ	Τ	Δ	Ί	Η	Ρ	Ψ	Μ	Ε	Δ	Α	Δ
Ρ	Ι	Ε	Β	Η	Τ	Ρ	Ά	Χ	Α	Ο	Ι	Β	Υ	Ξ
Ό	Ν	Ο	Μ	Η	Ι	Έ	Ό	Ο	Ί	Τ	Λ	Π	Τ	Γ
Μ	Δ	Κ	Μ	Λ	Ο	Τ	Σ	Μ	Μ	Ο	Ψ	Α	Ο	Η
Ο	Ύ	Δ	Υ	Δ	Π	Ο	Χ	Ι	Ο	Σ	Χ	Σ	Κ	Π
Σ	Ν	Γ	Ρ	Κ	Β	Μ	Α	Σ	Ν	Υ	Λ	Σ	Ί	Ξ
Ε	Ο	Ξ	Η	Χ	Λ	Ρ	Χ	Ύ	Υ	Κ	Α	Ν	Ν	Γ
Ί	Υ	Ί	Ε	Ξ	Φ	Ο	Χ	Α	Τ	Λ	Τ	Φ	Η	Σ
Γ	Κ	Α	Ρ	Ά	Ζ	Ρ	Φ	Κ	Σ	Έ	Η	Ο	Τ	Ι
Σ	Ή	Ρ	Α	Γ	Γ	Α	Έ	Ο	Α	Τ	Τ	Ρ	Ο	Α
Ό	Ρ	Ρ	Ι	Μ	Ο	Ι	Ω	Ν	Ρ	Α	Ύ	Τ	Ω	Έ
Ζ	Σ	Ξ	Ε	Χ	Ν	Ε	Α	Ι	Α	Ί	Χ	Η	Χ	Ρ
Ε	Τ	Δ	Δ	Τ	Ε	Έ	Ω	Π	Ε	Χ	Α	Γ	Ν	Ι
Π	Υ	Β	Ά	Ι	Ί	Α	Ί	Ε	Η	Τ	Τ	Ό	Ω	Ο
Ε	Α	Σ	Φ	Ά	Λ	Ε	Ι	Α	Μ	Η	Χ	Ύ	Τ	Α

ΑΥΤΟΚΊΝΗΤΟ
ΚΑΎΣΙΜΟ
ΓΚΑΡΆΖ
ΑΈΡΙΟ
ΚΙΝΔΎΝΟΥ
ΧΆΡΤΗ
ΆΔΕΙΑ
ΜΟΤΈΡ
ΜΟΤΟΣΥΚΛΈΤΑ
ΑΤΎΧΗΜΑ
ΑΣΤΥΝΟΜΊΑ
ΦΡΈΝΑ
ΤΑΧΎΤΗΤΑ
ΔΡΌΜΟ
ΣΉΡΑΓΓΑ
ΑΣΦΆΛΕΙΑ
ΚΥΚΛΟΦΟΡΊΑ
ΠΕΖΌΣ
ΦΟΡΤΗΓΌ
ΔΡΌΜΟΣ

81 - Wetenschap

Υ	Π	Ό	Θ	Ε	Σ	Η	Φ	Ύ	Σ	Η	Φ	Ε	Ν	Β
Ε	Π	Ι	Σ	Τ	Ή	Μ	Ο	Ν	Α	Σ	Υ	Ξ	Η	Α
Π	Α	Ρ	Α	Τ	Ή	Ρ	Η	Σ	Η	Ο	Σ	Έ	Δ	Ρ
Ε	Μ	Ι	Γ	Ε	Γ	Ο	Ν	Ό	Σ	Ρ	Ι	Λ	Ε	Ύ
Ι	Ω	Ί	Δ	Ω	Ξ	Α	Ι	Τ	Ο	Γ	Κ	Ι	Δ	Τ
Ί	Θ	Δ	Ξ	Ί	Μ	Έ	Ή	Χ	Ο	Α	Ή	Ξ	Ο	Η
Ι	Ί	Ψ	Ξ	Π	Τ	Τ	Κ	Π	Ι	Ν	Έ	Η	Μ	Τ
Η	Λ	Ρ	Τ	Γ	Δ	Α	Ι	Ρ	Ρ	Ι	Ί	Έ	Έ	Α
Χ	Ο	Μ	Ό	Ρ	Ι	Α	Μ	Ο	Ή	Σ	Μ	Σ	Ν	Ρ
Η	Π	Ά	Γ	Ν	Ε	Μ	Η	Ω	Τ	Μ	Έ	Χ	Α	Υ
Ο	Α	Τ	Τ	Π	Τ	Ί	Χ	Β	Σ	Ό	Θ	Ρ	Ψ	Ν
Η	Ε	Κ	Ξ	Ο	Λ	Λ	Έ	Ν	Α	Σ	Ο	Η	Λ	Χ
Δ	Χ	Υ	Ψ	Ν	Μ	Κ	Ρ	Η	Γ	Ε	Δ	Υ	Ρ	Ν
Υ	Η	Ρ	Β	Τ	Έ	Ο	Η	Η	Ρ	Ο	Ο	Β	Ω	Ο
Ί	Ω	Ο	Γ	Α	Μ	Α	Ρ	Ί	Ε	Π	Σ	Ρ	Ψ	Ε

ΆΤΟΜΟ
ΧΗΜΙΚΉ
ΣΩΜΑΤΊΔΙΑ
ΕΞΈΛΙΞΗ
ΠΕΊΡΑΜΑ
ΓΕΓΟΝΌΣ
ΑΠΟΛΊΘΩΜΑ
ΔΕΔΟΜΈΝΑ
ΥΠΌΘΕΣΗ
ΚΛΊΜΑ
ΕΡΓΑΣΤΉΡΙΟ
ΜΈΘΟΔΟΣ
ΟΡΥΚΤΆ
ΜΌΡΙΑ
ΦΎΣΗ
ΦΥΣΙΚΉ
ΠΑΡΑΤΉΡΗΣΗ
ΟΡΓΑΝΙΣΜΌΣ
ΕΠΙΣΤΉΜΟΝΑΣ
ΒΑΡΎΤΗΤΑ

82 - Natuurkunde

Π	Ψ	Χ	Σ	Ε	Λ	Α	Γ	Η	Ω	Τ	Α	Π	Σ	Ξ
Α	Υ	Ή	Ά	Τ	Π	Υ	Ξ	Α	Λ	Ύ	Ο	Μ	Υ	Μ
Τ	Υ	Κ	Ψ	Ο	Ο	Ι	Ρ	Ό	Μ	Π	Σ	Ε	Χ	Α
Η	Δ	Ι	Ν	Α	Σ	Α	Τ	Σ	Μ	Ο	Ν	Έ	Ν	Γ
Τ	Σ	Λ	Ξ	Ό	Λ	Μ	Ί	Ά	Ε	Σ	Α	Γ	Ό	Ν
Ό	Λ	Ο	Α	Α	Τ	Η	Τ	Ύ	Χ	Α	Τ	Ι	Τ	Η
Κ	Ί	Θ	Μ	Ο	Λ	Η	Τ	Μ	Μ	Υ	Ή	Μ	Η	Τ
Ι	Χ	Α	Ψ	Ν	Μ	Υ	Τ	Ε	Ά	Ε	Ν	Σ	Τ	Ι
Τ	Ω	Κ	Ί	Δ	Υ	Ξ	Σ	Α	Ζ	Έ	Α	Σ	Α	Σ
Ε	Α	Ω	Ο	Μ	Ο	Τ	Ά	Ν	Α	Δ	Χ	Έ	Η	Μ
Χ	Η	Μ	Ι	Κ	Ή	Κ	Ι	Ν	Α	Χ	Η	Μ	Ρ	Ό
Σ	Ν	Δ	Ρ	Π	Ο	Ι	Δ	Ί	Τ	Α	Μ	Ω	Σ	Σ
Ί	Η	Ε	Έ	Η	Λ	Ε	Κ	Τ	Ρ	Ό	Ν	Ι	Ο	Ρ
Έ	Ξ	Σ	Α	Μ	Α	Ρ	Ί	Ε	Π	Ξ	Ψ	Έ	Χ	Χ
Ν	Υ	Α	Π	Β	Α	Ρ	Ύ	Τ	Η	Τ	Α	Έ	Β	Ε

ΆΤΟΜΟ
ΧΆΟΣ
ΧΗΜΙΚΉ
ΣΩΜΑΤΊΔΙΟ
ΠΥΚΝΌΤΗΤΑ
ΗΛΕΚΤΡΌΝΙΟ
ΠΕΊΡΑΜΑ
ΤΎΠΟΣ
ΣΥΧΝΌΤΗΤΑ
ΑΈΡΙΟ
ΜΑΓΝΗΤΙΣΜΌΣ
ΜΆΖΑ
ΜΗΧΑΝΙΚΉ
ΜΌΡΙΟ
ΜΗΧΑΝΉ
ΣΧΕΤΙΚΌΤΗΤΑ
ΤΑΧΎΤΗΤΑ
ΚΑΘΟΛΙΚΉ
ΕΠΙΤΆΧΥΝΣΗ
ΒΑΡΎΤΗΤΑ

83 - Muziekinstrumenten

Φ	Α	Γ	Κ	Ό	Τ	Ο	Π	Μ	Έ	Ρ	Α	Γ	Α	Τ
Χ	Β	Γ	Φ	Υ	Ν	Μ	Α	Ρ	Ά	Θ	Ι	Κ	Λ	Ρ
Υ	Π	Ε	Λ	Ι	Η	Π	Δ	Τ	Φ	Ι	Ο	Ο	Κ	Ο
Π	Ι	Χ	Ά	Γ	Α	Ά	Τ	Ρ	Υ	Ο	Ί	Ν	Λ	Μ
Α	Ά	Χ	Ο	Η	Α	Ν	Α	Ο	Σ	Τ	Μ	Γ	Α	Π
Ε	Ν	Σ	Υ	Β	Ε	Τ	Ο	Μ	Α	Ύ	Σ	Κ	Ρ	Ό
Ά	Ο	Ο	Τ	Ό	Π	Ζ	Ν	Π	Ρ	Μ	Μ	Σ	Ι	Ν
Έ	Ρ	Ξ	Ο	Έ	Μ	Ο	Ί	Έ	Μ	Π	Α	Α	Ν	Ι
Υ	Ω	Π	Υ	Γ	Ω	Π	Λ	Τ	Ό	Α	Ρ	Ξ	Έ	Ν
Σ	Β	Ο	Α	Μ	Λ	Λ	Ο	Α	Ν	Ν	Ί	Ό	Τ	Ι
Κ	Ρ	Ο	Ύ	Σ	Η	Λ	Τ	Ε	Ι	Ο	Μ	Φ	Ο	Η
Χ	Γ	Ν	Ω	Ω	Ι	Π	Ν	Χ	Κ	Ρ	Π	Ω	Π	Χ
Ν	Τ	Έ	Φ	Ι	Ω	Ψ	Α	Α	Α	Ν	Α	Ν	Ξ	Υ
Ν	Υ	Ί	Α	Π	Α	Ί	Μ	Χ	Γ	Ί	Λ	Ο	Ι	Β
Ί	Ε	Β	Ι	Ο	Λ	Ο	Ν	Τ	Σ	Έ	Λ	Ο	Ψ	Γ

ΜΠΆΝΤΖΟ
ΒΙΟΛΟΝΤΣΈΛΟ
ΦΑΓΚΌΤΟ
ΦΛΆΟΥΤΟ
ΚΙΘΆΡΑ
ΓΚΟΝΓΚ
ΆΡΠΑ
ΌΜΠΟΕ
ΚΛΑΡΙΝΈΤΟ
ΜΑΝΤΟΛΊΝΟ
ΜΑΡΊΜΠΑ
ΦΥΣΑΡΜΌΝΙΚΑ
ΚΡΟΎΣΗ
ΠΙΆΝΟ
ΣΑΞΌΦΩΝΟ
ΝΤΈΦΙ
ΤΡΟΜΠΌΝΙ
ΤΎΜΠΑΝΟ
ΤΡΟΜΠΈΤΑ
ΒΙΟΛΊ

84 - Ethiek

Α	Α	Α	Δ	Σ	Υ	Ν	Ε	Ρ	Γ	Α	Σ	Ί	Α	Α
Κ	Ξ	Ν	Ι	Λ	Ο	Γ	Ι	Κ	Ό	Τ	Η	Τ	Α	Ν
Ε	Ι	Ε	Π	Κ	Α	Λ	Ο	Σ	Ύ	Ν	Η	Ω	Α	Θ
Ρ	Ο	Κ	Λ	Σ	Υ	Μ	Π	Ό	Ν	Ι	Α	Ε	Τ	Ρ
Α	Π	Τ	Ω	Χ	Χ	Γ	Σ	Ρ	Λ	Ξ	Ω	Ι	Ο	Ω
Ι	Ρ	Ι	Μ	Α	Η	Ψ	Σ	Ν	Χ	Α	Υ	Λ	Μ	Π
Ό	Έ	Κ	Α	Ί	Φ	Ο	Σ	Ο	Λ	Ι	Φ	Ι	Ι	Ό
Τ	Π	Ό	Τ	Ξ	Υ	Γ	Ο	Ε	Μ	Υ	Μ	Κ	Κ	Τ
Η	Ε	Τ	Ι	Ο	Π	Ο	Μ	Μ	Ι	Ι	Ξ	Ρ	Ι	Η
Τ	Ι	Η	Κ	Δ	Ο	Λ	Σ	Δ	Χ	Ξ	Ψ	Ί	Σ	Τ
Α	Α	Τ	Ό	Ο	Μ	Ύ	Ι	Σ	Τ	Λ	Α	Ν	Μ	Α
Α	Ψ	Α	Ρ	Ι	Ο	Ε	Λ	Η	Ο	Μ	Ξ	Ε	Ό	Ρ
Γ	Λ	Ρ	Ω	Σ	Ν	Β	Α	Δ	Ψ	Φ	Ί	Ι	Σ	Ψ
Ν	Σ	Η	Ρ	Ι	Ή	Γ	Ε	Σ	Ο	Σ	Ί	Α	Ρ	Λ
Ξ	Σ	Δ	Ο	Α	Ω	Ί	Ρ	Ω	Σ	Υ	Σ	Α	Λ	Δ

ΔΙΠΛΩΜΑΤΙΚΌ
ΕΙΛΙΚΡΊΝΕΙΑ
ΦΙΛΟΣΟΦΊΑ
ΥΠΟΜΟΝΉ
ΑΤΟΜΙΚΙΣΜΌΣ
ΑΚΕΡΑΙΌΤΗΤΑ
ΣΥΜΠΌΝΙΑ
ΑΝΘΡΩΠΌΤΗΤΑ
ΑΙΣΙΟΔΟΞΊΑ
ΛΟΓΙΚΌΤΗΤΑ
ΡΕΑΛΙΣΜΟΣ
ΈΥΛΟΓΟ
ΣΥΝΕΡΓΑΣΊΑ
ΑΝΕΚΤΙΚΌΤΗΤΑ
ΚΑΛΟΣΎΝΗ
ΑΞΙΕΣ
ΑΞΙΟΠΡΈΠΕΙΑ
ΣΟΦΊΑ

85 - Antiek

Δ	Ι	Α	Κ	Ο	Σ	Μ	Η	Τ	Ι	Κ	Ό	Ί	Ε	Α
Ί	Π	Ί	Ξ	Ή	Μ	Ι	Τ	Υ	Β	Ι	Τ	Ε	Ν	Ι
Ω	Ι	Α	Σ	Ι	Γ	Ρ	Ν	Α	Ί	Β	Χ	Ί	Θ	Ώ
Υ	Ν	Έ	Λ	Τ	Π	Ο	Ι	Ό	Τ	Η	Τ	Α	Ο	Ν
Λ	Π	Α	Δ	Ι	Υ	Ω	Λ	Υ	Η	Σ	Α	Γ	Υ	Α
Τ	Έ	Χ	Ν	Η	Ό	Χ	Μ	Λ	Σ	Α	Σ	Λ	Σ	Σ
Ζ	Ω	Γ	Ρ	Α	Φ	Ι	Κ	Ή	Υ	Τ	Υ	Υ	Ι	Ν
Κ	Έ	Ρ	Μ	Α	Τ	Α	Ε	Τ	Δ	Σ	Ν	Π	Ώ	Ι
Σ	Υ	Λ	Λ	Έ	Κ	Τ	Η	Σ	Ν	Ά	Ή	Τ	Δ	Α
Δ	Β	Α	Μ	Τ	Ρ	Π	Υ	Π	Έ	Τ	Θ	Ι	Η	Κ
Π	Έ	Λ	Ν	Β	Ι	Γ	Σ	Χ	Π	Α	Ι	Κ	Σ	Ο
Υ	Έ	Π	Ι	Έ	Ε	Ρ	Τ	Ν	Ε	Κ	Σ	Ή	Γ	Μ
Ό	Κ	Ι	Τ	Ν	Ε	Θ	Υ	Α	Η	Ο	Τ	Ν	Β	Ψ
Σ	Ο	Π	Έ	Έ	Ε	Τ	Λ	Υ	Β	Π	Ο	Ε	Α	Ό
Π	Ο	Έ	Μ	Γ	Π	Γ	Δ	Η	Ο	Α	Τ	Χ	Μ	Ω

ΑΥΘΕΝΤΙΚΌ
ΓΛΥΠΤΙΚΉ
ΔΙΑΚΟΣΜΗΤΙΚΌ
ΑΙΏΝΑΣ
ΚΟΜΨΌ
ΣΥΛΛΟΓΉ
ΕΠΈΝΔΥΣΗ
ΤΈΧΝΗ
ΠΟΙΌΤΗΤΑ
ΕΝΘΟΥΣΙΏΔΗΣ
ΈΠΙΠΛΑ
ΚΈΡΜΑΤΑ
ΑΣΥΝΉΘΙΣΤΟ
ΠΑΛΙΌ
ΤΙΜΉ
ΑΠΟΚΑΤΆΣΤΑΣΗ
ΖΩΓΡΑΦΙΚΉ
ΣΤΥΛ
ΣΥΛΛΈΚΤΗΣ

86 - Activiteiten en Vrije Ti

Τ	Έ	Ν	Ι	Σ	Σ	Ί	Π	Έ	Σ	Ε	Δ	Ξ	Μ	Τ
Π	Ρ	Ξ	Η	Ί	Έ	Ε	Ι	Ο	Σ	Ί	Β	Ο	Π	Έ
Η	Μ	Π	Λ	Ρ	Ρ	Ψ	Μ	Χ	Ί	Λ	Ρ	Α	Έ	Χ
Ο	Π	Χ	Η	Σ	Φ	Σ	Π	Μ	Υ	Ξ	Η	Ε	Ι	Ν
Ι	Ά	Λ	Ο	Ρ	Ι	Α	Φ	Σ	Ό	Δ	Ο	Π	Ζ	Η
Μ	Σ	Α	Ι	Τ	Ν	Ρ	Β	Ν	Δ	Ί	Η	Ν	Μ	Κ
Π	Κ	Έ	Ι	Ρ	Γ	Ή	Ψ	Έ	Έ	Ι	Δ	Ι	Π	Ά
Ω	Ε	Ι	Ο	Γ	Κ	Κ	Π	Ά	Α	Η	Υ	Ξ	Ο	Μ
Ϊ	Τ	Ο	Μ	Ή	Κ	Ι	Φ	Α	Ρ	Γ	Ω	Ζ	Λ	Π
Π	Ε	Ζ	Ο	Π	Ο	Ρ	Ί	Α	Ί	Ε	Ρ	Ω	Ί	Ι
Χ	Δ	Λ	Χ	Γ	Ο	Υ	Ι	Χ	Ρ	Ξ	Μ	Π	Υ	Ν
Υ	Μ	Ρ	Ό	Ι	Ξ	Ο	Α	Ω	Γ	Δ	Μ	Α	Λ	Γ
Ρ	Ε	Υ	Μ	Β	Υ	Π	Γ	Κ	Ο	Λ	Φ	Π	Ω	Κ
Μ	Ο	Ρ	Π	Ρ	Ξ	Η	Τ	Α	Ξ	Ί	Δ	Ι	Ο	Ί
Ι	Έ	Ο	Ι	Π	Υ	Κ	Μ	Ί	Ί	Ο	Ξ	Μ	Τ	Ξ

ΜΠΆΣΚΕΤ
ΜΠΟΞ
ΓΚΟΛΦ
ΨΆΡΕΜΑ
ΧΌΜΠΙ
ΜΠΈΙΖΜΠΟΛ
ΚΆΜΠΙΝΓΚ
ΤΈΧΝΗ

ΤΑΞΊΔΙ
ΖΩΓΡΑΦΙΚΉ
ΣΈΡΦΙΝΓΚ
ΤΈΝΙΣ
ΚΗΠΟΥΡΙΚΉ
ΠΟΔΌΣΦΑΙΡΟ
ΒΌΛΕΪ
ΠΕΖΟΠΟΡΊΑ

87 - Water

Υ	Β	Ο	Μ	Ι	Σ	Ό	Π	Ι	Γ	Ε	Γ	Έ	Ο	Η
Μ	Γ	Β	Ψ	Η	Ψ	Ω	Λ	Η	Ν	Μ	Ί	Λ	Δ	Η
Ν	Ο	Ρ	Ω	Δ	Ί	Ξ	Η	Σ	Ι	Μ	Τ	Ά	Ξ	Ε
Ρ	Ί	Υ	Α	Ω	Μ	Ρ	Μ	Υ	Λ	Λ	Π	Μ	Ο	Ψ
Ρ	Μ	Ι	Σ	Σ	Μ	Ν	Μ	Ε	Υ	Α	Ά	Ε	Ε	Ν
Λ	Ω	Σ	Α	Ώ	Ί	Σ	Ύ	Δ	Γ	Ψ	Χ	Ν	Η	Ω
Π	Κ	Ψ	Ν	Μ	Ν	Α	Ρ	Ρ	Ρ	Ί	Ο	Π	Α	Υ
Ο	Ε	Σ	Α	Ε	Δ	Α	Α	Ά	Ό	Λ	Ι	Σ	Γ	Κ
Τ	Α	Ο	Κ	Ν	Η	Τ	Σ	Ο	Γ	Ά	Π	Χ	Υ	Ί
Α	Ν	Λ	Ι	Γ	Ο	Α	Υ	Β	Α	Ι	Ξ	Ν	Ο	Υ
Μ	Ό	Υ	Ρ	Α	Τ	Μ	Ο	Ύ	Ξ	Ν	Ω	Μ	Ρ	Ρ
Ό	Σ	Α	Υ	Ρ	Ο	Ύ	Τ	Ω	Π	Ω	Η	Τ	Ψ	Μ
Σ	Β	Έ	Ο	Μ	Ρ	Κ	Ν	Έ	Γ	Γ	Λ	Ε	Ξ	Ω
Π	Γ	Α	Ι	Ν	Ό	Ι	Χ	Υ	Ο	Α	Χ	Ω	Τ	Π
Ί	Α	Ή	Χ	Ο	Ρ	Β	Λ	Ω	Ρ	Π	Π	Γ	Π	Ο

ΝΤΟΥΣ
ΠΌΣΙΜΟ
ΚΎΜΑΤΑ
ΠΆΓΟΣ
ΆΡΔΕΥΣΗ
ΚΑΝΆΛΙ
ΛΊΜΝΗ
ΜΟΥΣΏΝΑΣ
ΩΚΕΑΝΌΣ
ΧΙΟΥΡΙΚΑΝΑΣ
ΠΛΗΜΜΎΡΑ
ΒΡΟΧΉ
ΠΟΤΑΜΌΣ
ΧΙΌΝΙ
ΑΤΜΟΎ
ΕΞΆΤΜΙΣΗ
ΥΓΡΌ
ΥΓΡΑΣΊΑ
ΠΑΓΩΝΙΆ

88 - Koffie

Κ	Π	Ω	Η	Σ	Υ	Ε	Λ	Έ	Ο	Ρ	Π	Δ	Ξ	Γ
Ύ	Ξ	Ι	Ί	Ψ	Γ	Μ	Ω	Λ	Μ	Τ	Ε	Ψ	Γ	Ρ
Π	Ε	Έ	Κ	Η	Ρ	Α	Χ	Ά	Ζ	Έ	Ε	Ο	Ί	Μ
Ε	Ω	Λ	Ε	Ρ	Ό	Τ	Ο	Π	Π	Δ	Έ	Γ	Β	Α
Λ	Ξ	Ρ	Λ	Π	Ή	Π	Ρ	Ν	Ί	Ί	Ξ	Ί	Ν	Ύ
Λ	Η	Τ	Ξ	Δ	Λ	Α	Τ	Ί	Α	Λ	Ά	Γ	Ι	Ρ
Ο	Ν	Έ	Ί	Π	Ι	Δ	Δ	Ξ	Μ	Ε	Ί	Ξ	Η	Ο
Έ	Π	Ω	Η	Ι	Α	Π	Π	Ο	Ω	Ο	Υ	Α	Ν	Λ
Υ	Σ	Ν	Υ	Ξ	Ν	Γ	Ε	Κ	Ρ	Έ	Μ	Α	´	Λ
Γ	Ε	Ύ	Σ	Η	Ε	Ο	Ψ	Ι	Ά	Τ	Γ	Η	¨	Τ
Δ	Α	Ρ	Π	Ψ	Ρ	Σ	Η	Ω	Θ	Έ	Λ	Α	Ι	Τ
Υ	Ο	Λ	Η	Ί	Ό	Ψ	Υ	Ί	Υ	Α	Γ	Ί	Ε	Ι
Ό	Ξ	Ι	Ν	Ο	Ι	Ξ	Λ	Τ	Έ	Τ	Α	Ω	Φ	Μ
Γ	Δ	Υ	Ι	Α	Α	Γ	Δ	Ρ	Ρ	Ι	Μ	Ρ	Α	Ή
Τ	Δ	Ω	Χ	Δ	Α	Ί	Λ	Ι	Κ	Ι	Ο	Π	Κ	Β

ΆΡΩΜΑ
ΚΎΠΕΛΛΟ
ΠΙΚΡΉ
ΚΑΦΕΊΝΗ
ΠΟΤΌ
ΦΊΛΤΡΟ
ΑΛΈΘΩ
ΓΆΛΑ
ΠΡΩΊ
ΠΡΟΈΛΕΥΣΗ
ΤΙΜΉ
ΚΡΈΜΑ
ΓΕΎΣΗ
ΖΆΧΑΡΗ
ΠΟΙΚΙΛΊΑ
ΥΓΡΌ
ΝΕΡΌ
ΌΞΙΝΟ
ΜΑΎΡΟ

89 - Boerderij #1

Ψ	Λ	Σ	Ρ	Γ	Ε	Α	Π	Σ	Ο	Γ	Ο	Λ	Ά	Κ
Ί	Γ	Α	Ύ	Ο	Έ	Σ	Η	Τ	Κ	Α	Ρ	Φ	Α	Ο
Μ	Δ	Ν	Ζ	Κ	Ο	Π	Ά	Δ	Ι	Ϊ	Δ	Υ	Τ	Τ
Ν	Έ	Ό	Ι	Υ	Ν	Μ	Έ	Λ	Ι	Δ	Η	Ί	Ψ	Ό
Ω	Ί	Λ	Π	Α	Β	Ι	Κ	Ά	Ρ	Ο	Κ	Α	Γ	Π
Ι	Ί	Ι	Ι	Ω	Ο	Δ	Ί	Ε	Ά	Ύ	Σ	Γ	Ψ	Ο
Ε	Ί	Σ	Ο	Σ	Α	Ψ	Λ	Σ	Χ	Ρ	Α	Ί	Ί	Υ
Ε	Ν	Β	Ρ	Β	Σ	Δ	Γ	Ι	Σ	Ι	Ε	Δ	Γ	Λ
Μ	Ξ	Ω	Ό	Ρ	Γ	Α	Ν	Ν	Ο	Ί	Δ	Ε	Π	Ο
Ε	Δ	Έ	Π	Σ	Ε	Δ	Ν	Γ	Μ	Χ	Ψ	Χ	Η	Ψ
Ν	Ρ	Ο	Σ	Κ	Ω	Ά	Λ	Ί	Π	Α	Σ	Μ	Α	Γ
Η	Ε	Έ	Τ	Ύ	Ρ	Λ	Ω	Λ	Π	Υ	Ι	Ί	Ν	Ά
Β	Ε	Ρ	Ν	Λ	Γ	Ε	Δ	Α	Ω	Π	Ο	Ί	Α	Τ
Ί	Ι	Π	Ό	Ο	Ί	Γ	Σ	Ι	Ι	Η	Λ	Χ	Ξ	Α
Ι	Ι	Ν	Χ	Σ	Α	Α	Η	Σ	Η	Π	Ρ	Ο	Ι	Σ

ΜΈΛΙΣΣΑ
ΓΑΪΔΟΎΡΙ
ΓΊΔΑ
ΦΡΑΚΤΗΣ
ΣΚΎΛΟΣ
ΜΈΛΙ
ΣΑΝΌ
ΜΟΣΧΆΡΙ
ΓΆΤΑ
ΚΟΤΌΠΟΥΛΟ
ΑΓΕΛΆΔΑ
ΚΟΡΆΚΙ
ΚΟΠΆΔΙ
ΓΕΩΡΓΊΑ
ΛΊΠΑΣΜΑ
ΆΛΟΓΟ
ΡΎΖΙ
ΠΕΔΊΟ
ΝΕΡΌ
ΣΠΌΡΟΙ

90 - Huis

Σ	Έ	Ω	Ρ	Γ	Γ	Κ	Ί	Ψ	Ι	Ί	Γ	Γ	Σ	Λ
Η	Κ	Ω	Ο	Ε	Λ	Η	Α	Π	Μ	Ά	Λ	Ι	Έ	Ο
Τ	Σ	Ο	Π	Ή	Κ	Β	Γ	Μ	Λ	Υ	Ω	Ι	Υ	Η
Κ	Η	Χ	Ύ	Λ	Η	Ι	Κ	Α	Ι	Ν	Ά	Β	Α	Τ
Α	Τ	Ρ	Ό	Π	Υ	Β	Α	Λ	Ω	Ν	Σ	Η	Έ	Τ
Ρ	Φ	Λ	Ι	Υ	Α	Λ	Ρ	Ν	Α	Ν	Ά	Ι	Η	Ζ
Φ	Ε	Ν	Ί	Δ	Υ	Ι	Ά	Γ	Ο	Ρ	Ψ	Δ	Ι	Ά
Ε	Ρ	Ξ	Σ	Α	Σ	Ο	Ζ	Ν	Τ	Ο	Υ	Σ	Α	Κ
Χ	Θ	Γ	Σ	Ρ	Ν	Θ	Κ	Ο	Υ	Ζ	Ί	Ν	Α	Ι
Ν	Α	Μ	Ο	Χ	Η	Ή	Λ	Ο	Ι	Ε	Γ	Ό	Π	Υ
Έ	Κ	Μ	Χ	Χ	Ω	Κ	Ξ	Ε	Ν	Τ	Γ	Γ	Γ	Ί
Χ	Α	Λ	Ί	Λ	Α	Η	Γ	Έ	Τ	Σ	Ά	Η	Λ	Ν
Υ	Π	Ν	Ο	Δ	Ω	Μ	Ά	Τ	Ι	Ο	Χ	Μ	Δ	Ρ
Ο	Γ	Η	Τ	Ρ	Ψ	Ψ	Έ	Π	Ι	Π	Λ	Α	Ω	Ο
Ι	Π	Χ	Ω	Ξ	Β	Σ	Υ	Σ	Γ	Υ	Ο	Α	Η	Δ

ΣΚΟΎΠΑ
ΒΙΒΛΙΟΘΉΚΗ
ΣΤΈΓΗ
ΠΌΡΤΑ
ΝΤΟΥΣ
ΓΚΑΡΆΖ
ΤΖΆΚΙ
ΦΡΑΚΤΗΣ
ΔΩΜΆΤΙΟ
ΥΠΌΓΕΙΟ
ΚΟΥΖΊΝΑ
ΛΆΜΠΑ
ΈΠΙΠΛΑ
ΤΟΊΧΟΣ
ΤΑΒΆΝΙ
ΚΑΜΙΝΆΔΑ
ΥΠΝΟΔΩΜΆΤΙΟ
ΚΑΘΡΕΦΤΗΣ
ΧΑΛΊ
ΚΉΠΟΣ

91 - Geometrie

Ε	Ε	Χ	Ρ	Η	Τ	Ε	Θ	Ά	Κ	Ί	Θ	Τ	Ρ	Ε
Ψ	Π	Β	Ψ	Σ	Μ	Χ	Έ	Β	Ο	Λ	Ε	Ρ	Ε	Ξ
Έ	Ε	Ι	Ε	Χ	Ή	Π	Υ	Υ	Ψ	Γ	Ω	Ι	Γ	Ί
Χ	Ψ	Ε	Φ	Γ	Μ	Ν	Έ	Ψ	Α	Ω	Ρ	Γ	Υ	Σ
Σ	Π	Ο	Π	Ά	Α	Σ	Ε	Β	Ο	Η	Ί	Ώ	Π	Ω
Β	Ί	Ξ	Ψ	Γ	Ν	Ξ	Ω	Η	Η	Σ	Α	Ν	Ο	Σ
Λ	Ο	Γ	Ι	Κ	Ή	Ε	Α	Έ	Λ	Α	Ζ	Ο	Λ	Η
Κ	Ά	Θ	Ε	Τ	Ο	Σ	Ι	Ι	Ύ	Τ	Ά	Υ	Ο	Ψ
Α	Η	Λ	Η	Λ	Λ	Ά	Ρ	Α	Π	Σ	Μ	Ι	Γ	Π
Δ	Ι	Ά	Μ	Ε	Τ	Ρ	Ο	Σ	Μ	Ά	Έ	Ε	Ι	Κ
Υ	Σ	Β	Γ	Ρ	Μ	Τ	Ρ	Ι	Α	Ι	Σ	Μ	Σ	Ύ
Ε	Έ	Π	Τ	Ω	Η	Σ	Ί	Ω	Κ	Δ	Η	Ω	Μ	Κ
Α	Ί	Α	Ι	Τ	Ν	Ό	Ζ	Ι	Ρ	Ο	Έ	Ω	Ό	Λ
Δ	Β	Ί	Γ	Ν	Α	Ί	Ρ	Τ	Ε	Μ	Μ	Υ	Σ	Ο
Χ	Α	Α	Δ	Ί	Υ	Έ	Α	Έ	Τ	Β	Γ	Η	Μ	Σ

ΥΠΟΛΟΓΙΣΜΌΣ
ΚΎΚΛΟΣ
ΚΑΜΠΎΛΗ
ΔΙΆΜΕΤΡΟΣ
ΔΙΆΣΤΑΣΗ
ΤΡΙΓΏΝΟΥ
ΓΩΝΊΑ
ΥΨΟΣ
ΟΡΙΖΌΝΤΙΑ
ΛΟΓΙΚΉ
ΚΆΘΕΤΟΣ
ΜΆΖΑ
ΜΈΣΗ
ΕΠΙΦΆΝΕΙΑ
ΠΑΡΆΛΛΗΛΗ
ΤΜΉΜΑ
ΣΥΜΜΕΤΡΊΑ
ΘΕΩΡΊΑ
ΕΞΊΣΩΣΗ
ΚΆΘΕΤΗ

92 - Jazz

Μ	Έ	Π	Τ	Ω	Σ	Σ	Υ	Μ	Π	Σ	Ο	Ξ	Υ	Χ
Κ	Ο	Μ	Η	Υ	Τ	Ό	Α	Ε	Δ	Υ	Ρ	Ω	Β	Η
Α	Ε	Υ	Φ	Τ	Υ	Λ	Μ	Η	Ι	Ν	Χ	Β	Έ	Χ
Λ	Ο	Ο	Σ	Α	Λ	Ο	Η	Τ	Ά	Α	Ή	Ο	Η	Ν
Λ	Ω	Π	Χ	Ι	Σ	Α	Τ	Έ	Σ	Υ	Σ	Λ	Λ	Ν
Ι	Τ	Μ	Ε	Δ	Κ	Η	Ό	Θ	Η	Λ	Τ	Η	Γ	Ν
Τ	Ε	Λ	Ν	Ύ	Π	Ή	Ρ	Ν	Μ	Ί	Ρ	Ν	Π	Ε
Έ	Χ	Ά	Ι	Ο	Α	Ε	Κ	Υ	Η	Α	Α	Ο	Ο	Η
Χ	Ν	Τ	Η	Γ	Ν	Ο	Ο	Σ	Θ	Ε	Ί	Δ	Ο	Σ
Ν	Ι	Ε	Ε	Α	Έ	Ν	Ρ	Ν	Α	Μ	Υ	Ί	Τ	Ε
Η	Κ	Ό	Υ	Ρ	Ξ	Β	Ι	Υ	Χ	Ι	Ο	Ρ	Ξ	Θ
Σ	Ή	Ι	Τ	Τ	Ί	Ε	Ε	Δ	Ε	Σ	Έ	Ύ	Α	Ν
Τ	Α	Λ	Έ	Ν	Τ	Ο	Χ	Υ	Δ	Β	Β	Ρ	Ω	Ύ
Α	Γ	Α	Π	Η	Μ	Έ	Ν	Α	Χ	Τ	Ί	Τ	Ε	Σ
Μ	Μ	Π	Δ	Π	Γ	Υ	Η	Χ	Ν	Έ	Ο	Έ	Δ	Δ

ΆΛΜΠΟΥΜ
ΧΕΙΡΟΚΡΌΤΗΜΑ
ΚΑΛΛΙΤΈΧΝΗΣ
ΔΙΆΣΗΜΗ
ΣΥΝΘΈΤΗ
ΣΥΝΑΥΛΊΑ
ΑΓΑΠΗΜΈΝΑ
ΕΊΔΟΣ
ΤΡΑΓΟΎΔΙ
ΜΟΥΣΙΚΉ
ΈΜΦΑΣΗ
ΝΈΑ
ΟΡΧΉΣΤΡΑ
ΠΑΛΙΌ
ΡΥΘΜΟΎ
ΣΎΝΘΕΣΗ
ΣΌΛΟ
ΣΤΥΛ
ΤΑΛΈΝΤΟ
ΤΕΧΝΙΚΉ

93 - Getallen

Λ	Ε	Τ	Ν	Έ	Π	Α	Κ	Ε	Δ	Ε	Δ	Δ	Χ	Η
Έ	Ν	Α	Ί	Ρ	Τ	Ψ	Ι	Ν	Ξ	Ί	Ε	Ε	Δ	Ε
Π	Γ	Κ	Δ	Ε	Π	Τ	Ά	Ν	Ε	Κ	Κ	Κ	Ε	Ι
Π	Υ	Ε	Ο	Ι	Ε	Β	Ε	Έ	Β	Ο	Α	Α	Κ	Λ
Λ	Μ	Δ	Ρ	Β	Ε	Τ	Ξ	Α	Τ	Σ	Ο	Τ	Α	Ω
Σ	Ι	Ώ	Ξ	Τ	Ω	Έ	Σ	Ί	Μ	Ι	Κ	Έ	Ε	Ψ
Ω	Π	Δ	Ξ	Ο	Ξ	Σ	Α	Ρ	Α	Σ	Τ	Σ	Π	Ο
Ν	Α	Α	Λ	Ω	Έ	Σ	Ο	Τ	Δ	Π	Ώ	Σ	Τ	Β
Μ	Π	Κ	Ρ	Ω	Δ	Ε	Ι	Α	Ε	Τ	Τ	Ε	Ά	Ψ
Δ	Η	Έ	Ι	Ν	Ύ	Ρ	Ι	Κ	Κ	Ί	Ο	Ρ	Α	Ν
Ο	Ι	Δ	Ν	Ο	Ο	Α	Β	Ε	Α	Β	Τ	Α	Β	Ξ
Ω	Ψ	Η	Έ	Τ	Κ	Λ	Ω	Δ	Έ	Α	Υ	Ι	Δ	Μ
Ί	Ε	Ο	Ξ	Ν	Ε	Τ	Τ	Δ	Ξ	Ε	Ψ	Ο	Ξ	Μ
Ε	Έ	Π	Β	Γ	Ω	Γ	Ώ	Ο	Ι	Π	Ι	Ν	Έ	Ο
Δ	Ε	Κ	Α	Ε	Ν	Ν	Έ	Α	Έ	Ξ	Ι	Ρ	Τ	Ρ

ΟΚΤΏ
ΔΕΚΑΟΚΤΏ
ΔΕΚΑΤΡΊΑ
ΤΡΊΑ
ΈΝΑ
ΕΝΝΈΑ
ΔΕΚΑΕΝΝΈΑ
ΜΗΔΈΝ
ΔΈΚΑ
ΔΏΔΕΚΑ
ΔΎΟ
ΕΊΚΟΣΙ
ΔΕΚΑΤΈΣΣΕΡΑ
ΤΈΣΣΕΡΑ
ΠΈΝΤΕ
ΔΕΚΑΠΈΝΤΕ
ΈΞΙ
ΔΕΚΑΈΞΙ
ΕΠΤΆ
ΔΕΚΑΕΠΤΆ

94 - Boksen

Κ	Ε	Μ	Δ	Α	Ί	Ν	Ω	Γ	Υ	Α	Υ	Δ	Ξ	Τ
Λ	Ξ	Α	Γ	Ι	Ν	Σ	Χ	Έ	Έ	Ψ	Μ	Ύ	Ι	Σ
Ω	Α	Χ	Ν	Σ	Α	Τ	Ψ	Β	Δ	Χ	Ε	Ν	Α	Β
Τ	Ν	Η	Τ	Ώ	Γ	Ι	Ί	Μ	Ω	Ρ	Ε	Α	Τ	Η
Σ	Τ	Τ	Ι	Μ	Ω	Έ	Τ	Π	Α	Ί	Ε	Μ	Η	Σ
Ώ	Λ	Ή	Δ	Α	Γ	Α	Ρ	Η	Α	Α	Ν	Η	Τ	Ε
Ω	Η	Σ	Ξ	Υ	Μ	Β	Λ	Ν	Τ	Λ	Δ	Τ	Ό	Σ
Σ	Θ	Κ	Ο	Υ	Δ	Ο	Ύ	Ν	Ι	Ή	Ο	Έ	Ι	Τ
Χ	Ε	Π	Ι	Υ	Υ	Χ	Έ	Μ	Α	Τ	Σ	Σ	Ξ	Ί
Ο	Ί	Γ	Β	Ο	Γ	Ξ	Σ	Ω	Γ	Λ	Μ	Λ	Ε	Α
Ι	Ω	Ά	Ι	Θ	Ο	Ρ	Γ	Ί	Κ	Έ	Τ	Α	Δ	Σ
Ν	Ι	Ν	Μ	Β	Ρ	Έ	Σ	Ω	Ώ	Ι	Ρ	Μ	Ι	Η
Ι	Υ	Τ	Η	Α	Ω	Ε	Τ	Τ	Ν	Σ	Σ	Λ	Π	Γ
Ά	Γ	Ι	Ν	Ύ	Ο	Γ	Η	Π	Α	Ω	Ρ	Υ	Ε	Έ
Γ	Η	Α	Α	Ν	Ά	Κ	Τ	Η	Σ	Η	Δ	Ν	Ι	Μ

ΑΓΚΏΝΑ
ΕΣΤΊΑΣΗ
ΓΆΝΤΙΑ
ΑΝΆΚΤΗΣΗ
ΓΩΝΊΑ
ΠΗΓΟΎΝΙ
ΚΟΥΔΟΎΝΙ
ΔΎΝΑΜΗ
ΣΩΜΑ
ΣΗΜΕΊΑ
ΔΙΑΙΤΗΤΉΣ
ΚΛΩΤΣΏ
ΑΝΤΊΠΑΛΟΣ
ΣΧΟΙΝΙΆ
ΕΞΑΝΤΛΗΘΕΊ
ΕΠΙΔΕΞΙΌΤΗΤΑ
ΜΑΧΗΤΉΣ
ΓΡΟΘΙΆ

95 - Boerderij #2

Κ	Ξ	Π	Έ	Ο	Υ	Κ	Α	Λ	Λ	Φ	Υ	Τ	Ό	Λ
Π	Υ	Χ	Χ	Ι	Υ	Α	Χ	Ν	Ω	Ψ	Ι	Β	Ί	Β
Σ	Η	Ψ	Λ	Ι	Μ	Λ	Υ	Ω	Ψ	Η	Σ	Η	Δ	Τ
Π	Γ	Ξ	Έ	Π	Β	Α	Ρ	Μ	Ω	Τ	Β	Λ	Ξ	Έ
Ί	Σ	Λ	Μ	Λ	Ο	Μ	Ώ	Υ	Έ	Ι	Ν	Δ	Β	Χ
Γ	Ε	Η	Υ	Α	Η	Π	Ν	Ζ	Ώ	Α	Μ	Ά	Λ	Κ
Χ	Ψ	Α	Λ	Ά	Γ	Ό	Α	Σ	Ο	Γ	Λ	Μ	Ε	Ρ
Φ	Ι	Β	Γ	Τ	Ξ	Κ	Β	Γ	Δ	Η	Μ	Ρ	Β	Ι
Π	Ρ	Ί	Ν	Ρ	Α	Ι	Λ	Ό	Β	Ι	Ρ	Ε	Π	Θ
Ά	Ά	Ο	Τ	Ρ	Ο	Τ	Α	Β	Ό	Ρ	Π	Ν	Ι	Ά
Π	Τ	Ο	Ύ	Μ	Ν	Τ	Ί	Υ	Μ	Ξ	Η	Ξ	Δ	Ρ
Ι	Ι	Δ	Α	Τ	Τ	Ρ	Η	Σ	Υ	Ε	Δ	Ρ	Ά	Ι
Α	Σ	Λ	Σ	Ψ	Ο	Τ	Η	Σ	Ό	Κ	Σ	Ο	Β	Η
Β	Α	Ν	Ε	Μ	Ό	Μ	Υ	Λ	Ο	Έ	Δ	Ο	Ι	Λ
Ί	Ξ	Ω	Ι	Τ	Ρ	Α	Κ	Τ	Έ	Ρ	Μ	Π	Λ	Ω

ΚΥΨΈΛΗ
ΑΓΡΟΤΗΣ
ΠΕΡΙΒΌΛΙ
ΖΏΑ
ΠΆΠΙΑ
ΦΡΟΎΤΟ
ΚΡΙΘΆΡΙ
ΦΥΤΌ
ΒΟΣΚΌΣ
ΆΡΔΕΥΣΗ
ΑΡΝΊ
ΛΆΜΑ
ΚΑΛΑΜΠΌΚΙ
ΓΆΛΑ
ΠΡΌΒΑΤΟ
ΑΧΥΡΏΝΑ
ΣΙΤΆΡΙ
ΤΡΑΚΤΈΡ
ΛΙΒΆΔΙ
ΑΝΕΜΌΜΥΛΟ

96 - Elektriciteit

Τ	Σ	Έ	Ρ	Ε	Ω	Λ	Κ	Ν	Ω	Η	Ι	Π	Α	Μ
Κ	Α	Λ	Ώ	Δ	Ι	Α	Έ	Α	Ε	Χ	Μ	Ρ	Τ	Α
Η	Ο	Τ	Α	Η	Λ	Τ	Α	Ι	Λ	Ι	Ρ	Ί	Η	Γ
Γ	Ε	Η	Ν	Λ	Μ	Ν	Ρ	Α	Ζ	Ώ	Γ	Ζ	Τ	Ν
Ε	Ξ	Λ	Τ	Ε	Ι	Έ	Ν	Σ	Τ	Ε	Δ	Α	Ό	Ή
Ν	Ο	Έ	Ι	Κ	Μ	Τ	Η	Ω	Β	Ί	Ρ	Ι	Σ	Τ
Ν	Π	Φ	Κ	Τ	Ο	Υ	Τ	Κ	Ί	Δ	Δ	Α	Ο	Η
Ή	Λ	Ω	Ε	Ρ	Γ	Ξ	Ι	Υ	Χ	Ω	Σ	Π	Π	Σ
Τ	Ι	Ν	Ί	Ο	Μ	Ή	Κ	Ι	Ρ	Τ	Κ	Ε	Λ	Η
Ρ	Σ	Ο	Μ	Λ	Α	Κ	Ό	Λ	Ο	Η	Δ	Μ	Γ	Σ
Ι	Μ	Δ	Ε	Ό	Σ	Ι	Γ	Χ	Ά	Τ	Ψ	Ρ	Ί	Β
Α	Ό	Τ	Ν	Γ	Π	Τ	Ψ	Α	Ψ	Μ	Η	Ί	Έ	Χ
Η	Σ	Υ	Α	Ο	Χ	Ε	Α	Β	Ι	Λ	Π	Ξ	Ρ	Ω
Έ	Δ	Έ	Υ	Σ	Ψ	Θ	Α	Ί	Ρ	Α	Τ	Α	Π	Μ
Σ	Σ	Υ	Α	Ρ	Α	Π	Ο	Θ	Ή	Κ	Ε	Υ	Σ	Η

ΜΠΑΤΑΡΊΑ
ΕΞΟΠΛΙΣΜΌΣ
ΚΑΛΏΔΙΑ
ΗΛΕΚΤΡΟΛΌΓΟΣ
ΗΛΕΚΤΡΙΚΉ
ΓΕΝΝΉΤΡΙΑ
ΠΟΣΌΤΗΤΑ
ΚΑΛΏΔΙΟ
ΛΆΜΠΑ

ΛΈΙΖΕΡ
ΜΑΓΝΉΤΗΣ
ΑΡΝΗΤΙΚΌ
ΔΊΚΤΥΟ
ΑΝΤΙΚΕΊΜΕΝΑ
ΑΠΟΘΉΚΕΥΣΗ
ΘΕΤΙΚΉ
ΠΡΊΖΑ
ΤΗΛΈΦΩΝΟ

97 - Zakelijk

Γ	Η	Χ	Γ	Δ	Ι	Σ	Ε	Χ	Ί	Χ	Τ	Ε	Ν	Ο
Η	Ε	Υ	Τ	Ν	Ι	Ω	Ε	Έ	Έ	Ψ	Κ	Ρ	Ό	Ι
Π	Η	Σ	Υ	Δ	Ν	Έ	Π	Ε	Ί	Σ	Α	Γ	Μ	Κ
Λ	Σ	Γ	Ρ	Α	Φ	Ε	Ί	Ο	Τ	Ε	Τ	Ο	Ι	Ο
Ε	Ω	Κ	Ό	Σ	Τ	Ο	Σ	Γ	Δ	Ψ	Ά	Σ	Σ	Ν
Ώ	Τ	Ο	Δ	Ο	Τ	Α	Μ	Η	Ρ	Χ	Σ	Τ	Μ	Ο
Κ	Π	Α	Ρ	Έ	Ι	Ρ	Α	Κ	Ι	Υ	Τ	Ά	Α	Μ
Έ	Κ	Μ	Ι	Ω	Α	Μ	Α	Φ	Ξ	Β	Η	Σ	Ρ	Ι
Ρ	Έ	Ή	Λ	Ρ	Μ	Ο	Β	Φ	Ό	Ν	Μ	Ι	Ο	Κ
Δ	Α	Ρ	Χ	Τ	Ε	Τ	Ψ	Ν	Ε	Ρ	Α	Ο	Σ	Ά
Ο	Ρ	Χ	Π	Ο	Ε	Ί	Ι	Ψ	Λ	Ν	Ο	Ν	Ξ	Δ
Σ	Τ	Ί	Ή	Γ	Ω	Γ	Α	Σ	Ι	Ε	Τ	Ι	Λ	Λ
Σ	Υ	Ν	Α	Λ	Λ	Α	Γ	Ή	Ν	Ε	Χ	Ι	Έ	Γ
Ε	Ι	Σ	Ό	Δ	Η	Μ	Α	Ψ	Λ	Ο	Ε	Τ	Κ	Σ
Ε	Ρ	Γ	Ο	Δ	Ό	Τ	Η	Σ	Η	Λ	Ώ	Π	Ξ	Ό

ΑΦΕΝΤΙΚΌ
ΕΤΑΙΡΕΊΑ
ΦΌΡΟΙ
ΚΑΡΙΈΡΑ
ΟΙΚΟΝΟΜΙΚΆ
ΕΡΓΟΣΤΆΣΙΟ
ΧΡΗΜΑΤΟΔΟΤΏ
ΧΡΉΜΑ
ΕΙΣΑΓΩΓΉ
ΕΙΣΌΔΗΜΑ
ΕΠΈΝΔΥΣΗ
ΓΡΑΦΕΊΟ
ΈΚΠΤΩΣΗ
ΚΌΣΤΟΣ
ΣΥΝΑΛΛΑΓΉ
ΝΌΜΙΣΜΑ
ΠΏΛΗΣΗ
ΕΡΓΟΔΌΤΗ
ΚΑΤΆΣΤΗΜΑ
ΚΈΡΔΟΣ

98 - Voeding

Ε	Λ	Α	Γ	Λ	Β	Π	Ή	Ι	Γ	Υ	Λ	Υ	Ι	Δ
Π	Ψ	Η	Ψ	Ί	Ρ	Β	Ρ	Ρ	Χ	Π	Ε	Α	Ρ	Ι
Ζ	Η	Ν	Ψ	Τ	Ώ	Ι	Κ	Ω	Δ	Η	Ψ	Έ	Π	Α
Υ	Ύ	Έ	Ι	Η	Σ	Τ	Ι	Ε	Τ	Ξ	Έ	Α	Λ	Τ
Μ	Η	Μ	Π	Ε	Ι	Α	Π	Υ	Λ	Ε	Β	Π	Γ	Ρ
Π	Ο	Η	Ω	Η	Μ	Μ	Χ	Γ	Ί	Ρ	Ϊ	Δ	Ω	Ο
Α	Ο	Π	Θ	Σ	Α	Ί	Π	Ε	Α	Ό	Σ	Ν	Υ	Φ
Χ	Μ	Ο	Γ	Ε	Η	Ν	Έ	Ί	Η	Ξ	Γ	Έ	Ε	Ή
Α	Γ	Ρ	Α	Γ	Ρ	Η	Α	Α	Σ	Τ	Λ	Ά	Σ	Σ
Ρ	Η	Ρ	Υ	Τ	Μ	Μ	Δ	Χ	Ύ	Ν	Α	Ρ	Μ	Η
Ι	Ν	Ο	Υ	Ε	Η	Ξ	Ι	Λ	Ε	Λ	Π	Γ	Β	Ί
Κ	Ί	Σ	Τ	Ν	Π	Τ	Α	Δ	Γ	Ψ	Ε	Υ	Χ	Δ
Ό	Ξ	Ι	Ι	Ή	Κ	Ι	Τ	Π	Ε	Ρ	Θ	Λ	Χ	Π
Π	Ο	Ι	Ό	Τ	Η	Τ	Α	Ν	Ξ	Σ	Μ	Έ	Δ	Μ
Ί	Τ	Ζ	Υ	Γ	Ί	Ζ	Ω	Π	Β	Γ	Δ	Έ	Μ	Ι

ΠΙΚΡΉ
ΘΕΡΜΙΔΕΣ
ΔΙΑΤΡΟΦΉ
ΒΡΏΣΙΜΑ
ΌΡΕΞΗ
ΠΡΩΤΕΪΝΕΣ
ΙΣΟΡΡΟΠΗΜΈΝΗ
ΖΎΜΩΣΗ
ΖΥΓΊΖΩ
ΥΓΙΉ
ΥΓΕΊΑ
ΠΟΙΌΤΗΤΑ
ΣΆΛΤΣΑ
ΓΕΎΣΗ
ΜΠΑΧΑΡΙΚΌ
ΠΈΨΗ
ΤΟΞΊΝΗ
ΒΙΤΑΜΊΝΗ
ΥΓΡΆ
ΘΡΕΠΤΙΚΉ

99 - Chemie

Ά	Ζ	Υ	Μ	Ο	Α	Λ	Λ	Α	Τ	Έ	Μ	Τ	Ε	Ο
Ν	Υ	Γ	Ό	Λ	Π	Λ	Ί	Ί	Ι	Γ	Ψ	Ψ	Μ	Χ
Θ	Γ	Ρ	Ρ	Π	Ω	Ή	Κ	Ι	Γ	Ο	Λ	Ο	Ι	Β
Ρ	Ί	Ό	Ι	Ω	Έ	Τ	Μ	Α	Ξ	Α	Α	Ξ	Μ	Σ
Α	Ζ	Έ	Ο	Υ	Ρ	Ρ	Ρ	Σ	Λ	Χ	Έ	Μ	Ο	Α
Κ	Ω	Ν	Ο	Χ	Λ	Ώ	Ρ	Ι	Ο	Ι	Ξ	Ρ	Έ	Ξ
Α	Γ	Ζ	Ι	Ί	Τ	Ω	Ί	Α	Μ	Τ	Κ	Ν	Ι	Δ
Σ	Ε	Υ	Θ	Ε	Ρ	Μ	Ό	Τ	Η	Τ	Α	Ό	Ξ	Ο
Ω	Γ	Μ	Έ	Η	Ρ	Α	Λ	Ά	Τ	Ι	Γ	Ι	Η	Σ
Γ	Α	Ο	Θ	Ε	Ρ	Μ	Ο	Κ	Ρ	Α	Σ	Ί	Α	Μ
Η	Λ	Ε	Κ	Τ	Ρ	Ό	Ν	Ι	Ο	Χ	Χ	Σ	Υ	Ν
Σ	Τ	Δ	Γ	Σ	Ρ	Μ	Κ	Α	Τ	Α	Λ	Ύ	Τ	Η
Α	Ν	Τ	Ί	Δ	Ρ	Α	Σ	Η	Λ	Ο	Ψ	Ξ	Σ	Η
Η	Έ	Β	Δ	Ε	Σ	Τ	Τ	Γ	Π	Δ	Α	Ο	Χ	Ί
Υ	Δ	Ρ	Ο	Γ	Ό	Ν	Ο	Ν	Ό	Γ	Υ	Ξ	Ο	Ν

ΑΛΚΑΛΙΚΌ
ΧΛΏΡΙΟ
ΗΛΕΚΤΡΌΝΙΟ
ΈΝΖΥΜΟ
ΑΈΡΙΟ
ΖΥΓΊΖΩ
ΙΌΝ
ΚΑΤΑΛΎΤΗ
ΆΝΘΡΑΚΑΣ
ΜΈΤΑΛΛΑ
ΜΌΡΙΟ
ΒΙΟΛΟΓΙΚΉ
ΑΝΤΊΔΡΑΣΗ
ΘΕΡΜΟΚΡΑΣΊΑ
ΥΓΡΌ
ΘΕΡΜΌΤΗΤΑ
ΥΔΡΟΓΌΝΟ
ΑΛΆΤΙ
ΟΞΎ
ΟΞΥΓΌΝΟ

1 - Metingen

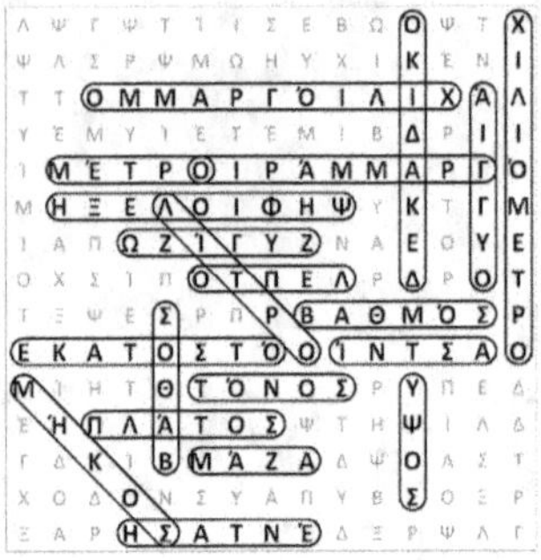

2 - Opwarming van de Aarde

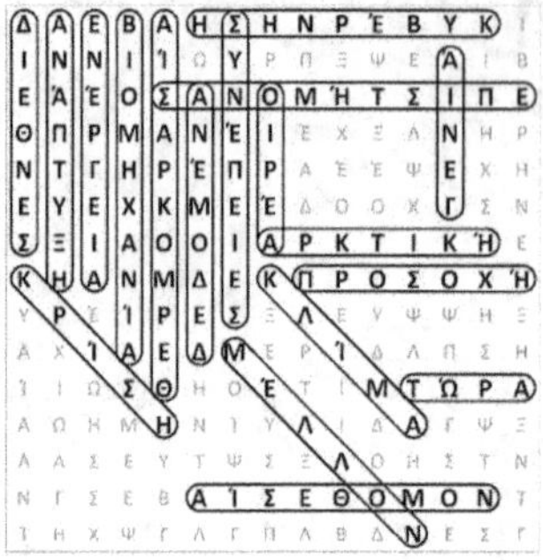

3 - Boten

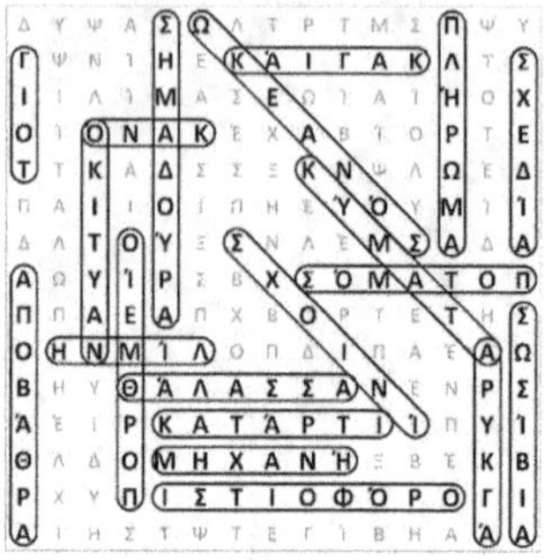

4 - Chocolade

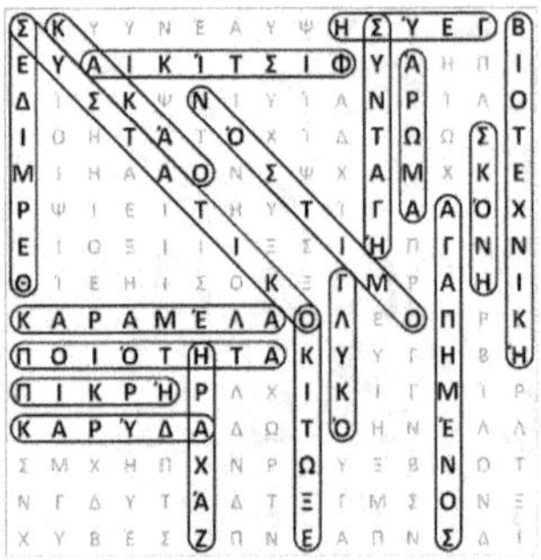

5 - Gezondheid en Welzijn #2

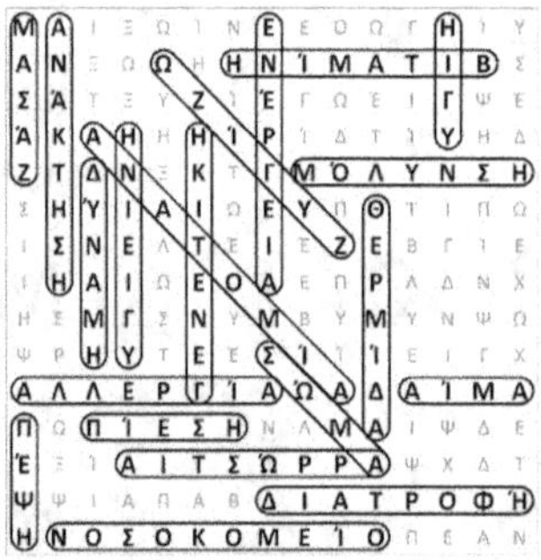

6 - Tijd

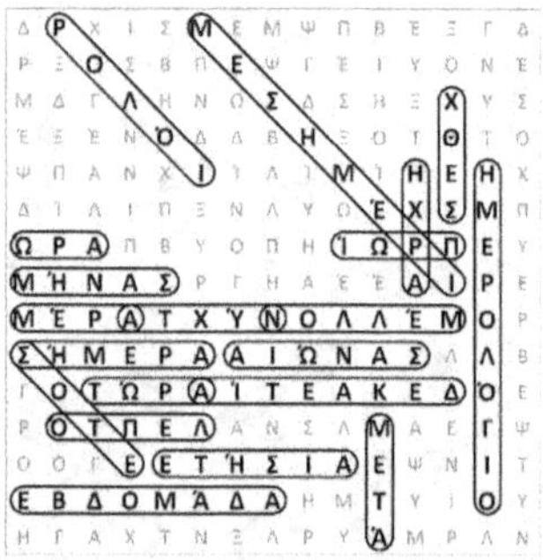

7 - Meditatie

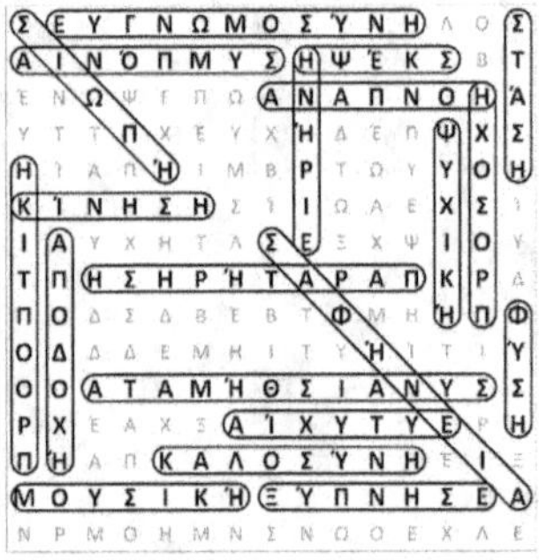

8 - Muziek

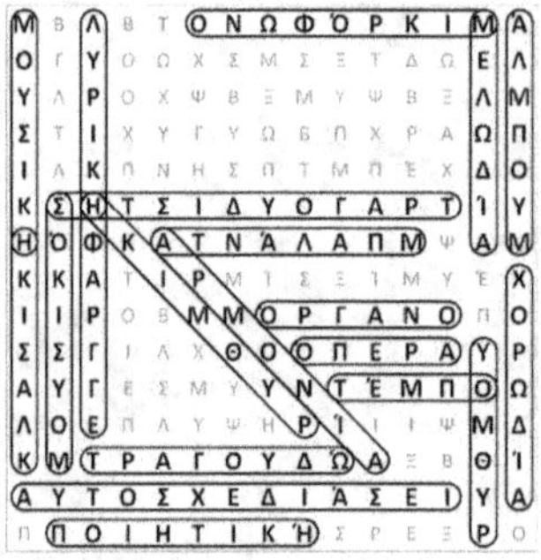

9 - Vogels

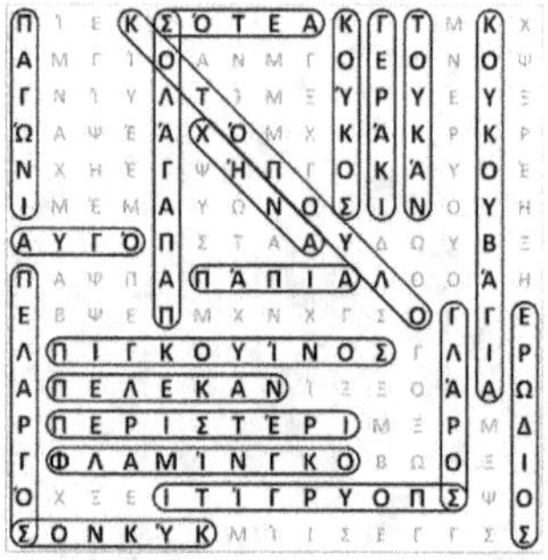

10 - Universum

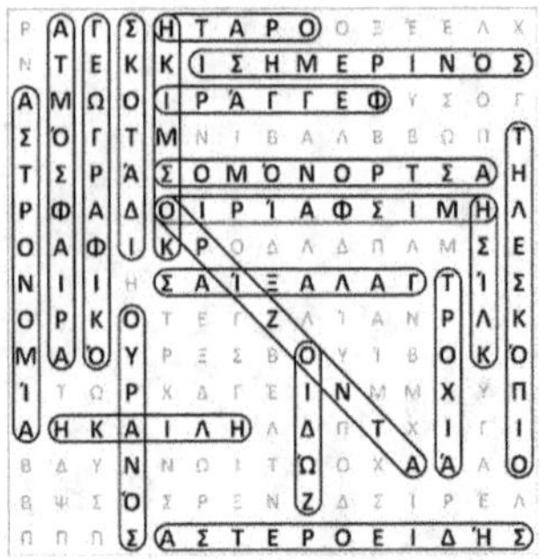

11 - Wiskunde

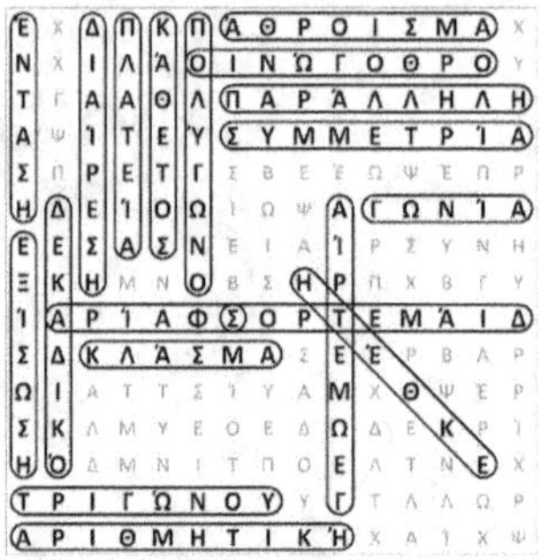

12 - Gezondheid en Welzijn #1

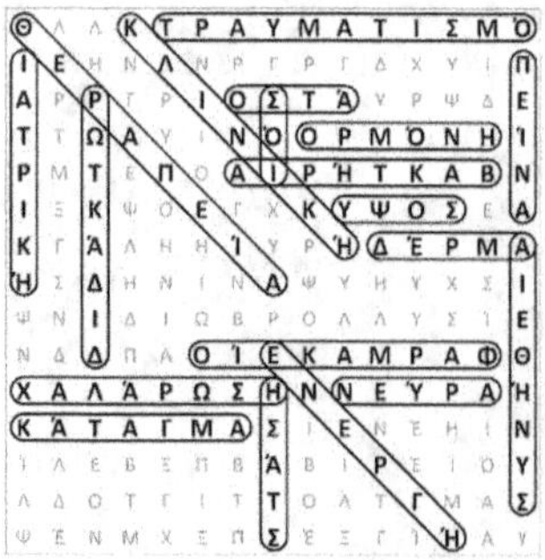

13 - Camping

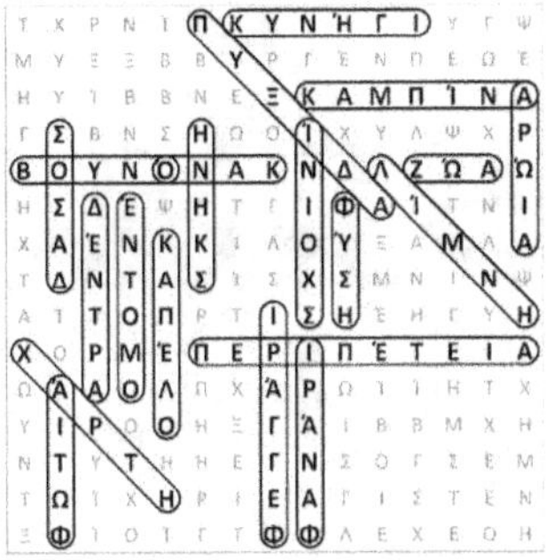

14 - Algebra

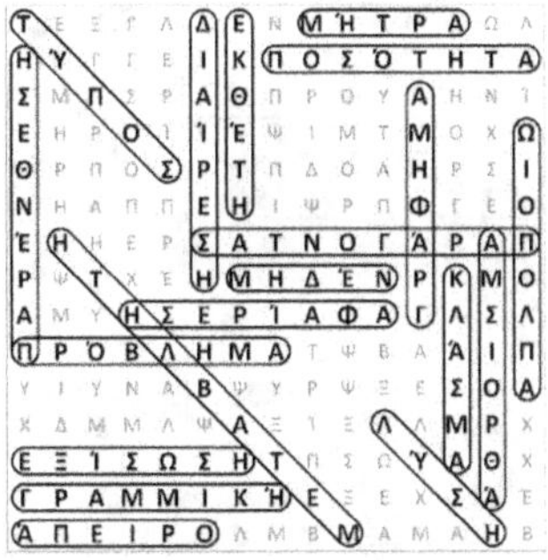

15 - Activiteiten

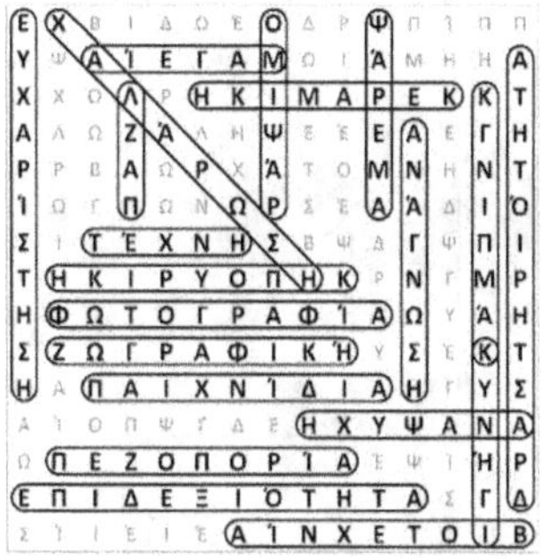

16 - Vormen

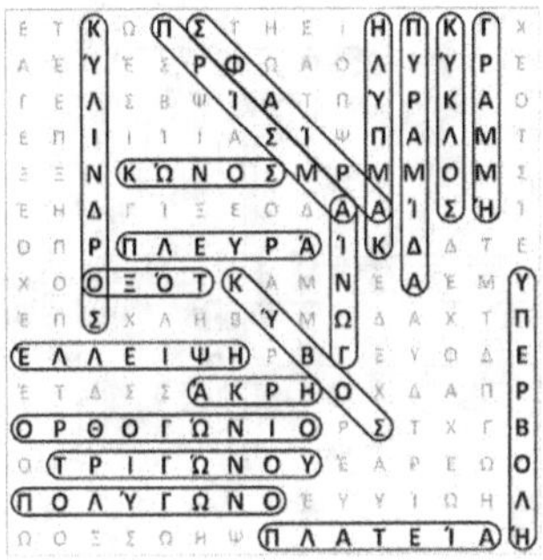

17 - Diplomatie

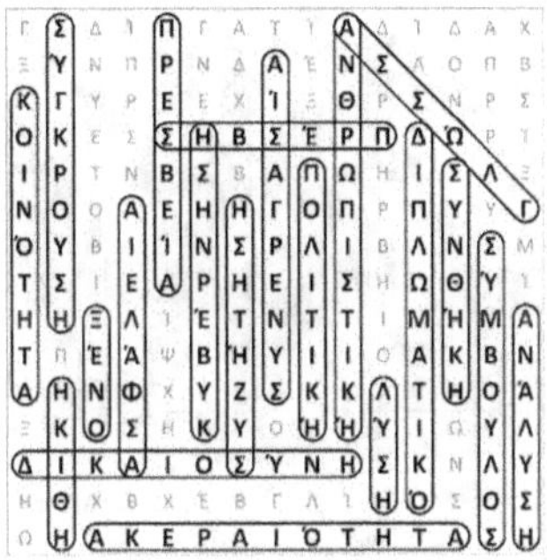

18 - Astronomie

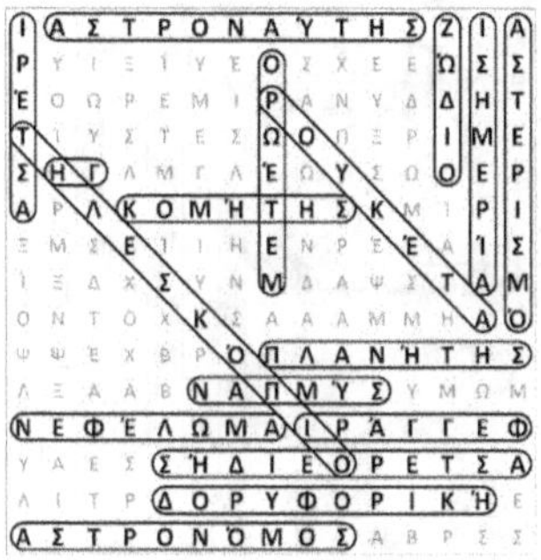

19 - Emoties

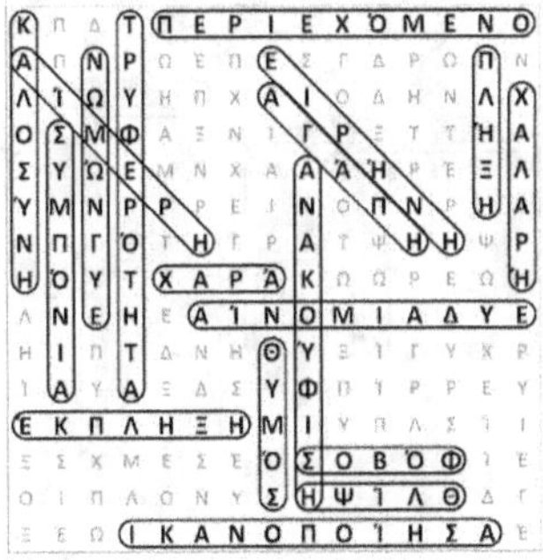

20 - Vakantie #2

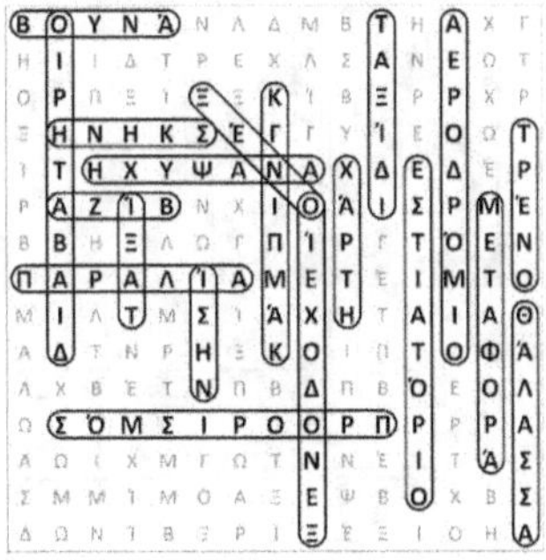

21 - Weersomstandigh

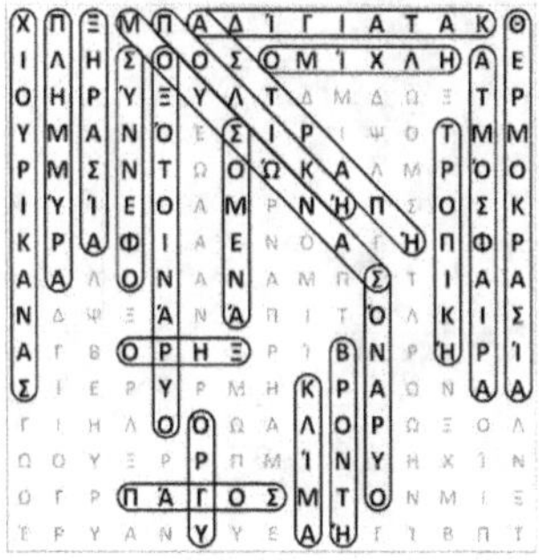

22 - Strand

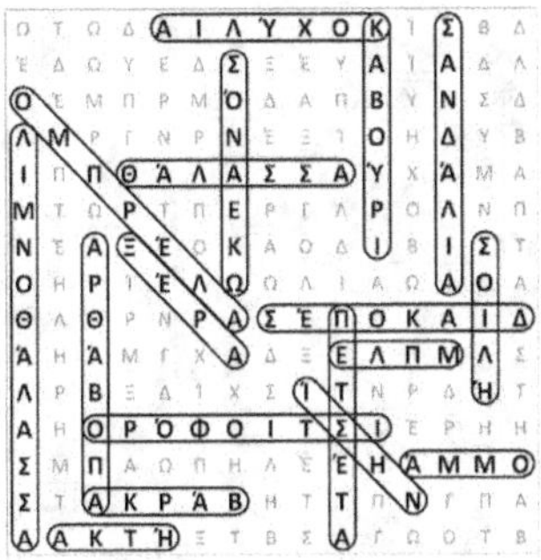

23 - Eten #2

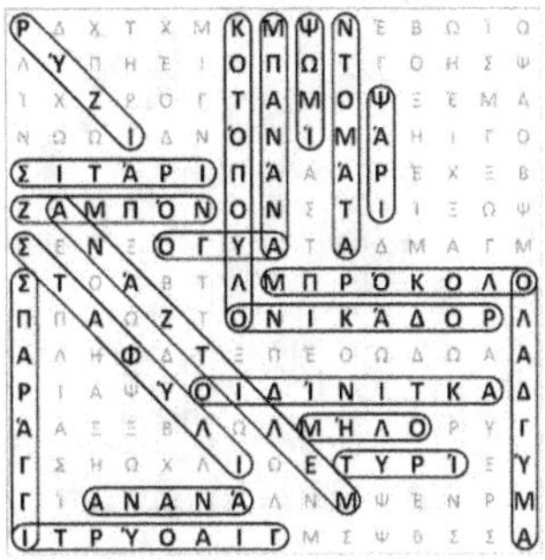

24 - Geologie

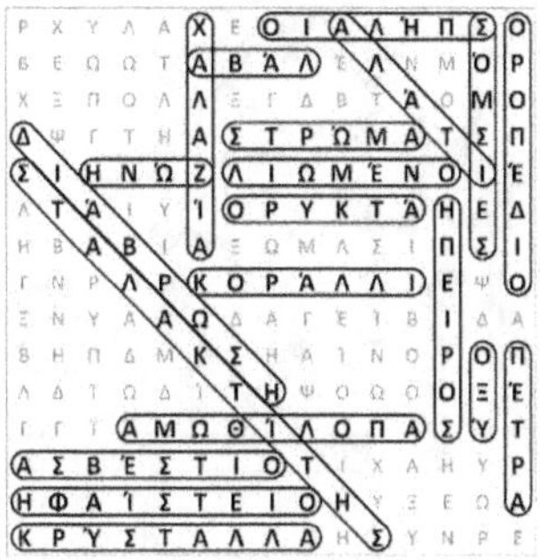

25 - Specerijen

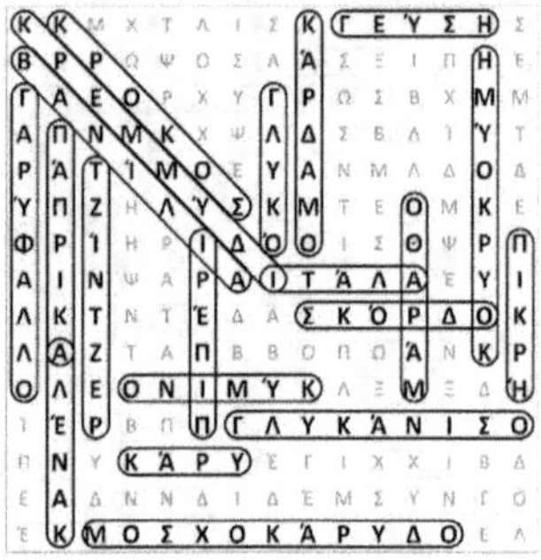

26 - Groenten

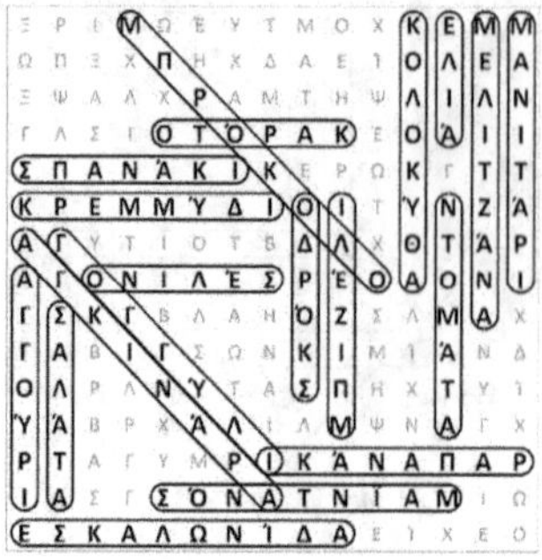

27 - Archeologie

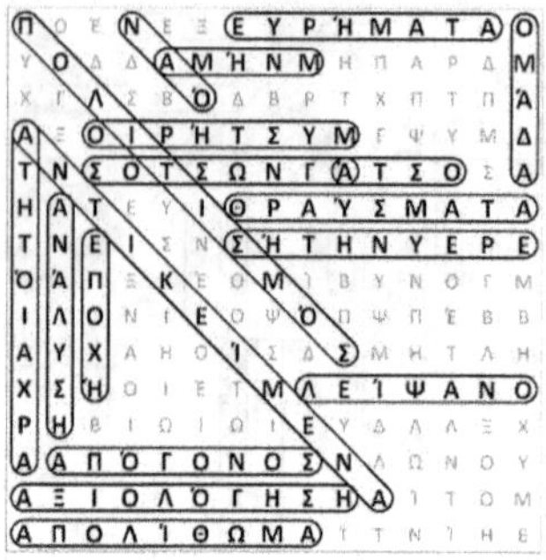

28 - Dans

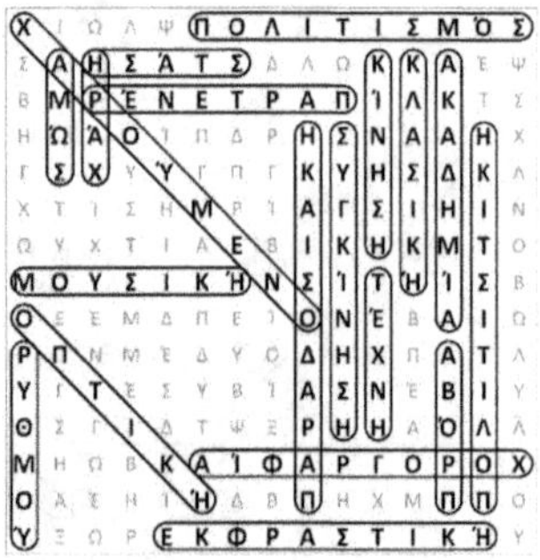

29 - Ziekte

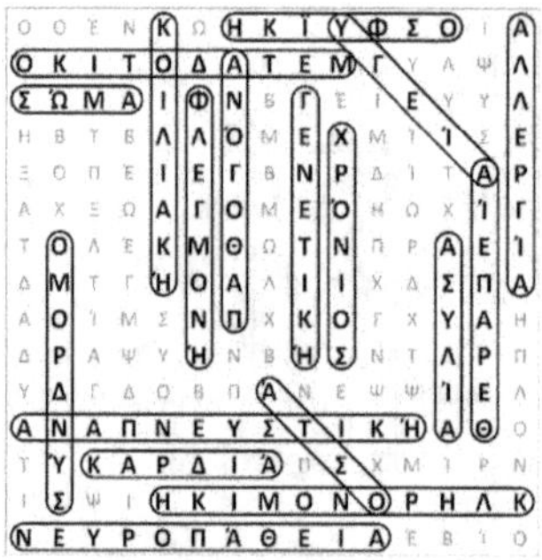

30 - Mythologie

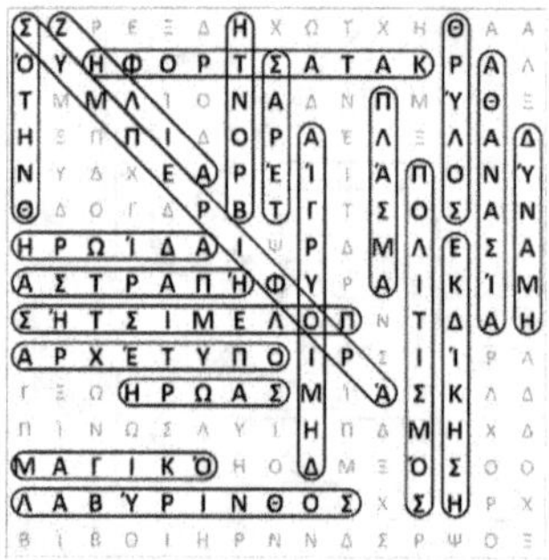

31 - Eten #1

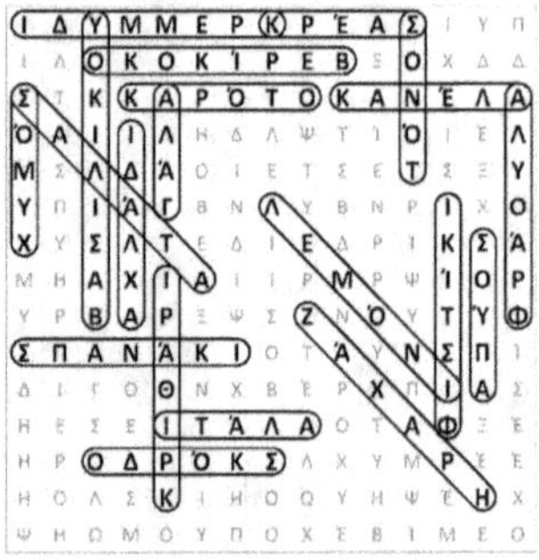

32 - Avontuur

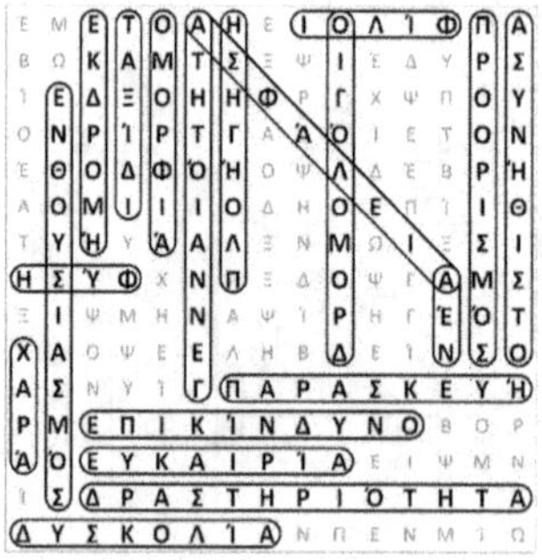

33 - Restaurant #2

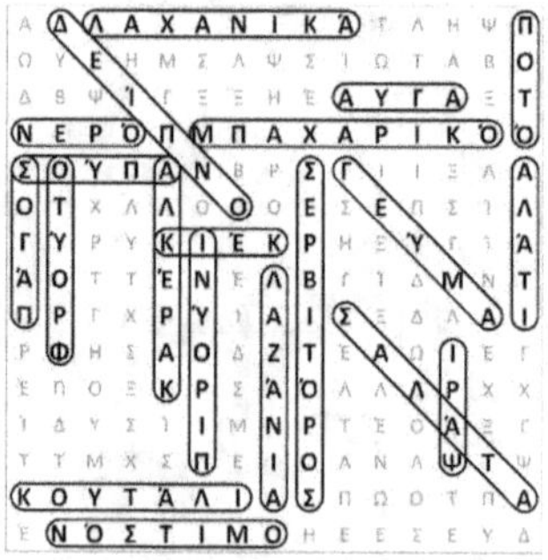

34 - Bijen

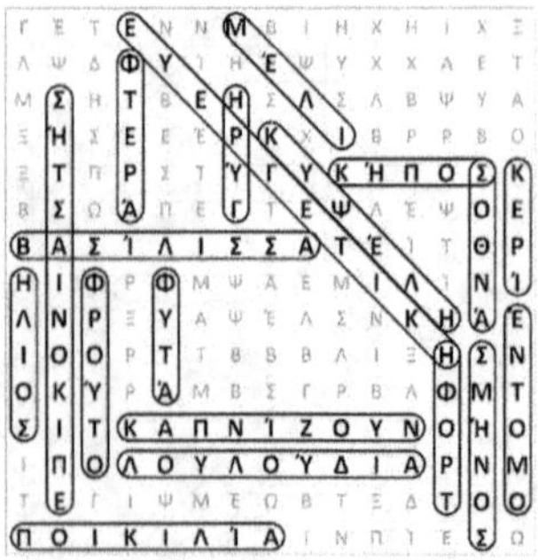

35 - Wandelen

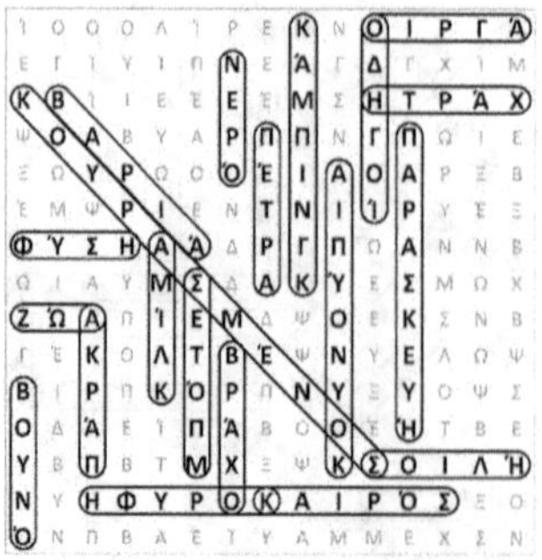

36 - Biologie

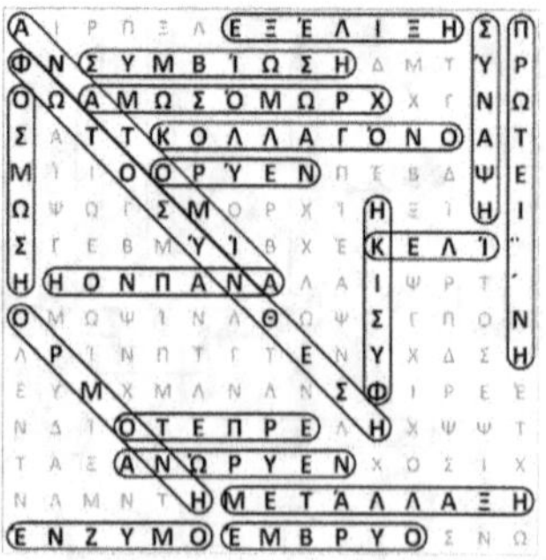

37 - Landen #1

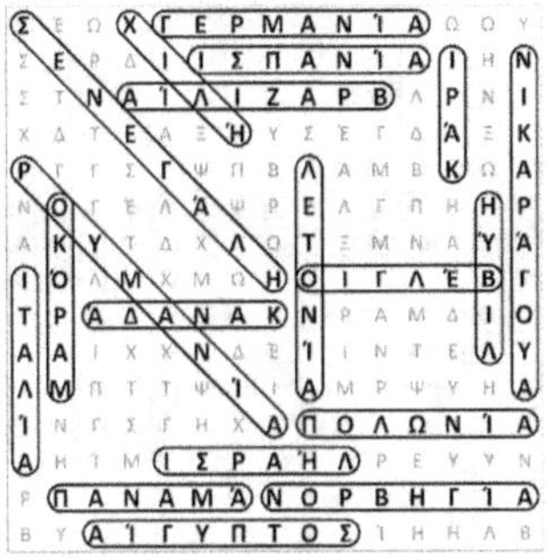

38 - Installaties

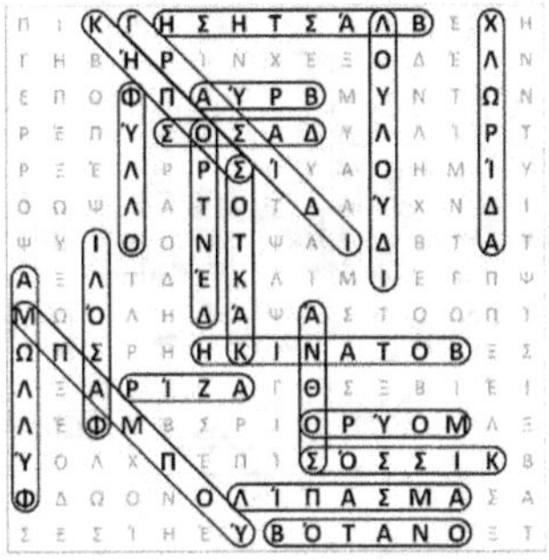

39 - Agronomie

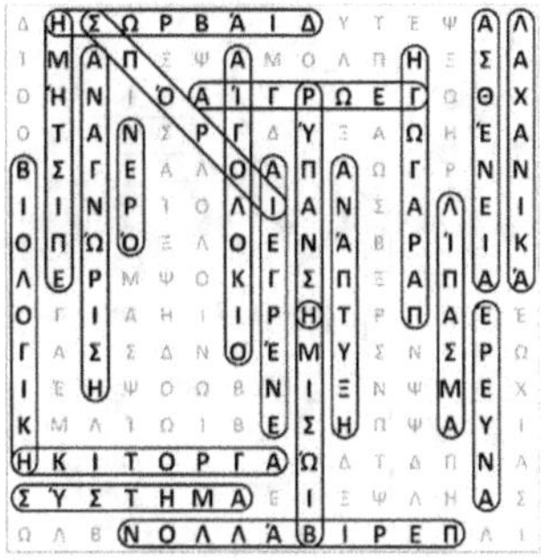

40 - Oceaan

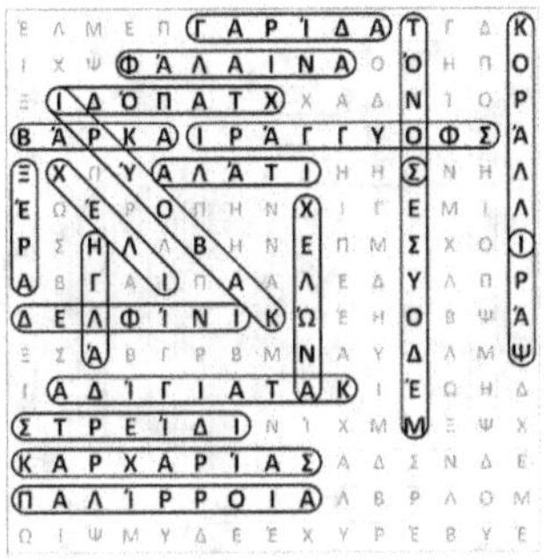

41 - Landen #2

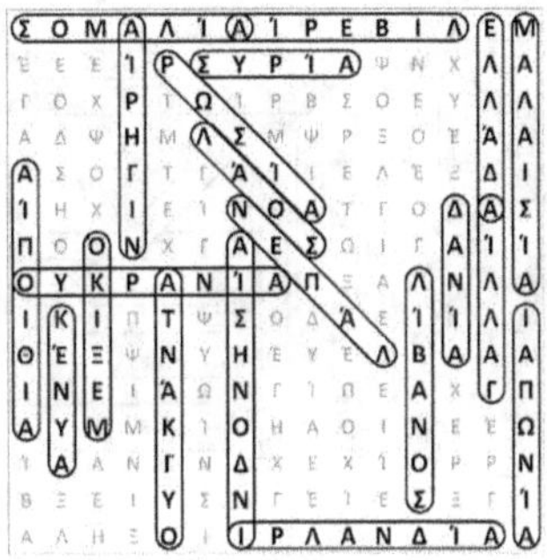

42 - Bloemen

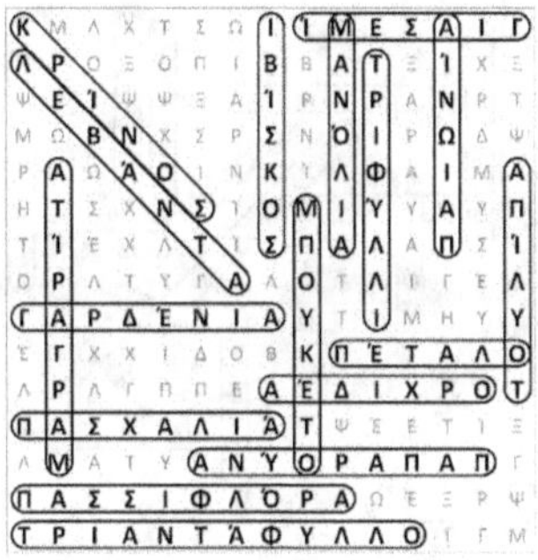

43 - Landschappen

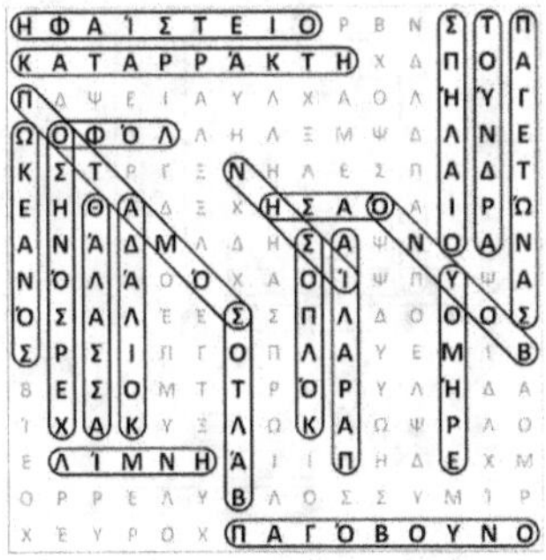

44 - Tuin

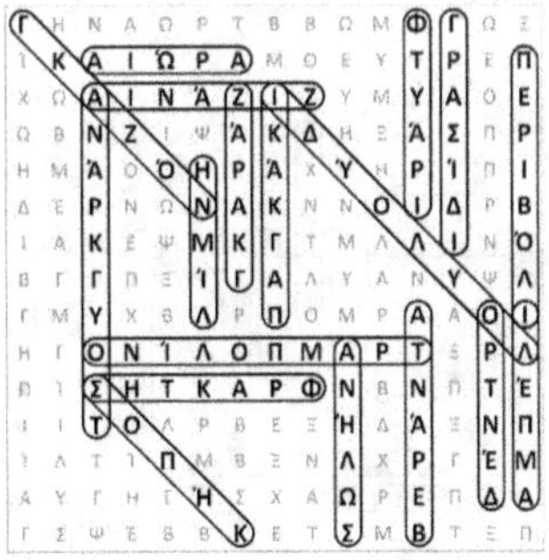

45 - Beroepen #2

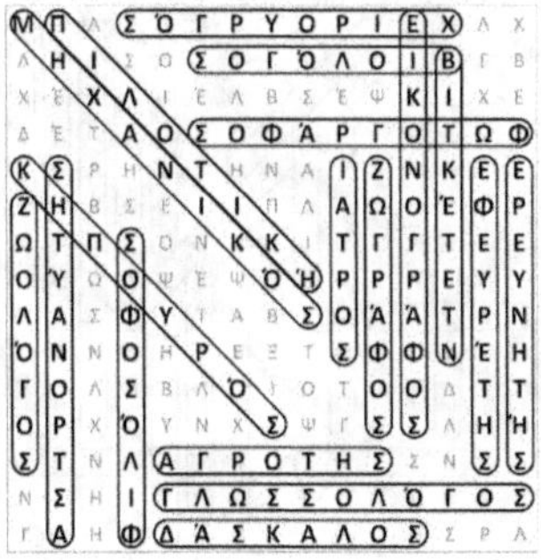

46 - Dagen en Maanden

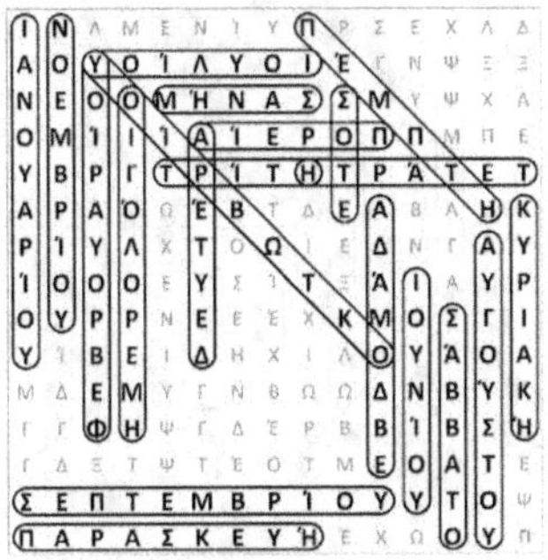

47 - Beeldende Kunsten

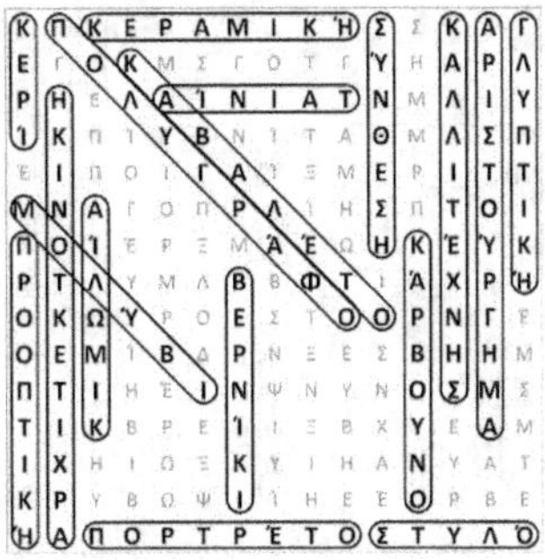

48 - Mode

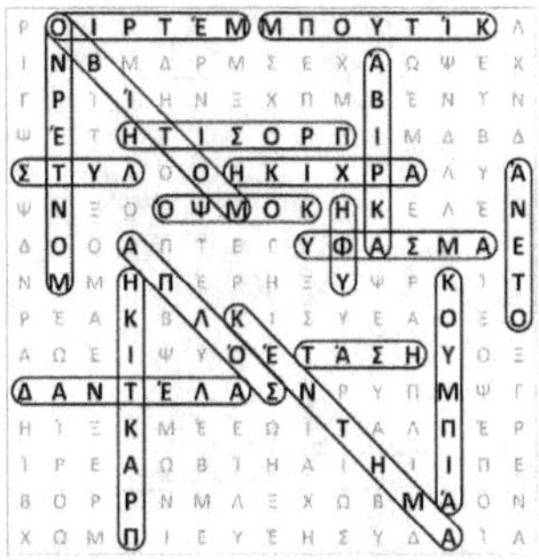

49 - Tuinieren

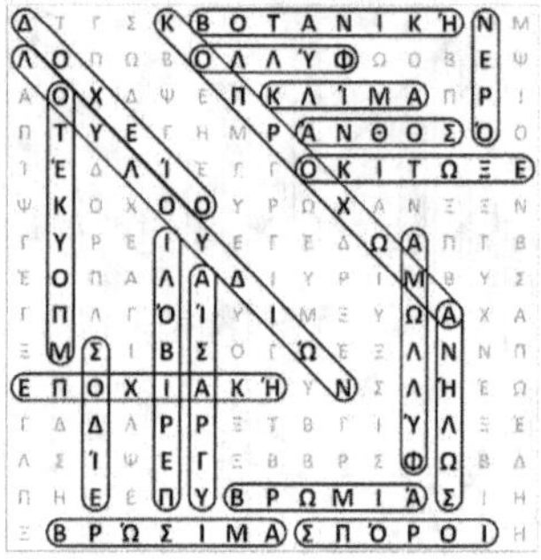

50 - Menselijk Lichaam

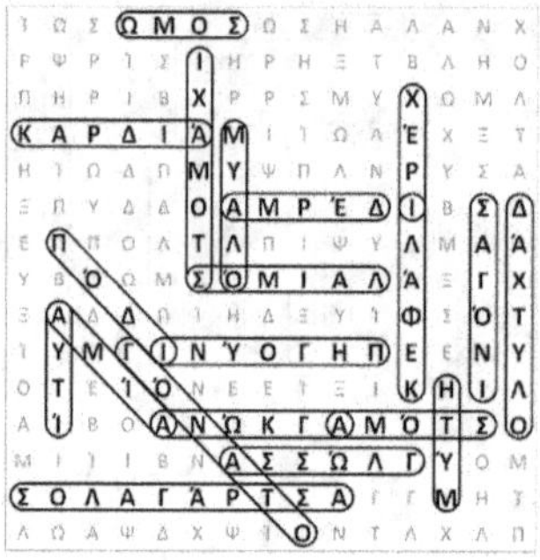

51 - Energie

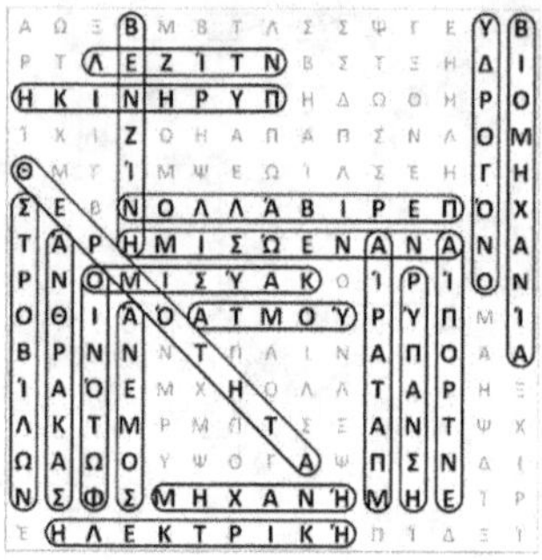

52 - Familie

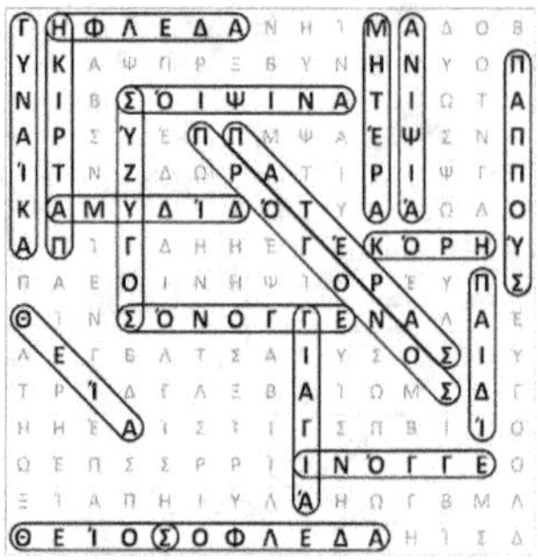

53 - Gebouwen

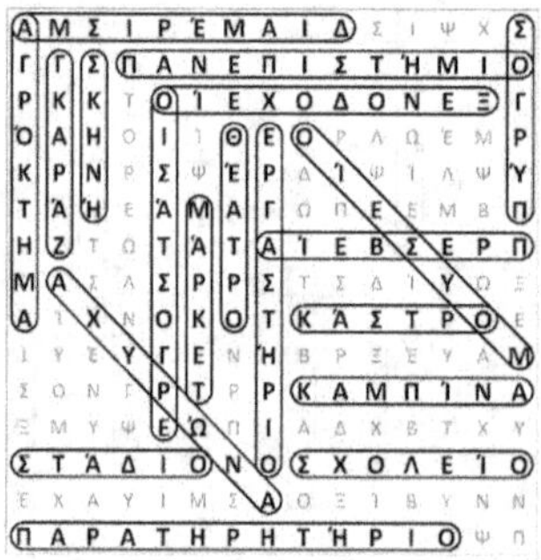

54 - Beroepen #1

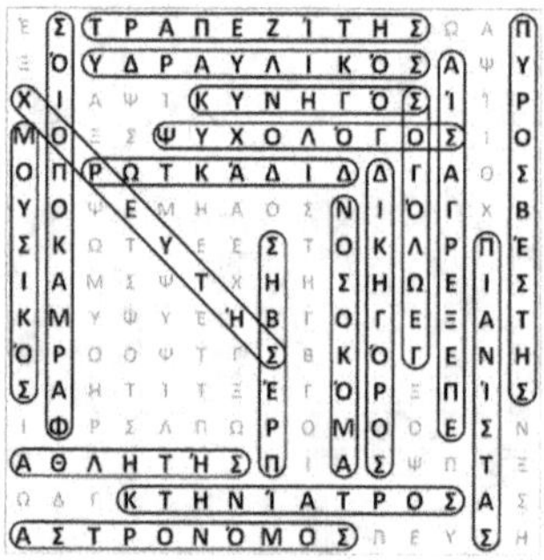

55 - Antarctica

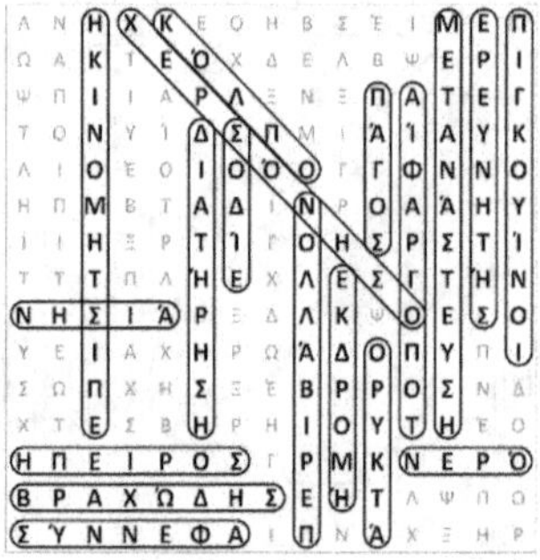

56 - Ballet

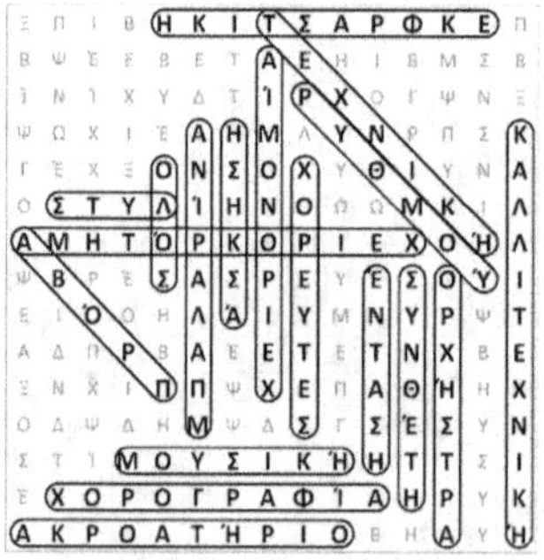

57 - Vissen

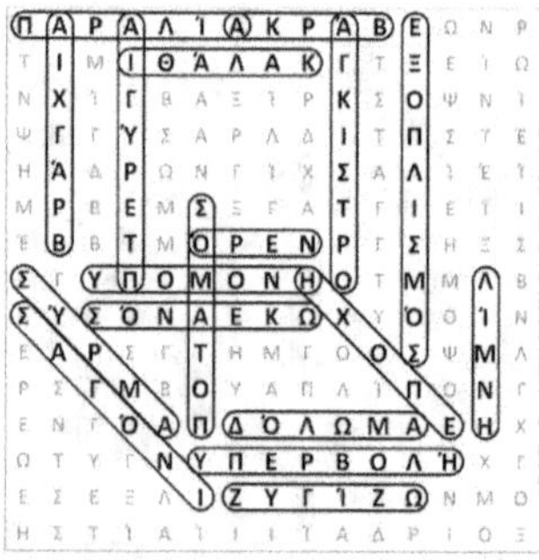

58 - Fruit

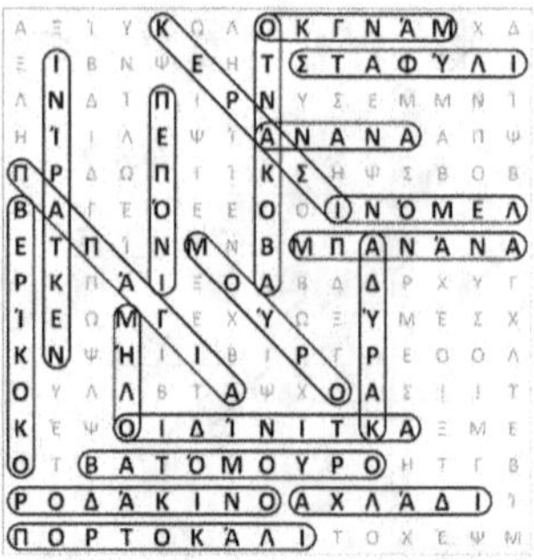

59 - Engineering

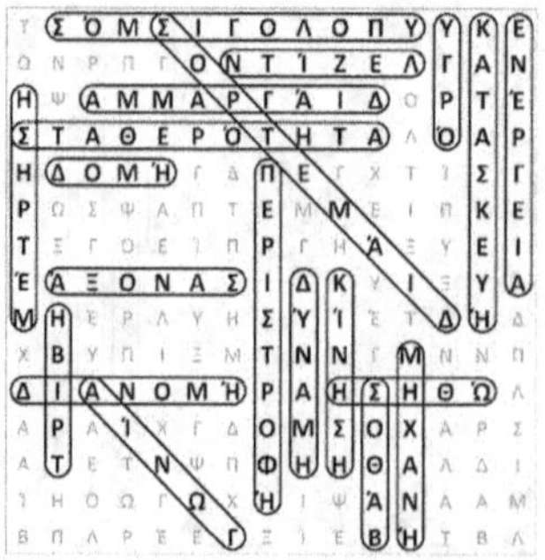

60 - Literatuur

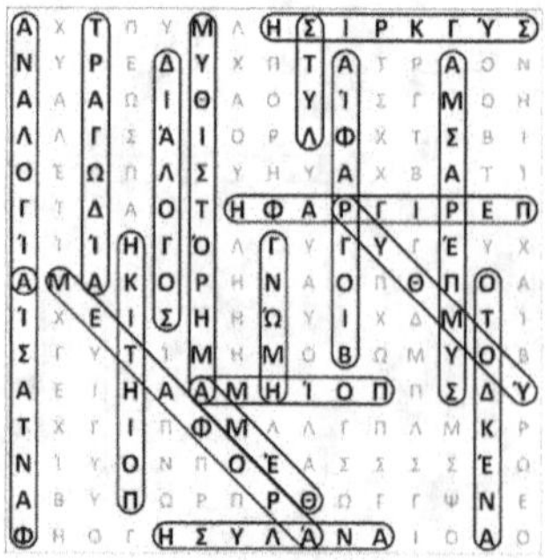

61 - Boeken

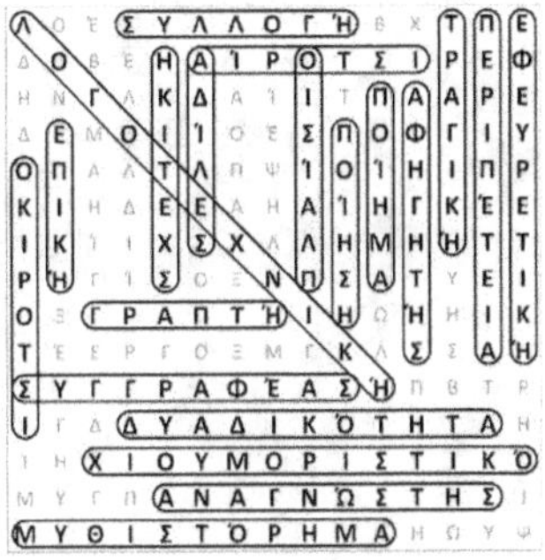

62 - Meer Informatie

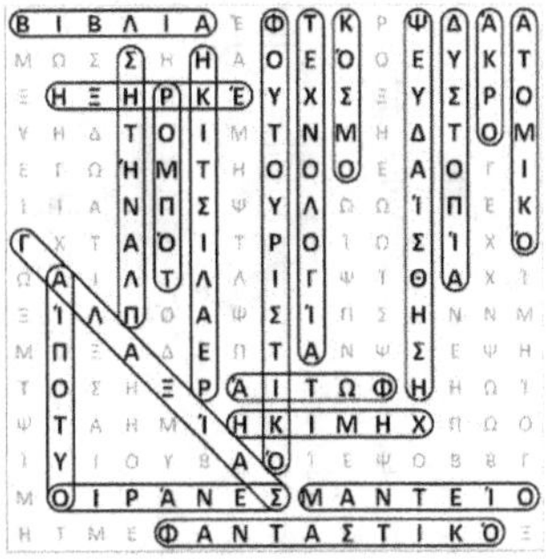

63 - Regenwoud

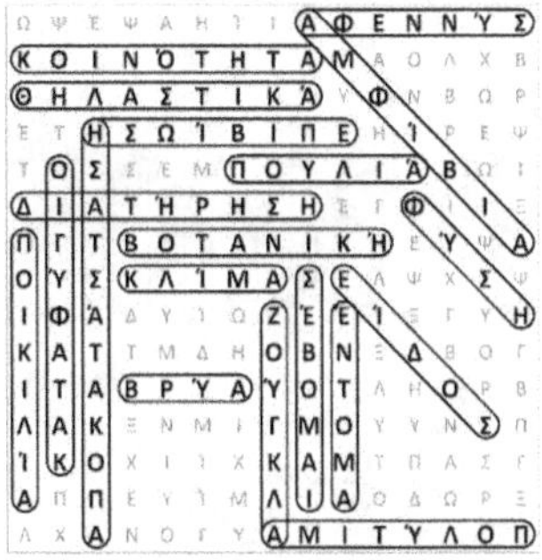

64 - Haartypes

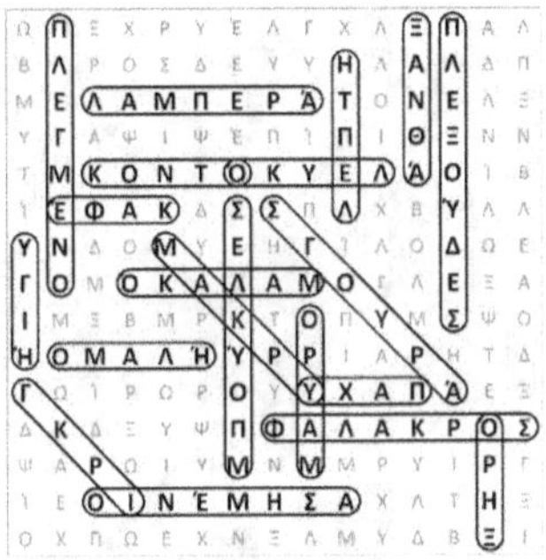

65 - Stad

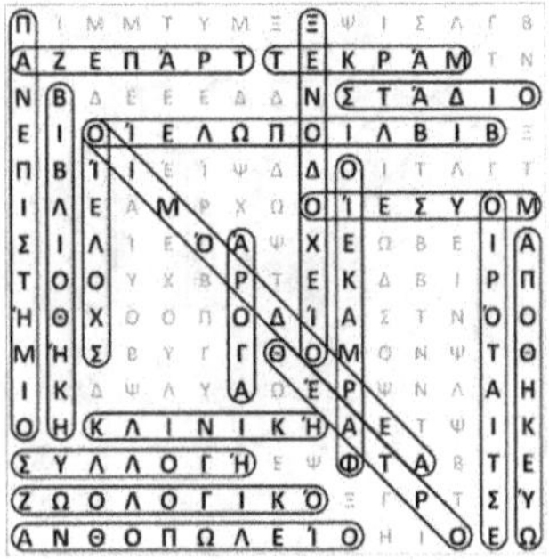

66 - Creativiteit

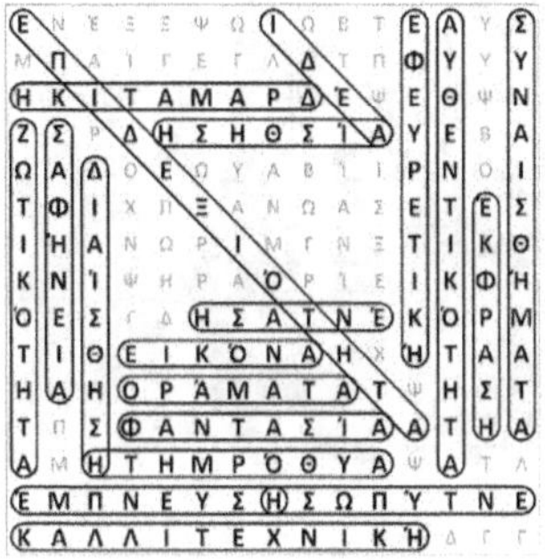

67 - Natuur

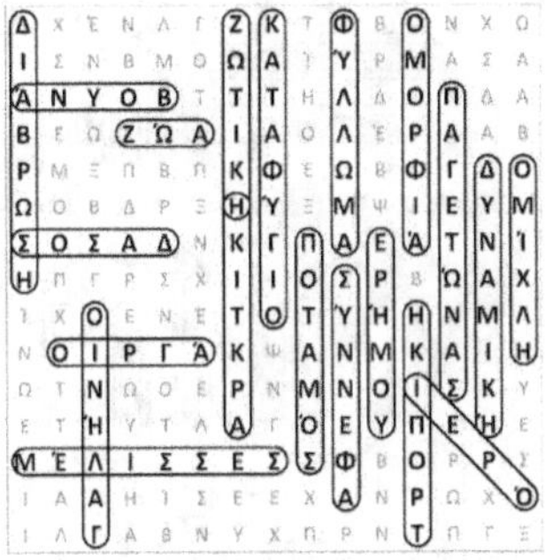

68 - Zoogdieren

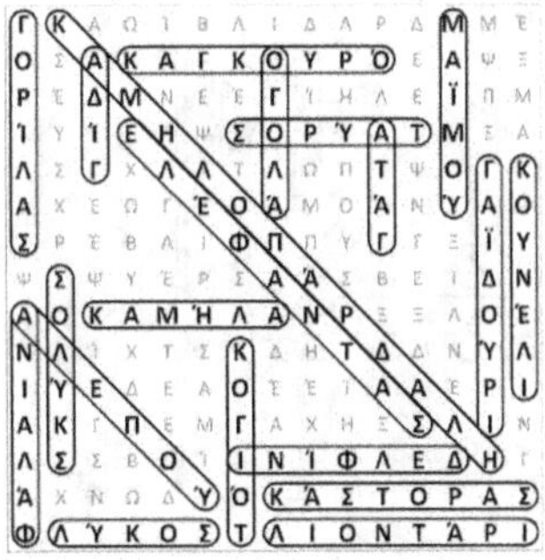

69 - Overheid

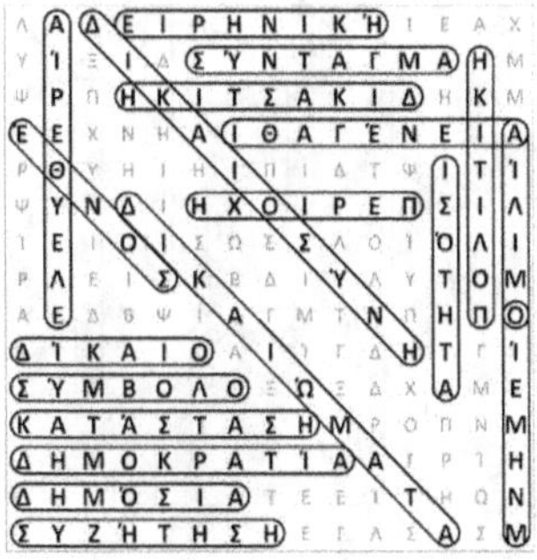

70 - Voertuigen

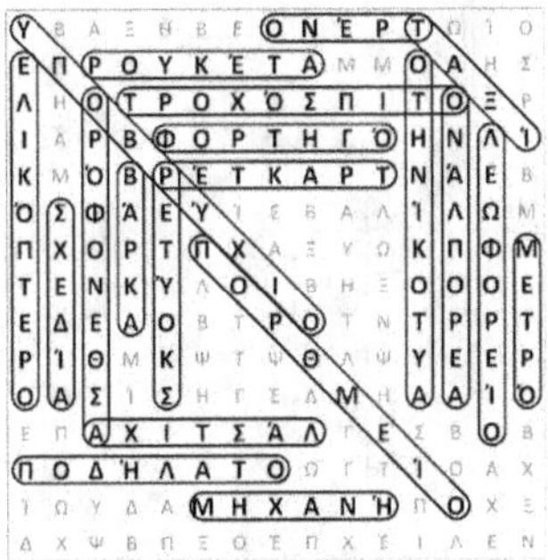

71 - Geografie

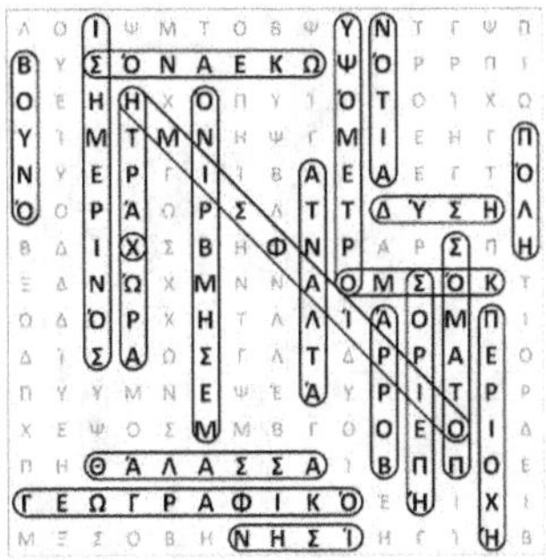

72 - Barbecues

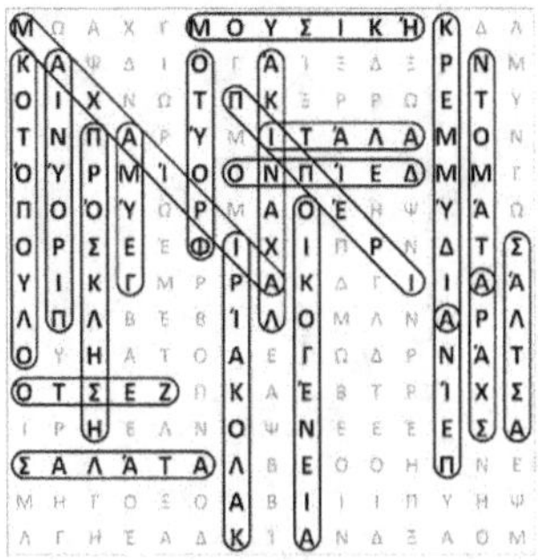

73 - Schoonheid

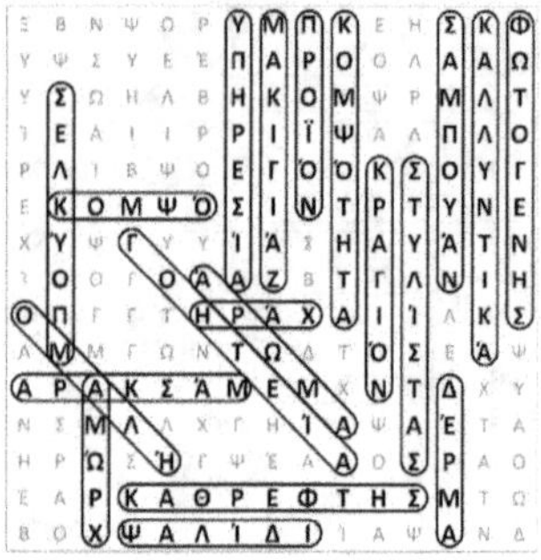

74 - Wetenschappelijk

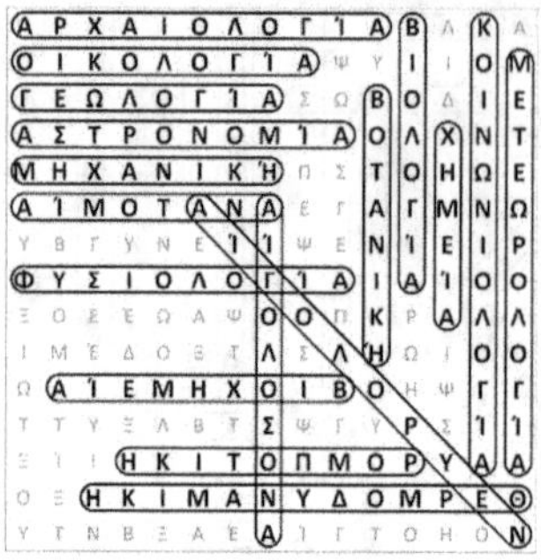

75 - Bijvoeglijke Naamwoorden

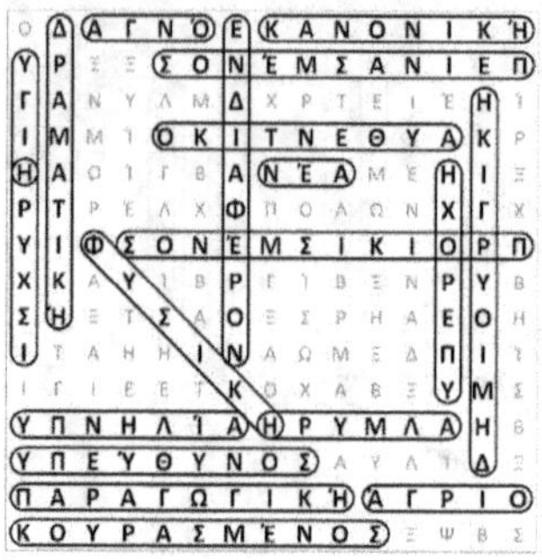

76 - Kleding

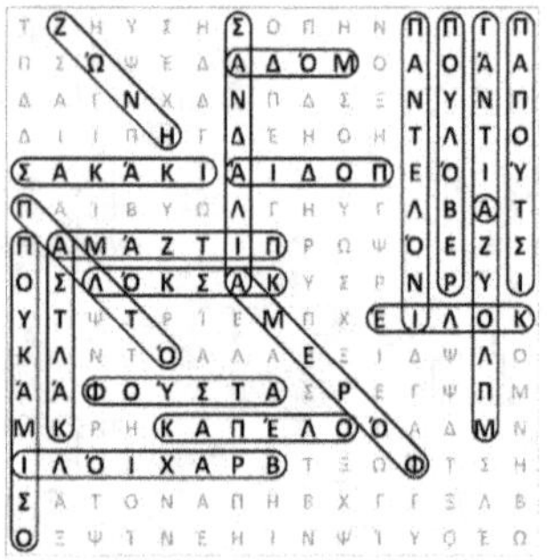

77 - Vliegtuigen

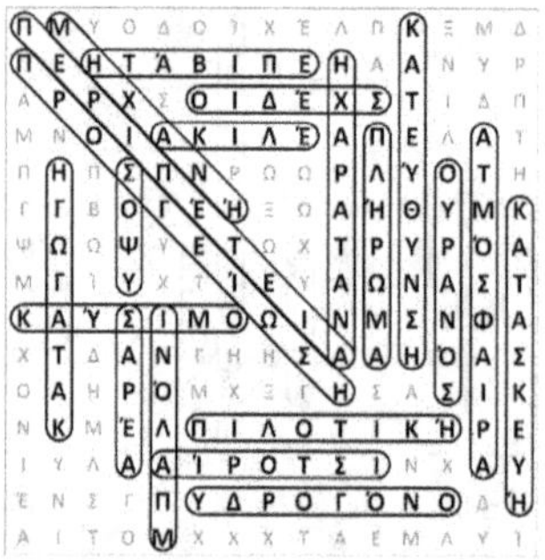

78 - Herbalisme

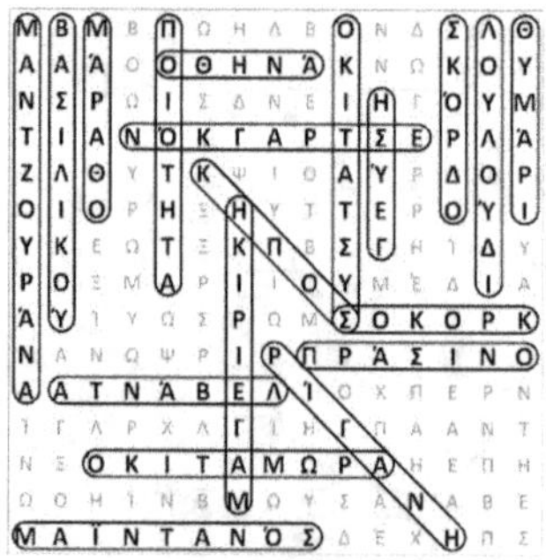

79 - Kracht en Zwaartekracht

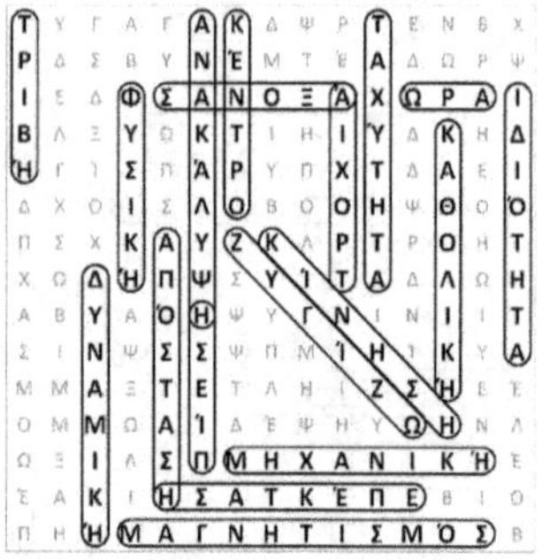

80 - Rijden

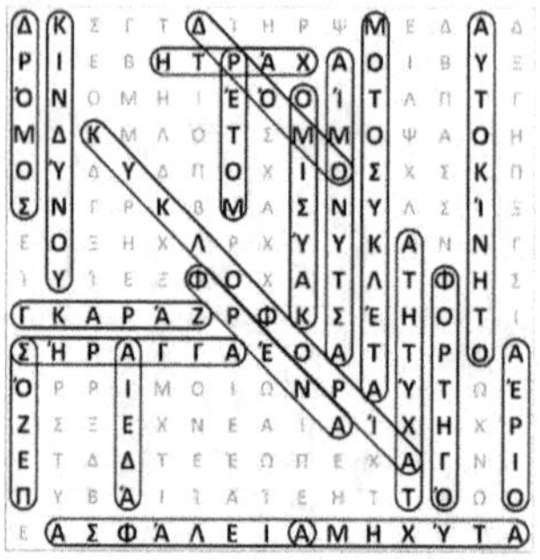

81 - Wetenschap

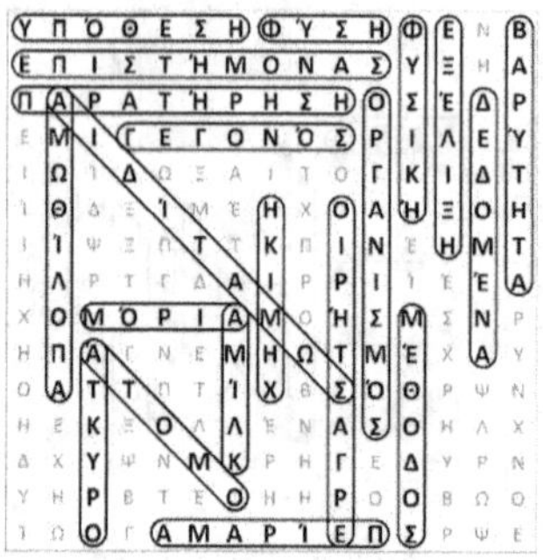

82 - Natuurkunde

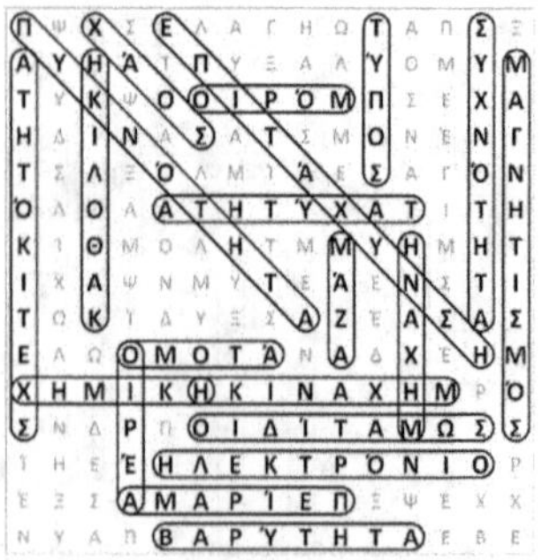

83 - Muziekinstrument

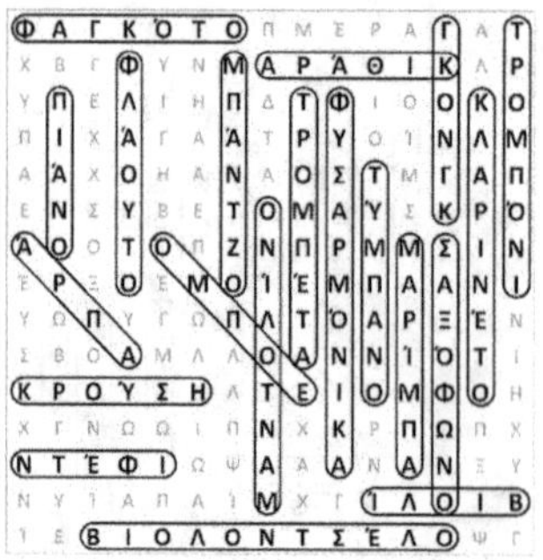

84 - Ethiek

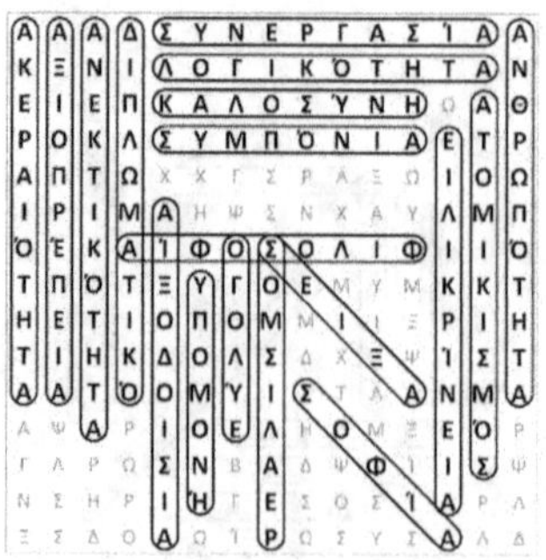

85 - Antiek

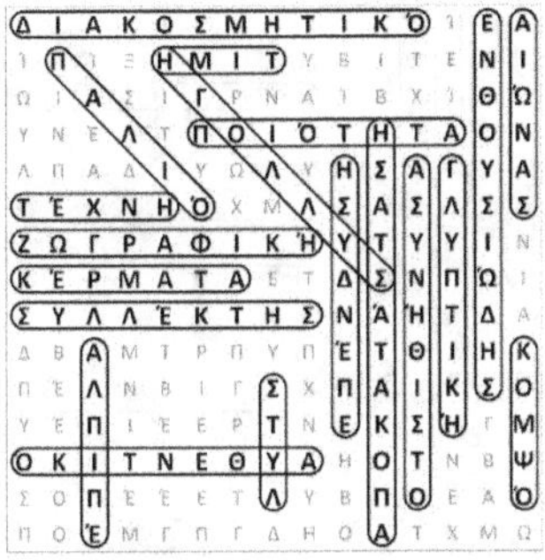

86 - Activiteiten en Vrije Ti

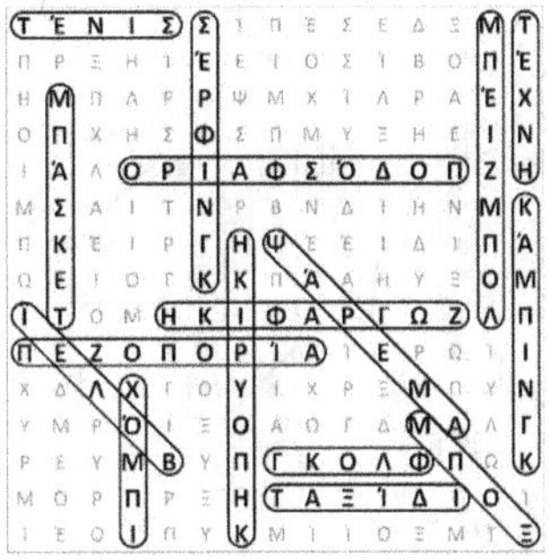

87 - Water

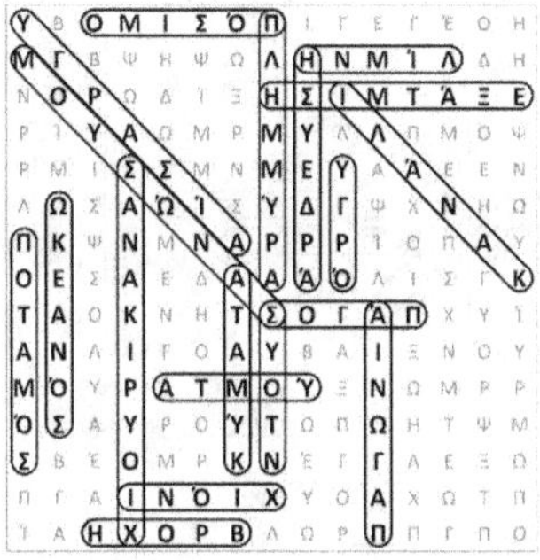

88 - Koffie

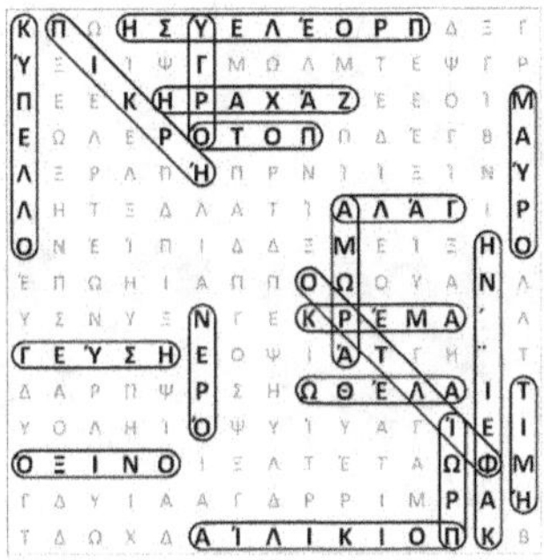

89 - Boerderij #1

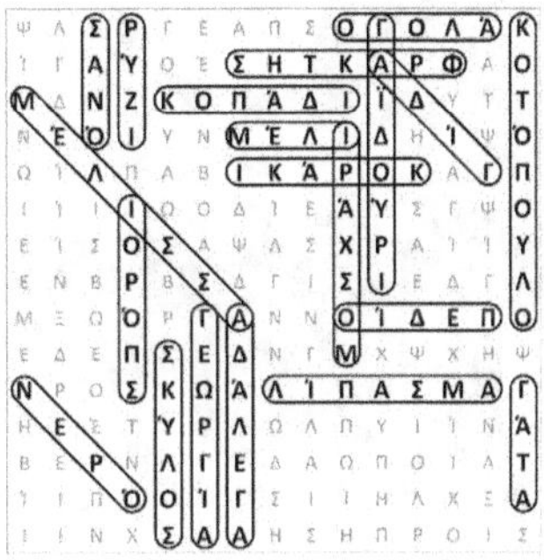

90 - Huis

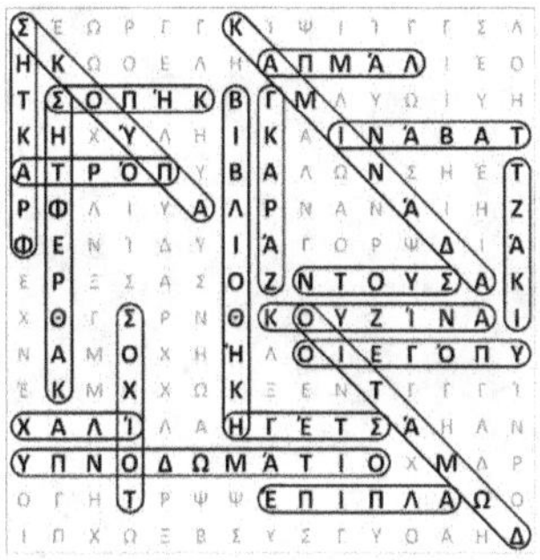

91 - Geometrie

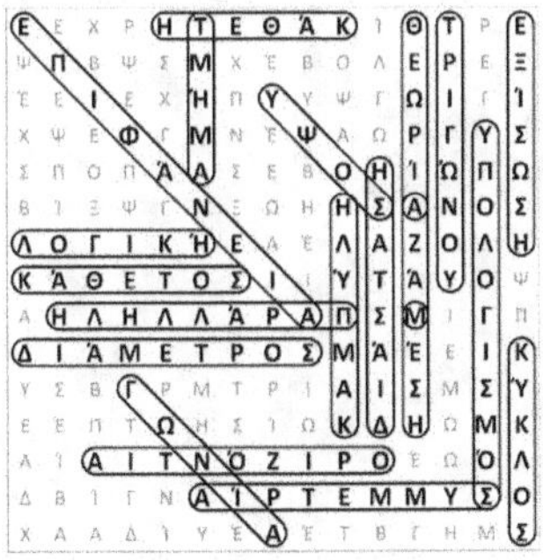

92 - Jazz

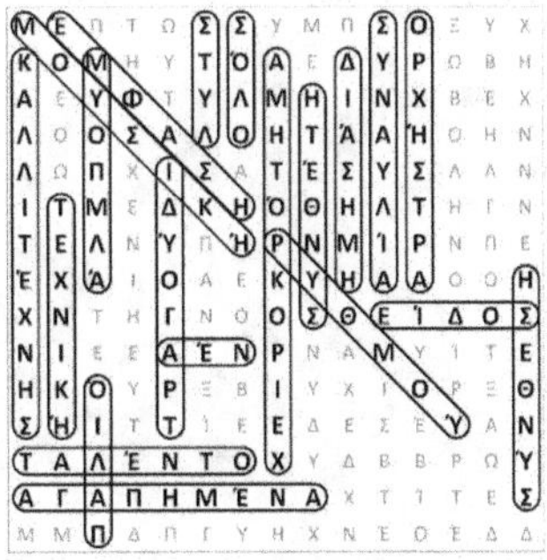

93 - Getallen

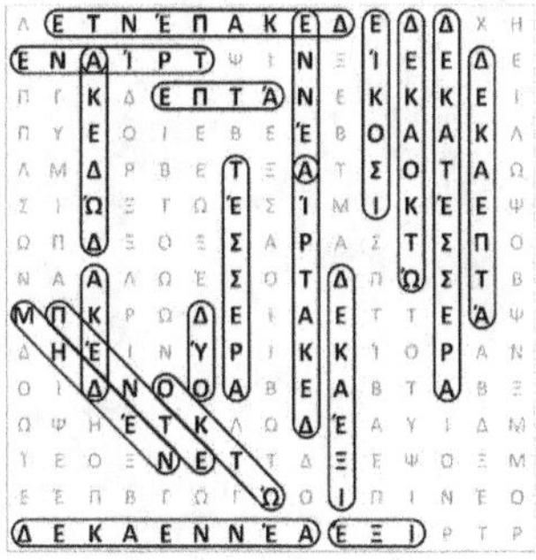

94 - Boksen

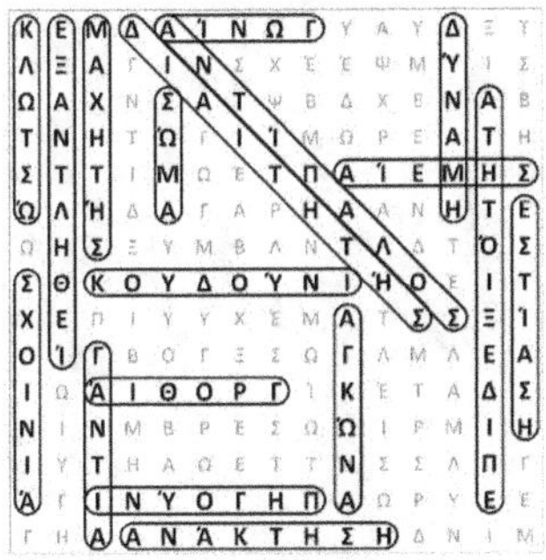

95 - Boerderij #2

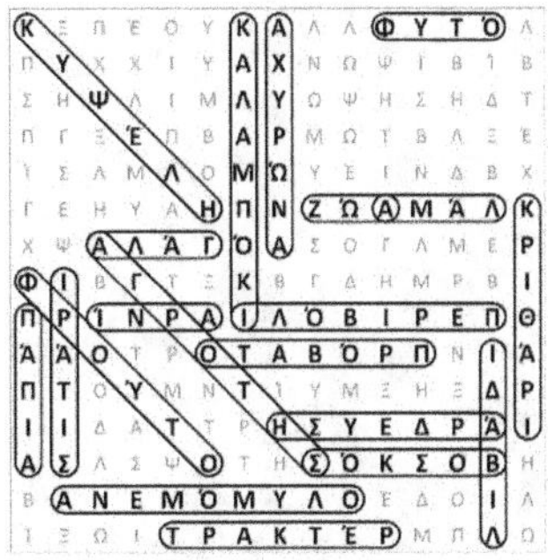

96 - Elektriciteit

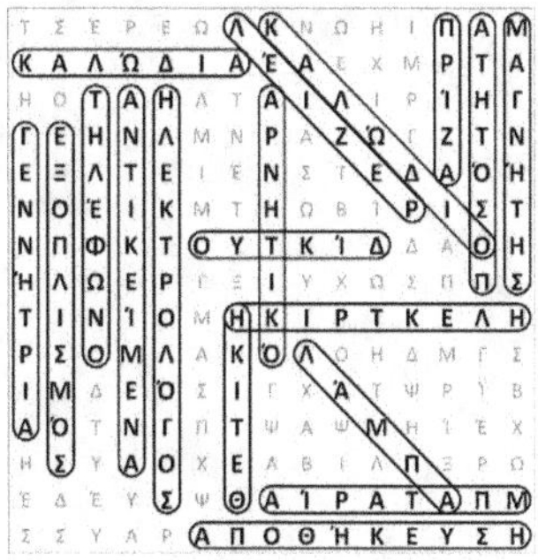

97 - Zakelijk

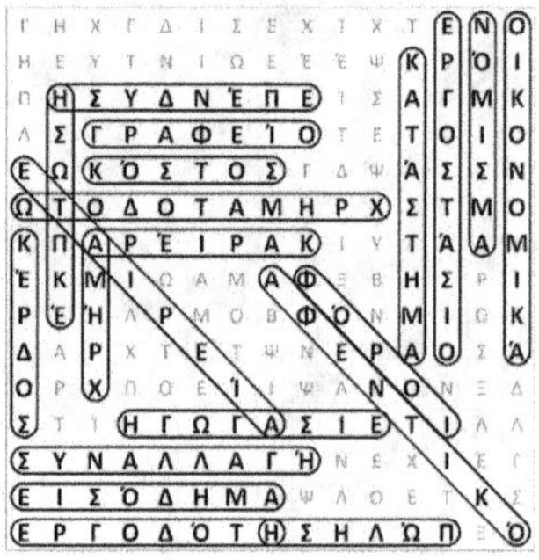

98 - Voeding

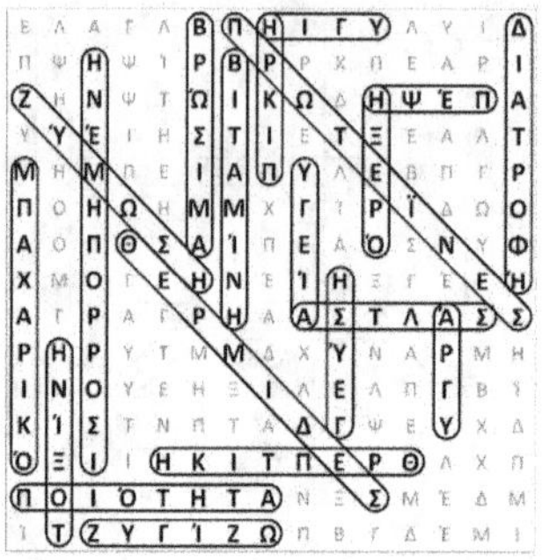

99 - Chemie

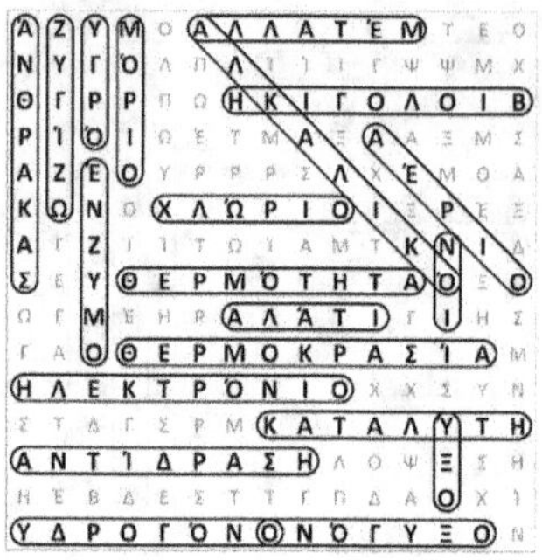

Woordenboek

Activiteiten
Δραστηριότητες

Activiteit	Δραστηριότητα
Ambachten	Βιοτεχνία
Fotografie	Φωτογραφία
Games	Παιχνίδια
Hengelsport	Ψάρεμα
Jacht	Κυνήγι
Kamperen	Κάμπινγκ
Keramiek	Κεραμική
Kunst	Τέχνη
Lezen	Ανάγνωση
Magie	Μαγεία
Naaien	Ράψιμο
Ontspanning	Χαλάρωση
Plezier	Ευχαρίστηση
Puzzels	Παζλ
Schilderij	Ζωγραφική
Tuinieren	Κηπουρική
Vaardigheid	Επιδεξιότητα
Vrije Tijd	Αναψυχή
Wandelen	Πεζοπορία

Activiteiten en Vrije Ti
Δραστηριότητες και Αναψυχή

Basketbal	Μπάσκετ
Boksen	Μποξ
Duiken	Καταδύσεισ
Golf	Γκολφ
Hengelsport	Ψάρεμα
Hobby	Χόμπι
Honkbal	Μπέιζμπολ
Kamperen	Κάμπινγκ
Kunst	Τέχνη
Ontspannen	Χαλαρωτικό
Reis	Ταξίδι
Schilderij	Ζωγραφική
Surfen	Σέρφινγκ
Tennis	Τένισ
Tuinieren	Κηπουρική
Voetbal	Ποδόσφαιρο
Volleybal	Βόλεϊ
Wandelen	Πεζοπορία
Zwemmen	Κολύμβηση

Agronomie
Αγρονομία

Duurzaam	Βιώσιμη
Ecologie	Οικολογία
Energie	Ενέργεια
Erosie	Διάβρωση
Groei	Ανάπτυξη
Groente	Λαχανικά
Identificatie	Αναγνώριση
Landbouw	Γεωργία
Landelijk	Αγροτική
Mest	Λίπασμα
Omgeving	Περιβάλλον
Onderzoek	Έρευνα
Organisch	Βιολογική
Productie	Παραγωγή
Systemen	Σύστημα
Vervuiling	Ρύπανση
Water	Νερό
Wetenschap	Επιστήμη
Zaden	Σπόροι
Ziekten	Ασθένεια

Algebra
Άλγεβρα

Aftrekken	Αφαίρεση
Diagram	Διάγραμμα
Divisie	Διαίρεση
Exponent	Εκθέτη
Factor	Παράγοντασ
Formule	Τύποσ
Fractie	Κλάσμα
Grafiek	Γράφημα
Haakje	Παρένθεση
Hoeveelheid	Ποσότητα
Lineair	Γραμμική
Matrix	Μήτρα
Nul	Μηδέν
Oneindig	Άπειρο
Oplossing	Λύση
Probleem	Πρόβλημα
Som	Άθροισμα
Variabele	Μεταβλητή
Vereenvoudigen	Απλοποιώ
Vergelijking	Εξίσωση

Antarctica
Ανταρκτική

Baai	Κόλπο
Behoud	Διατήρηση
Continent	Ήπειροσ
Eilanden	Νησιά
Expeditie	Εκδρομή
Geografie	Γεωγραφία
Ijs	Πάγοσ
Migratie	Μετανάστευση
Mineralen	Ορυκτά
Omgeving	Περιβάλλον
Onderzoeker	Ερευνητήσ
Pinguïn	Πιγκουίνοι
Rotsachtig	Βραχώδησ
Schiereiland	Χερσόνησο
Soort	Είδοσ
Temperatuur	Θερμοκρασία
Topografie	Τοπογραφία
Water	Νερό
Wetenschappelijk	Επιστημονική
Wolken	Σύννεφα

Antiek
Αντίκες

Authentiek	Αυθεντικό
Beeldhouwwerk	Γλυπτική
Decoratief	Διακοσμητικό
Eeuw	Αιώνασ
Elegant	Κομψό
Galerij	Συλλογή
Investering	Επένδυση
Kunst	Τέχνη
Kwaliteit	Ποιότητα
Liefhebber	Ενθουσιώδησ
Meubilair	Έπιπλα
Munten	Κέρματα
Ongewoon	Ασυνήθιστο
Oud	Παλιό
Prijs	Τιμή
Restauratie	Αποκατάσταση
Schilderijen	Ζωγραφική
Stijl	Στυλ
Veiling	Δημοπρασία
Verzamelaar	Συλλέκτησ

Archeologie
Αρχαιολογία

Analyse	Ανάλυση
Beschaving	Πολιτισμόσ
Bevindingen	Ευρήματα
Botten	Οστά
Evaluatie	Αξιολόγηση
Fossiel	Απολίθωμα
Fragmenten	Θραύσματα
Graf	Μνήμα
Mysterie	Μυστήριο
Nakomeling	Απόγονοσ
Objecten	Αντικείμενα
Onbekend	Άγνωστοσ
Onderzoeker	Ερευνητήσ
Oudheid	Αρχαιότητα
Professor	Καθηγητήσ
Relikwie	Λείψανο
Team	Ομάδα
Tempel	Ναό
Tijdperk	Εποχή
Vergeten	Ξεχασμένο

Astronomie
Αστρονομία

Aarde	Γη
Asteroïde	Αστεροειδήσ
Astronaut	Αστροναύτησ
Astronoom	Αστρονόμοσ
Dierenriem	Ζώδιο
Equinox	Ισημερία
Komeet	Κομήτησ
Maan	Φεγγάρι
Meteoor	Μετέωρο
Nevel	Νεφέλωμα
Observatorium	Παρατηρητήριο
Planeet	Πλανήτησ
Raket	Ρουκέτα
Satelliet	Δορυφορική
Ster	Αστέρι
Sterrenbeeld	Αστερισμό
Straling	Ακτινοβολία
Telescoop	Τηλεσκόπιο
Universum	Σύμπαν
Zwaartekracht	Βαρύτητα

Avontuur
Περιπέτεια

Activiteit	Δραστηριότητα
Bestemming	Προορισμόσ
Enthousiasme	Ενθουσιασμόσ
Excursie	Εκδρομή
Gevaarlijk	Επικίνδυνο
Kans	Ευκαιρία
Moed	Γενναιότητα
Moeilijkheid	Δυσκολία
Natuur	Φύση
Navigatie	Πλοήγηση
Nieuw	Νέα
Ongewoon	Ασυνήθιστο
Reisplan	Δρομολόγιο
Reizen	Ταξίδι
Schoonheid	Ομορφιά
Veiligheid	Ασφάλεια
Voorbereiding	Παρασκευή
Vreugde	Χαρά
Vrienden	Φίλοι

Ballet
Μπαλέτο

Applaus	Χειροκρότημα
Artistiek	Καλλιτεχνική
Ballerina	Μπαλαρίνα
Choreografie	Χορογραφία
Componist	Συνθέτη
Dansers	Χορευτεσ
Expressief	Εκφραστική
Gebaar	Χειρονομία
Intensiteit	Ένταση
Muziek	Μουσική
Orkest	Ορχήστρα
Praktijk	Άσκηση
Publiek	Ακροατήριο
Repetitie	Πρόβα
Ritme	Ρυθμού
Solo	Σόλο
Stijl	Στυλ
Techniek	Τεχνική
Vaardigheid	Επιδεξιότητα

Barbecues
Μπάρμπεκιου

Diner	Δείπνο
Familie	Οικογένεια
Fruit	Φρούτο
Grill	Σχάρα
Groente	Λαχανικά
Heet	Ζεστό
Honger	Πείνα
Kip	Κοτόπουλο
Lunch	Γεύμα
Messen	Μαχαίρια
Muziek	Μουσική
Peper	Πιπέρι
Salades	Σαλάτα
Saus	Σάλτσα
Tomaten	Ντομάτα
Uien	Κρεμμύδια
Uitnodiging	Πρόσκληση
Vorken	Πιρούνια
Zomer	Καλοκαίρι
Zout	Αλάτι

Beeldende Kunsten
Εικαστικές Τέχνες

Architectuur	Αρχιτεκτονική
Artiest	Καλλιτέχνησ
Beeldhouwwerk	Γλυπτική
Ezel	Καβαλέτο
Film	Ταινία
Foto	Φωτογραφία
Houtskool	Κάρβουνο
Keramiek	Κεραμική
Krijt	Κιμωλία
Meesterwerk	Αριστούργημα
Pen	Στυλό
Perspectief	Προοπτική
Portret	Πορτρέτο
Potlood	Μολύβι
Samenstelling	Σύνθεση
Schilderij	Ζωγραφική
Stencil	Πολυγράφο
Vernis	Βερνίκι
Was	Κερί

Beroepen #1
Επαγγέλματα #1

Advocaat	Δικηγόροσ
Ambassadeur	Πρέσβησ
Apotheker	Φαρμακοποιόσ
Astronoom	Αστρονόμοσ
Atleet	Αθλητήσ
Bankier	Τραπεζίτησ
Brandweerman	Πυροσβέστησ
Cartograaf	Χαρτογράφοσ
Danser	Χορευτήσ
Dierenarts	Κτηνίατροσ
Dokter	Διδάκτωρ
Editor	Επεξεργασία
Geoloog	Γεωλόγοσ
Jager	Κυνηγόσ
Loodgieter	Υδραυλικόσ
Muzikant	Μουσικόσ
Pianist	Πιανίστασ
Psycholoog	Ψυχολόγοσ
Verpleegster	Νοσοκόμα
Wetenschapper	Επιστήμονασ

Beroepen #2
Επαγγέλματα #2

Arts	Ιατροσ
Astronaut	Αστροναύτησ
Bioloog	Βιολόγοσ
Boer	Αγροτησ
Chirurg	Χειρουργόσ
Detective	Ντετέκτιβ
Filosoof	Φιλόσοφοσ
Fotograaf	Φωτογράφοσ
Illustrator	Εικονογράφοσ
Ingenieur	Μηχανικόσ
Journalist	Δημοσιογράφοσ
Leraar	Δάσκαλοσ
Linguïst	Γλωσσολόγοσ
Onderzoeker	Ερευνητήσ
Piloot	Πιλοτική
Schilder	Ζωγράφοσ
Tandarts	Οδοντίατροσ
Tuinman	Κηπουρόσ
Uitvinder	Εφευρέτησ
Zoöloog	Ζωολόγοσ

Bijen
Μέλισσες

Bestuiver	Επικονιαστήσ
Bijenkorf	Κυψέλη
Bloemen	Λουλούδια
Bloesem	Άνθοσ
Diversiteit	Ποικιλία
Ecosysteem	Οικοσύστημα
Fruit	Φρούτο
Honing	Μέλι
Insect	Έντομο
Koningin	Βασίλισσα
Planten	Φυτά
Rook	Καπνίζουν
Stuifmeel	Γύρη
Tuin	Κήποσ
Vleugels	Φτερά
Voedsel	Τροφή
Voordelig	Ευεργετική
Was	Κερί
Zon	Ήλιοσ
Zwerm	Σμήνοσ

Bijvoeglijke Naamwoorden
Επίθετα #1

Aantrekkelijk	Ελκυστικό
Absoluut	Απόλυτη
Actief	Ενεργή
Ambitieus	Φιλόδοξο
Aromatisch	Αρωματικό
Artistiek	Καλλιτεχνική
Belangrijk	Σημαντικό
Diep	Βαθιά
Donker	Σκούρο
Dun	Λεπτή
Exotisch	Εξωτικό
Gelukkig	Ευτυχισμένο
Identiek	Ίδια
Lang	Μακρύ
Langzaam	Αργή
Modern	Μοντέρνο
Onschuldig	Αθώοσ
Perfect	Τέλειο
Waardevol	Πολύτιμα
Zwaar	Βαριά

Bijvoeglijke Naamwoorden
Επίθετα #2

Authentiek	Αυθεντικό
Begaafd	Προικισμένοσ
Beschrijvend	Περιγραφικό
Creatief	Δημιουργική
Dramatisch	Δραματική
Gezond	Υγιή
Hongerig	Πεινασμένοσ
Interessant	Ενδιαφέρον
Moe	Κουρασμένοσ
Natuurlijk	Φυσική
Nieuw	Νέα
Normaal	Κανονική
Productief	Παραγωγική
Slaperig	Υπνηλία
Sterk	Ισχυρή
Trots	Υπεροχη
Verantwoordelijk	Υπεύθυνοσ
Wild	Άγριο
Zout	Αλμυρή
Zuiver	Αγνό

Biologie
Βιολογία

Ademhaling	Αναπνοή
Anatomie	Ανατομία
Cel	Κελί
Chromosoom	Χρωμόσωμα
Collageen	Κολλαγόνο
Eiwit	Πρωτεΐνη
Embryo	Έμβρυο
Enzym	Ένζυμο
Evolutie	Εξέλιξη
Fotosynthese	Φωτοσύνθεση
Hormoon	Ορμόνη
Mutatie	Μετάλλαξη
Natuurlijk	Φυσική
Neuron	Νευρώνα
Osmose	Όσμωση
Reptiel	Ερπετό
Symbiose	Συμβίωση
Synaps	Σύναψη
Zenuw	Νεύρο
Zoogdier	Θηλαστικό

Bloemen
Λουλούδια

Bloemblad	Πέταλο
Boeket	Μπουκέτο
Gardenia	Γαρδένια
Hibiscus	Ιβίσκοσ
Jasmijn	Γιασεμί
Klaver	Τριφύλλι
Lavendel	Λεβάντα
Lelie	Κρίνοσ
Lila	Πασχαλιά
Madeliefje	Μαργαρίτα
Magnolia	Μανόλια
Orchidee	Ορχιδέα
Paardebloem	Πικραλίδα
Papaver	Παπαρούνα
Passiebloem	Πασσιφλόρα
Pioenroos	Παιωνία
Roos	Τριαντάφυλλο
Tulp	Τουλίπα
Zonnebloem	Ηλιοτρόπιο

Boeken
Βιβλία

Auteur	Συγγραφέασ
Avontuur	Περιπέτεια
Bladzijde	Σελίδα
Collectie	Συλλογή
Context	Πλαίσιο
Dualiteit	Δυαδικότητα
Episch	Επική
Gedicht	Ποίημα
Geschreven	Γραπτή
Historisch	Ιστορικό
Humoristisch	Χιουμοριστικό
Inventief	Εφευρετική
Lezer	Αναγνώστησ
Literair	Λογοτεχνική
Poëzie	Ποίηση
Relevant	Σχετική
Roman	Μυθιστόρημα
Tragisch	Τραγική
Verhaal	Ιστορία
Verteller	Αφηγητήσ

Boerderij #1
Αγρόκτημα #1

Bij	Μέλισσα
Ezel	Γαϊδούρι
Geit	Γίδα
Hek	Φρακτησ
Hond	Σκύλοσ
Honing	Μέλι
Hooi	Σανό
Kalf	Μοσχάρι
Kat	Γάτα
Kip	Κοτόπουλο
Koe	Αγελάδα
Kraai	Κοράκι
Kudde	Κοπάδι
Landbouw	Γεωργία
Mest	Λίπασμα
Paard	Άλογο
Rijst	Ρύζι
Veld	Πεδίο
Water	Νερό
Zaden	Σπόροι

Boerderij #2
Αγρόκτημα #2

Bijenkorf	Κυψέλη
Boer	Αγροτησ
Boomgaard	Περιβόλι
Dieren	Ζώα
Eend	Πάπια
Fruit	Φρούτο
Gerst	Κριθάρι
Groente	Φυτό
Herder	Βοσκόσ
Irrigatie	Άρδευση
Lam	Αρνί
Lama	Λάμα
Maïs	Καλαμπόκι
Melk	Γάλα
Schaap	Πρόβατο
Schuur	Αχυρώνα
Tarwe	Σιτάρι
Tractor	Τρακτέρ
Weide	Λιβάδι
Windmolen	Ανεμόμυλο

Boksen
Πυγμαχία

Elleboog	Αγκώνα
Focus	Εστίαση
Handschoenen	Γάντια
Herstel	Ανάκτηση
Hoek	Γωνία
Kin	Πηγούνι
Klok	Κουδούνι
Kracht	Δύναμη
Lichaam	Σώμα
Punten	Σημεία
Scheidsrechter	Διαιτητήσ
Schoppen	Κλωτσώ
Tegenstander	Αντίπαλοσ
Touwen	Σχοινιά
Uitgeput	Εξαντληθεί
Vaardigheid	Επιδεξιότητα
Vechter	Μαχητήσ
Vuist	Γροθιά

Boten
Σκάφη

Anker	Άγκυρα
Bemanning	Πλήρωμα
Boei	Σημαδούρα
Dok	Αποβάθρα
Golven	Κύματα
Jacht	Γιοτ
Kajak	Καγιάκ
Kano	Κανό
Mast	Κατάρτι
Meer	Λίμνη
Motor	Μηχανή
Nautisch	Ναυτικό
Oceaan	Ωκεανόσ
Reddingsboot	Σωσίβια
Rivier	Ποταμόσ
Touw	Σχοινί
Veerboot	Πορθμείο
Vlot	Σχεδία
Zee	Θάλασσα
Zeilboot	Ιστιοφόρο

Camping
Κατασκήνωση

Avontuur	Περιπέτεια
Berg	Βουνό
Bomen	Δέντρα
Bos	Δασοσ
Brand	Φωτιά
Cabine	Καμπίνα
Dieren	Ζώα
Hangmat	Αιώρα
Hoed	Καπέλο
Insect	Έντομο
Jacht	Κυνήγι
Kaart	Χάρτη
Kano	Κανό
Kompas	Πυξίδα
Lantaarn	Φανάρι
Maan	Φεγγάρι
Meer	Λίμνη
Natuur	Φύση
Tent	Σκηνή
Touw	Σχοινί

Chemie
Χημεία

Alkalisch	Αλκαλικό
Chloor	Χλώριο
Elektron	Ηλεκτρόνιο
Enzym	Ένζυμο
Gas	Αέριο
Gewicht	Ζυγίζω
Ion	Ιόν
Katalysator	Καταλύτη
Koolstof	Άνθρακασ
Metalen	Μέταλλα
Molecuul	Μόριο
Organisch	Βιολογική
Reactie	Αντίδραση
Temperatuur	Θερμοκρασία
Vloeistof	Υγρό
Warmte	Θερμότητα
Waterstof	Υδρογόνο
Zout	Αλάτι
Zuur	Οξύ
Zuurstof	Οξυγόνο

Chocolade
Σοκολάτα

Aroma	Άρωμα
Artisanaal	Βιοτεχνική
Bitter	Πικρή
Cacao	Κακάο
Calorieën	Θερμιδεσ
Exotisch	Εξωτικό
Favoriet	Αγαπημένοσ
Heerlijk	Νόστιμο
Ingrediënt	Συστατικό
Karamel	Καραμέλα
Kokosnoot	Καρύδα
Kwaliteit	Ποιότητα
Pinda'S	Φιστίκια
Poeder	Σκόνη
Recept	Συνταγή
Smaak	Γεύση
Suiker	Ζάχαρη
Zoet	Γλυκό

Creativiteit
Δημιουργικότητα

Artistiek	Καλλιτεχνική
Beeld	Εικόνα
Dramatisch	Δραματική
Echtheid	Αυθεντικότητα
Emoties	Συναισθήματα
Gevoel	Αίσθηση
Helderheid	Σαφήνεια
Ideeën	Ιδέα
Indruk	Εντύπωση
Inspiratie	Έμπνευση
Intensiteit	Ένταση
Intuïtie	Διαίσθηση
Inventief	Εφευρετική
Spontaan	Αυθόρμητη
Uitdrukking	Έκφραση
Vaardigheid	Επιδεξιότητα
Verbeelding	Φαντασία
Visioenen	Οράματα
Vitaliteit	Ζωτικότητα
Vloeibaarheid	Ρευστότητα

Dagen en Maanden
Ημέρες και Μήνες

Augustus	Αυγούστου
Dinsdag	Τρίτη
Donderdag	Πέμπτη
Februari	Φεβρουαρίου
Jaar	Ετοσ
Januari	Ιανουαρίου
Juli	Ιουλίου
Juni	Ιουνίου
Kalender	Ημερολόγιο
Maand	Μήνασ
Maandag	Δευτέρα
Maart	Πορεία
November	Νοεμβρίου
Oktober	Οκτωβρίου
September	Σεπτεμβρίου
Vrijdag	Παρασκευή
Week	Εβδομάδα
Woensdag	Τετάρτη
Zaterdag	Σάββατο
Zondag	Κυριακή

Dans
Χορός

Academie	Ακαδημία
Beweging	Κίνηση
Blij	Χαρούμενο
Choreografie	Χορογραφία
Cultureel	Πολιτιστική
Cultuur	Πολιτισμόσ
Emotie	Συγκίνηση
Expressief	Εκφραστική
Genade	Χάρη
Houding	Στάση
Klassiek	Κλασική
Kunst	Τέχνη
Lichaam	Σώμα
Muziek	Μουσική
Partner	Παρτενέρ
Repetitie	Πρόβα
Ritme	Ρυθμού
Traditioneel	Παραδοσιακή
Visueel	Οπτική

Diplomatie
Διπλωματία

Adviseur	Σύμβουλοσ
Ambassade	Πρεσβεία
Ambassadeur	Πρέσβησ
Buitenlands	Ξένο
Conflict	Σύγκρουση
Diplomatiek	Διπλωματικό
Discussie	Συζήτηση
Ethiek	Ηθική
Gemeenschap	Κοινότητα
Gerechtigheid	Δικαιοσύνη
Humanitair	Ανθρωπιστική
Integriteit	Ακεραιότητα
Oplossing	Λύση
Politiek	Πολιτική
Regering	Κυβέρνηση
Resolutie	Ανάλυση
Samenwerking	Συνεργασία
Talen	Γλώσσα
Veiligheid	Ασφάλεια
Verdrag	Συνθήκη

Elektriciteit
Ηλεκτρική Ενέργεια

Accu	Μπαταρία
Apparatuur	Εξοπλισμόσ
Draden	Καλώδια
Elektricien	Ηλεκτρολόγοσ
Elektrisch	Ηλεκτρική
Generator	Γεννήτρια
Hoeveelheid	Ποσότητα
Kabel	Καλώδιο
Lamp	Λάμπα
Laser	Λέιζερ
Magneet	Μαγνήτησ
Negatief	Αρνητικό
Netwerk	Δίκτυο
Objecten	Αντικείμενα
Opslag	Αποθήκευση
Positief	Θετική
Stopcontact	Πρίζα
Telefoon	Τηλέφωνο
Televisie	Τηλεόραση

Emoties
Συναισθήματα

Angst	Φόβοσ
Dankbaar	Ευγνώμων
Droefheid	Θλίψη
Gelukzaligheid	Ευδαιμονία
Inhoud	Περιεχόμενο
Liefde	Αγάπη
Ontspannen	Χαλαρή
Opluchting	Ανακούφιση
Rust	Ηρεμία
Sympathie	Συμπόνια
Tederheid	Τρυφερότητα
Tevreden	Ικανοποίησα
Verrassing	Έκπληξη
Verveling	Πλήξη
Vrede	Ειρήνη
Vreugde	Χαρά
Vriendelijkheid	Καλοσύνη
Woede	Θυμόσ

Energie
Ενέργεια

Accu	Μπαταρία
Benzine	Βενζίνη
Brandstof	Καύσιμο
Diesel	Ντίζελ
Elektrisch	Ηλεκτρική
Elektron	Ηλεκτρόνιο
Entropie	Εντροπία
Foton	Φωτόνιο
Hernieuwbaar	Ανανεώσιμη
Industrie	Βιομηχανία
Koolstof	Άνθρακασ
Motor	Μηχανή
Nucleair	Πυρηνική
Omgeving	Περιβάλλον
Stoom	Ατμού
Turbine	Στροβίλων
Vervuiling	Ρύπανση
Warmte	Θερμότητα
Waterstof	Υδρογόνο
Wind	Άνεμοσ

Engineering
Μηχανική

As	Άξονασ
Berekening	Υπολογισμόσ
Beweging	Κίνηση
Bouw	Κατασκευή
Diagram	Διάγραμμα
Diameter	Διάμετροσ
Diepte	Βάθοσ
Diesel	Ντίζελ
Distributie	Διανομή
Energie	Ενέργεια
Hoek	Γωνία
Kracht	Δύναμη
Machine	Μηχανή
Meting	Μέτρηση
Rotatie	Περιστροφή
Stabiliteit	Σταθερότητα
Structuur	Δομή
Vloeistof	Υγρό
Voortstuwing	Ώθηση
Wrijving	Τριβή

Eten #1
Τρόφιμα #1

Aardbei	Φράουλα
Abrikoos	Βερίκοκο
Basilicum	Βασιλικού
Citroen	Λεμόνι
Gerst	Κριθάρι
Kaneel	Κανέλα
Knoflook	Σκόρδο
Melk	Γάλα
Peer	Αχλάδι
Pinda	Φιστίκι
Salade	Σαλάτα
Sap	Χυμόσ
Soep	Σούπα
Spinazie	Σπανάκι
Suiker	Ζάχαρη
Tonijn	Τόνοσ
Ui	Κρεμμύδι
Vlees	Κρέασ
Wortel	Καρότο
Zout	Αλάτι

Eten #2

Τρόφιμα #2

Amandel	Αμύγδαλο
Ananas	Ανανά
Appel	Μήλο
Asperge	Σπαράγγι
Aubergine	Μελιτζάνα
Banaan	Μπανάνα
Broccoli	Μπρόκολο
Brood	Ψωμί
Druif	Σταφύλι
Ei	Αυγό
Ham	Ζαμπόν
Kaas	Τυρί
Kip	Κοτόπουλο
Kiwi	Ακτινίδιο
Perzik	Ροδάκινο
Rijst	Ρύζι
Tarwe	Σιτάρι
Tomaat	Ντομάτα
Vis	Ψάρι
Yoghurt	Γιαούρτι

Ethiek

Ηθική

Altruïsme	Αλτρουισμόσ
Diplomatiek	Διπλωματικό
Eerlijkheid	Ειλικρίνεια
Filosofie	Φιλοσοφία
Geduld	Υπομονή
Individualisme	Ατομικισμόσ
Integriteit	Ακεραιότητα
Mededogen	Συμπόνια
Mensheid	Ανθρωπότητα
Optimisme	Αισιοδοξία
Rationaliteit	Λογικότητα
Realisme	Ρεαλισμοσ
Redelijk	Εύλογο
Samenwerking	Συνεργασία
Tolerantie	Ανεκτικότητα
Vriendelijkheid	Καλοσύνη
Waarden	Αξιεσ
Waardigheid	Αξιοπρέπεια
Wijsheid	Σοφία

Familie

Οικογένεια

Broer	Αδελφοσ
Dochter	Κόρη
Grootmoeder	Γιαγιά
Kind	Παιδί
Kleinkind	Εγγόνι
Kleinzoon	Εγγονόσ
Man	Σύζυγοσ
Moeder	Μητέρα
Neef	Ανιψιόσ
Nicht	Ανιψιά
Oom	Θείοσ
Opa	Παππούσ
Tante	Θεία
Tweeling	Δίδυμα
Vader	Πατέρασ
Vaderlijk	Πατρική
Voorouder	Πρόγονοσ
Vrouw	Γυναίκα
Zus	Αδελφή

Fruit

Φρούτα

Abrikoos	Βερίκοκο
Ananas	Ανανά
Appel	Μήλο
Avocado	Αβοκάντο
Banaan	Μπανάνα
Bes	Μούρο
Citroen	Λεμόνι
Druif	Σταφύλι
Framboos	Βατόμουρο
Kers	Κεράσι
Kiwi	Ακτινίδιο
Kokosnoot	Καρύδα
Mango	Μάνγκο
Meloen	Πεπόνι
Nectarine	Νεκταρίνι
Oranje	Πορτοκάλι
Papaja	Παπάγια
Peer	Αχλάδι
Perzik	Ροδάκινο
Pruim	Δαμάσκηνο

Gebouwen

Κτίρια

Ambassade	Πρεσβεία
Appartement	Διαμέρισμα
Boerderij	Αγρόκτημα
Cabine	Καμπίνα
Fabriek	Εργοστάσιο
Garage	Γκαράζ
Hotel	Ξενοδοχείο
Kasteel	Κάστρο
Laboratorium	Εργαστήριο
Museum	Μουσείο
Observatorium	Παρατηρητήριο
School	Σχολείο
Schuur	Αχυρώνα
Stadion	Στάδιο
Supermarkt	Μάρκετ
Tent	Σκηνή
Theater	Θέατρο
Toren	Πύργοσ
Universiteit	Πανεπιστήμιο
Ziekenhuis	Νοσοκομείο

Geografie

Γεωγραφία

Atlas	Άτλαντα
Berg	Βουνό
Continent	Ήπειροσ
Eiland	Νησί
Evenaar	Ισημερινόσ
Halfrond	Ημισφαίριο
Hoogte	Υψόμετρο
Kaart	Χάρτη
Land	Χώρα
Lengtegraad	Γεωγραφικό
Meridiaan	Μεσημβρινό
Noorden	Βορρά
Oceaan	Ωκεανόσ
Regio	Περιοχή
Rivier	Ποταμόσ
Stad	Πόλη
Wereld	Κόσμο
Westen	Δύση
Zee	Θάλασσα
Zuiden	Νότια

Geologie
Γεωλογία

Aardbeving	Σεισμόσ
Calcium	Ασβέστιο
Continent	Ήπειροσ
Erosie	Διάβρωση
Fossiel	Απολίθωμα
Gesmolten	Λιωμένο
Grot	Σπήλαιο
Koraal	Κοράλλι
Kristallen	Κρύσταλλα
Kwarts	Χαλαζία
Laag	Στρώμα
Lava	Λάβα
Mineralen	Ορυκτά
Plateau	Οροπέδιο
Stalactiet	Σταλακτίτησ
Steen	Πέτρα
Vulkaan	Ηφαίστειο
Zone	Ζώνη
Zout	Αλάτι
Zuur	Οξύ

Geometrie
Γεωμετρία

Berekening	Υπολογισμόσ
Cirkel	Κύκλοσ
Curve	Καμπύλη
Diameter	Διάμετροσ
Dimensie	Διάσταση
Driehoek	Τριγώνου
Hoek	Γωνία
Hoogte	Υψοσ
Horizontaal	Οριζόντια
Logica	Λογική
Loodrecht	Κάθετοσ
Massa	Μάζα
Mediaan	Μέση
Oppervlak	Επιφάνεια
Parallel	Παράλληλη
Segment	Τμήμα
Symmetrie	Συμμετρία
Theorie	Θεωρία
Vergelijking	Εξίσωση
Verticaal	Κάθετη

Getallen
Αριθμοί

Acht	Οκτώ
Achttien	Δεκαοκτώ
Dertien	Δεκατρία
Drie	Τρία
Een	Ένα
Negen	Εννέα
Negentien	Δεκαεννέα
Nul	Μηδέν
Tien	Δέκα
Twaalf	Δώδεκα
Twee	Δύο
Twintig	Είκοσι
Veertien	Δεκατέσσερα
Vier	Τέσσερα
Vijf	Πέντε
Vijftien	Δεκαπέντε
Zes	Έξι
Zestien	Δεκαέξι
Zeven	Επτά
Zeventien	Δεκαεπτά

Gezondheid en Welzijn #1
Υγεία και Ευεξία #1

Actief	Ενεργή
Apotheek	Φαρμακείο
Bacteriën	Βακτήρια
Botten	Οστά
Breuk	Κάταγμα
Dokter	Διδάκτωρ
Gewoonte	Συνήθεια
Honger	Πείνα
Hoogte	Υψοσ
Hormonen	Ορμόνη
Houding	Στάση
Huid	Δέρμα
Kliniek	Κλινική
Letsel	Τραυματισμό
Medicijn	Ιατρική
Ontspanning	Χαλάρωση
Supplementen	Συμπληρώματα
Therapie	Θεραπεία
Virus	Ιόσ
Zenuwen	Νεύρα

Gezondheid en Welzijn #2
Υγεία και Ευεξία #2

Allergie	Αλλεργία
Anatomie	Ανατομία
Bloed	Αίμα
Calorie	Θερμίδα
Dieet	Διατροφή
Energie	Ενέργεια
Genetica	Γενετική
Gewicht	Ζυγίζω
Gezond	Υγιή
Herstel	Ανάκτηση
Hygiëne	Υγιεινή
Infectie	Μόλυνση
Kracht	Δύναμη
Lichaam	Σώμα
Massage	Μασάζ
Spijsvertering	Πέψη
Stress	Πίεση
Vitamine	Βιταμίνη
Ziekenhuis	Νοσοκομείο
Ziekte	Αρρώστια

Groenten
Λαχανικά

Artisjok	Αγκινάρα
Aubergine	Μελιτζάνα
Broccoli	Μπρόκολο
Erwt	Μπιζέλι
Gember	Τζίντζερ
Knoflook	Σκόρδο
Komkommer	Αγγούρι
Olijf	Ελιά
Paddestoel	Μανιτάρι
Peterselie	Μαϊντανόσ
Pompoen	Κολοκύθα
Raap	Γογγύλι
Radijs	Ραπανάκι
Salade	Σαλάτα
Selderij	Σέλινο
Sjalot	Εσκαλωνίδα
Spinazie	Σπανάκι
Tomaat	Ντομάτα
Ui	Κρεμμύδι
Wortel	Καρότο

Haartypes
Τύποι Μαλλιών

Blond	Ξανθά
Bruin	Καφέ
Dik	Παχύ
Droog	Ξηρό
Dun	Λεπτή
Gevlochten	Πλεγμένο
Gezond	Υγιή
Glad	Ομαλή
Glimmend	Λαμπερά
Grijs	Γκρι
Kaal	Φαλακρόσ
Kort	Κοντό
Krullen	Μπούκλεσ
Krullend	Σγουρά
Lang	Μακρύ
Vlechten	Πλεξούδεσ
Wit	Λευκό
Zacht	Μαλακό
Zilver	Ασημένιο
Zwart	Μαύρο

Herbalisme
Βοτανολογία

Aromatisch	Αρωματικό
Basilicum	Βασιλικού
Bloem	Λουλούδι
Culinair	Μαγειρική
Dille	Άνηθο
Dragon	Εστραγκόν
Groen	Πράσινο
Ingrediënt	Συστατικό
Knoflook	Σκόρδο
Kwaliteit	Ποιότητα
Lavendel	Λεβάντα
Marjolein	Μαντζουράνα
Oregano	Ρίγανη
Peterselie	Μαϊντανόσ
Rozemarijn	Δενδρολίβανο
Saffraan	Κροκοσ
Smaak	Γεύση
Tijm	Θυμάρι
Tuin	Κήποσ
Venkel	Μάραθο

Huis
Σπίτι

Bezem	Σκούπα
Bibliotheek	Βιβλιοθήκη
Dak	Στέγη
Deur	Πόρτα
Douche	Ντουσ
Garage	Γκαράζ
Haard	Τζάκι
Hek	Φρακτησ
Kamer	Δωμάτιο
Kelder	Υπόγειο
Keuken	Κουζίνα
Lamp	Λάμπα
Meubilair	Έπιπλα
Muur	Τοίχοσ
Plafond	Ταβάνι
Schoorsteen	Καμινάδα
Slaapkamer	Υπνοδωμάτιο
Spiegel	Καθρεφτησ
Tapijt	Χαλί
Tuin	Κήποσ

Installaties
Φυτά

Bamboe	Μπαμπού
Bes	Μούρο
Blad	Φύλλο
Bloem	Λουλούδι
Bloesem	Άνθοσ
Boom	Δέντρο
Boon	Φασόλι
Bos	Δασοσ
Cactus	Κάκτοσ
Flora	Χλωρίδα
Gebladerte	Φύλλωμα
Gras	Γρασίδι
Klimop	Κισσόσ
Kruid	Βότανο
Mest	Λίπασμα
Mos	Βρύα
Plantkunde	Βοτανική
Tuin	Κήποσ
Vegetatie	Βλάστηση
Wortel	Ρίζα

Jazz
Τζαζ

Album	Άλμπουμ
Applaus	Χειροκρότημα
Artiest	Καλλιτέχνησ
Beroemd	Διάσημη
Componist	Συνθέτη
Concert	Συναυλία
Favorieten	Αγαπημένα
Genre	Είδοσ
Lied	Τραγούδι
Muziek	Μουσική
Nadruk	Έμφαση
Nieuw	Νέα
Orkest	Ορχήστρα
Oud	Παλιό
Ritme	Ρυθμού
Samenstelling	Σύνθεση
Solo	Σόλο
Stijl	Στυλ
Talent	Ταλέντο
Techniek	Τεχνική

Kleding
Ρούχα

Armband	Βραχιόλι
Blouse	Μπλούζα
Broek	Παντελόνι
Handschoenen	Γάντια
Hoed	Καπέλο
Jas	Παλτό
Jasje	Σακάκι
Jurk	Φόρεμα
Ketting	Κολιέ
Mode	Μόδα
Pyjama	Πιτζάμα
Riem	Ζώνη
Rok	Φούστα
Sandalen	Σανδάλια
Schoen	Παπούτσι
Schort	Ποδιά
Shirt	Πουκάμισο
Sjaal	Κασκόλ
Sokken	Κάλτσα
Trui	Πουλόβερ

Koffie
Καφές

Aroma	Άρωμα
Beker	Κύπελλο
Bitter	Πικρή
Cafeïne	Καφεΐνη
Drank	Ποτό
Filter	Φίλτρο
Malen	Αλέθω
Melk	Γάλα
Ochtend	Πρωί
Oorsprong	Προέλευση
Prijs	Τιμή
Room	Κρέμα
Smaak	Γεύση
Suiker	Ζάχαρη
Variëteit	Ποικιλία
Vloeistof	Υγρό
Water	Νερό
Zuur	Όξινο
Zwart	Μαύρο

Kracht en Zwaartekracht
Δύναμη και Βαρύτητα

Afstand	Απόσταση
As	Άξονασ
Baan	Τροχιά
Beweging	Κίνηση
Centrum	Κέντρο
Druk	Πίεση
Dynamisch	Δυναμική
Eigendommen	Ιδιότητα
Gewicht	Ζυγίζω
Magnetisme	Μαγνητισμόσ
Mechanica	Μηχανική
Natuurkunde	Φυσική
Ontdekking	Ανακάλυψη
Snelheid	Ταχύτητα
Tijd	Ώρα
Uitbreiding	Επέκταση
Universeel	Καθολική
Wrijving	Τριβή

Landen #1
Χώρες #1

België	Βέλγιο
Brazilië	Βραζιλία
Cambodja	Καμπότζη
Canada	Καναδά
Chili	Χιλή
Duitsland	Γερμανία
Egypte	Αίγυπτοσ
Irak	Ιράκ
Israël	Ισραήλ
Italië	Ιταλία
Letland	Λετονία
Libië	Λιβύη
Marokko	Μαρόκο
Nicaragua	Νικαράγουα
Noorwegen	Νορβηγία
Panama	Παναμά
Polen	Πολωνία
Roemenië	Ρουμανία
Senegal	Σενεγάλη
Spanje	Ισπανία

Landen #2
Χώρες #2

Denemarken	Δανία
Ethiopië	Αιθιοπία
Frankrijk	Γαλλία
Griekenland	Ελλάδα
Ierland	Ιρλανδία
Indonesië	Ινδονησία
Japan	Ιαπωνία
Kenia	Κένυα
Laos	Λάοσ
Libanon	Λίβανοσ
Liberia	Λιβερία
Maleisië	Μαλαισία
Mexico	Μεξικό
Nepal	Νεπάλ
Nigeria	Νιγηρία
Oeganda	Ουγκάντα
Oekraïne	Ουκρανία
Rusland	Ρωσία
Somalië	Σομαλία
Syrië	Συρία

Landschappen
Τοπία

Berg	Βουνό
Eiland	Νησί
Gletsjer	Παγετώνασ
Golf	Κόλποσ
Grot	Σπήλαιο
Heuvel	Λόφο
Ijsberg	Παγόβουνο
Meer	Λίμνη
Moeras	Βάλτοσ
Oase	Όαση
Oceaan	Ωκεανόσ
Rivier	Ποταμόσ
Schiereiland	Χερσόνησο
Strand	Παραλία
Toendra	Τούνδρα
Vallei	Κοιλάδα
Vulkaan	Ηφαίστειο
Waterval	Καταρράκτη
Woestijn	Ερήμου
Zee	Θάλασσα

Literatuur
Λογοτεχνία

Analogie	Αναλογία
Analyse	Ανάλυση
Anekdote	Ανέκδοτο
Auteur	Συγγραφέασ
Biografie	Βιογραφία
Conclusie	Συμπέρασμα
Dialoog	Διάλογοσ
Fictie	Φαντασία
Gedicht	Ποίημα
Mening	Γνώμη
Metafoor	Μεταφορά
Omschrijving	Περιγραφή
Poëtisch	Ποιητική
Ritme	Ρυθμού
Roman	Μυθιστόρημα
Stijl	Στυλ
Thema	Θέμα
Tragedie	Τραγωδία
Vergelijking	Σύγκριση
Verteller	Αφηγητήσ

Meditatie
Διαλογισμός

Aandacht	Προσοχή
Aanvaarding	Αποδοχή
Ademhaling	Αναπνοή
Beweging	Κίνηση
Dankbaarheid	Ευγνωμοσύνη
Emoties	Συναισθήματα
Gedachten	Σκέψη
Geluk	Ευτυχία
Helderheid	Σαφήνεια
Houding	Στάση
Mededogen	Συμπόνια
Mentaal	Ψυχική
Muziek	Μουσική
Natuur	Φύση
Observatie	Παρατήρηση
Perspectief	Προοπτική
Stilte	Σιωπή
Vrede	Ειρήνη
Vriendelijkheid	Καλοσύνη
Wakker	Ξύπνησε

Meer Informatie
Επιστημονική Φαντασία

Atoom	Ατομικό
Boeken	Βιβλια
Brand	Φωτιά
Chemicaliën	Χημική
Denkbeeldig	Φανταστικό
Dystopie	Δυστοπία
Explosie	Έκρηξη
Extreem	Άκρο
Futuristisch	Φουτουριστικό
Illusie	Ψευδαίσθηση
Mysterieus	Μυστηριώδησ
Orakel	Μαντείο
Planeet	Πλανήτησ
Realistisch	Ρεαλιστική
Robots	Ρομπότ
Scenario	Σενάριο
Sterrenstelsel	Γαλαξίασ
Technologie	Τεχνολογία
Utopie	Ουτοπία
Wereld	Κόσμο

Menselijk Lichaam
Ανθρώπινο Σώμα

Been	Πόδι
Bloed	Αίμα
Elleboog	Αγκώνα
Enkel	Αστράγαλοσ
Hand	Χέρι
Hart	Καρδιά
Hersenen	Μυαλό
Hoofd	Κεφάλι
Huid	Δέρμα
Kaak	Σαγόνι
Kin	Πηγούνι
Knie	Γόνατο
Maag	Στομάχι
Mond	Στόμα
Nek	Λαιμόσ
Neus	Μύτη
Oor	Αυτί
Schouder	Ώμοσ
Tong	Γλώσσα
Vinger	Δάχτυλο

Metingen
Μετρήσεις

Breedte	Πλάτοσ
Byte	Ψηφιολεξη
Centimeter	Εκατοστό
Decimaal	Δεκαδικό
Diepte	Βάθοσ
Gewicht	Ζυγίζω
Graad	Βαθμόσ
Gram	Γραμμάριο
Hoogte	Υψοσ
Inch	Ίντσα
Kilogram	Χιλιόγραμμο
Kilometer	Χιλιόμετρο
Lengte	Μήκοσ
Liter	Λίτρο
Massa	Μάζα
Meter	Μέτρο
Minuut	Λεπτό
Ons	Ουγγιά
Ton	Τόνοσ
Volume	Ένταση

Mode
Μόδα

Bescheiden	Μέτριο
Betaalbaar	Προσιτή
Borduurwerk	Κέντημα
Comfortabel	Άνετο
Duur	Ακριβά
Eenvoudig	Απλόσ
Elegant	Κομψό
Kant	Δαντέλα
Knop	Κουμπιά
Minimalistisch	Μινιμαλιστικό
Modern	Μοντέρνο
Origineel	Αρχική
Patroon	Μοτίβο
Praktisch	Πρακτική
Stijl	Στυλ
Stof	Ύφασμα
Textuur	Υφή
Trend	Τάση
Winkel	Μπουτίκ

Muziek
Μουσική

Album	Άλμπουμ
Ballade	Μπαλάντα
Harmonie	Αρμονία
Improviseren	Αυτοσχεδιάσει
Instrument	Όργανο
Klassiek	Κλασική
Koor	Χορωδία
Lyrisch	Λυρική
Melodie	Μελωδία
Microfoon	Μικρόφωνο
Muzikaal	Μουσική
Muzikant	Μουσικόσ
Opera	Όπερα
Opname	Εγγραφή
Poëtisch	Ποιητική
Ritme	Ρυθμού
Ritmisch	Ρυθμική
Tempo	Τέμπο
Zanger	Τραγουδιστήσ
Zingen	Τραγουδώ

Muziekinstrumenten
Μουσικά Όργανα

Banjo	Μπάντζο
Cello	Βιολοντσέλο
Fagot	Φαγκότο
Fluit	Φλάουτο
Gitaar	Κιθάρα
Gong	Γκονγκ
Harp	Άρπα
Hobo	Όμποε
Klarinet	Κλαρινέτο
Mandoline	Μαντολίνο
Marimba	Μαρίμπα
Mondharmonica	Φυσαρμόνικα
Percussie	Κρούση
Piano	Πιάνο
Saxofoon	Σαξόφωνο
Tamboerijn	Ντέφι
Trombone	Τρομπόνι
Trommel	Τύμπανο
Trompet	Τρομπέτα
Viool	Βιολί

Mythologie
Μυθολογία

Archetype	Αρχέτυπο
Bliksem	Αστραπή
Creatie	Δημιουργία
Cultuur	Πολιτισμόσ
Donder	Βροντή
Doolhof	Λαβύρινθοσ
Gedrag	Συμπεριφορά
Held	Ήρωασ
Heldin	Ηρωίδα
Jaloezie	Ζήλια
Kracht	Δύναμη
Krijger	Πολεμιστήσ
Legende	Θρύλοσ
Magisch	Μαγικό
Monster	Τέρασ
Onsterfelijkheid	Αθανασία
Ramp	Καταστροφή
Sterfelijk	Θνητόσ
Wezen	Πλάσμα
Wraak	Εκδίκηση

Natuur
Φύση

Arctisch	Αρκτική
Bergen	Βουνά
Bijen	Μέλισσεσ
Bos	Δασοσ
Dieren	Ζώα
Dynamisch	Δυναμική
Erosie	Διάβρωση
Gebladerte	Φύλλωμα
Gletsjer	Παγετώνασ
Heiligdom	Ιερό
Mist	Ομίχλη
Rivier	Ποταμόσ
Schoonheid	Ομορφιά
Schuilplaats	Καταφύγιο
Sereen	Γαλήνιο
Tropisch	Τροπική
Vitaal	Ζωτική
Wild	Άγριο
Woestijn	Ερήμου
Wolken	Σύννεφα

Natuurkunde
Φυσική

Atoom	Άτομο
Chaos	Χάοσ
Chemisch	Χημική
Deeltje	Σωματίδιο
Dichtheid	Πυκνότητα
Elektron	Ηλεκτρόνιο
Experiment	Πείραμα
Formule	Τύποσ
Frequentie	Συχνότητα
Gas	Αέριο
Magnetisme	Μαγνητισμόσ
Massa	Μάζα
Mechanica	Μηχανική
Molecuul	Μόριο
Motor	Μηχανή
Relativiteit	Σχετικότητα
Snelheid	Ταχύτητα
Universeel	Καθολική
Versnelling	Επιτάχυνση
Zwaartekracht	Βαρύτητα

Oceaan
Ωκεανός

Aal	Χέλι
Algen	Άλγη
Boot	Βάρκα
Dolfijn	Δελφίνι
Garnaal	Γαρίδα
Getijden	Παλίρροια
Haai	Καρχαρίασ
Koraal	Κοράλλι
Krab	Καβούρι
Kwal	Μέδουσεσ
Octopus	Χταπόδι
Oester	Στρείδι
Rif	Ξέρα
Schildpad	Χελώνα
Spons	Σφουγγάρι
Storm	Καταιγίδα
Tonijn	Τόνοσ
Vis	Ψάρι
Walvis	Φάλαινα
Zout	Αλάτι

Opwarming van de Aarde
Υπερθέρμανση του Πλανήτη

Aandacht	Προσοχή
Arctisch	Αρκτική
Crisis	Κρίση
Energie	Ενέργεια
Gas	Αέριο
Gegevens	Δεδομένα
Generaties	Γενιά
Gevolgen	Συνέπειεσ
Industrie	Βιομηχανία
Internationaal	Διεθνεσ
Klimaat	Κλίμα
Nu	Τώρα
Ontwikkeling	Ανάπτυξη
Regering	Κυβέρνηση
Temperaturen	Θερμοκρασία
Toekomst	Μέλλον
Wetenschapper	Επιστήμονασ
Wetgeving	Νομοθεσία

Overheid
Κυβέρνηση

Burgerschap	Ιθαγένεια
Civiel	Δημόσια
Democratie	Δημοκρατία
Discussie	Συζήτηση
Gelijkheid	Ισότητα
Gerechtelijk	Δικαστική
Gerechtigheid	Δικαιοσύνη
Grondwet	Σύνταγμα
Monument	Μνημείο
Natie	Έθνοσ
Politiek	Πολιτική
Rechten	Δικαιώματα
Rustig	Ειρηνική
Staat	Κατάσταση
Symbool	Σύμβολο
Toespraak	Ομιλία
Vrijheid	Ελευθερία
Wet	Δίκαιο
Wijk	Περιοχή

Regenwoud
Τροπικό Δάσος

Amfibieën	Αμφίβια
Behoud	Διατήρηση
Botanisch	Βοτανική
Diversiteit	Ποικιλία
Gemeenschap	Κοινότητα
Insecten	Έντομα
Jungle	Ζούγκλα
Klimaat	Κλίμα
Mos	Βρύα
Natuur	Φύση
Overleving	Επιβίωση
Respect	Σέβομαι
Restauratie	Αποκατάσταση
Soort	Είδοσ
Toevlucht	Καταφύγιο
Vogels	Πουλιά
Waardevol	Πολύτιμα
Wolken	Σύννεφα
Zoogdieren	Θηλαστικά

Restaurant #2
Εστιατόριο #2

Cake	Κέικ
Diner	Δείπνο
Drank	Ποτό
Eieren	Αυγα
Fruit	Φρούτο
Groente	Λαχανικά
Heerlijk	Νόστιμο
Ijs	Πάγοσ
Lepel	Κουτάλι
Lunch	Γεύμα
Noedels	Λαζάνια
Ober	Σερβιτόροσ
Salade	Σαλάτα
Soep	Σούπα
Specerijen	Μπαχαρικό
Stoel	Καρέκλα
Vis	Ψάρι
Vork	Πιρούνι
Water	Νερό
Zout	Αλάτι

Rijden
Οδήγηση

Auto	Αυτοκίνητο
Brandstof	Καύσιμο
Garage	Γκαράζ
Gas	Αέριο
Gevaar	Κινδύνου
Kaart	Χάρτη
Licentie	Άδεια
Motor	Μοτέρ
Motorfiets	Μοτοσυκλέτα
Ongeluk	Ατύχημα
Politie	Αστυνομία
Remmen	Φρένα
Snelheid	Ταχύτητα
Straat	Δρόμο
Tunnel	Σήραγγα
Veiligheid	Ασφάλεια
Verkeer	Κυκλοφορία
Voetganger	Πεζόσ
Vrachtauto	Φορτηγό
Weg	Δρόμοσ

Schoonheid
Ομορφιά

Charme	Γοητεία
Cosmetica	Καλλυντικά
Diensten	Υπηρεσία
Elegant	Κομψό
Elegantie	Κομψότητα
Fotogeniek	Φωτογενησ
Genade	Χάρη
Geur	Άρωμα
Glad	Ομαλή
Huid	Δέρμα
Kleur	Χρώμα
Krullen	Μπούκλεσ
Lippenstift	Κραγιόν
Mascara	Μάσκαρα
Producten	Προϊόν
Schaar	Ψαλίδι
Shampoo	Σαμπουάν
Spiegel	Καθρεφτησ
Stilist	Στυλίστασ
Verzinnen	Μακιγιάζ

Specerijen
Μπαχαρικά

Anijs	Γλυκάνισο
Bitter	Πικρή
Gember	Τζίντζερ
Kaneel	Κανέλα
Kardemom	Κάρδαμο
Kerrie	Κάρυ
Knoflook	Σκόρδο
Komijn	Κύμινο
Kruidnagel	Γαρύφαλλο
Kurkuma	Κουρκούμη
Nootmuskaat	Μοσχοκάρυδο
Paprika	Πάπρικα
Peper	Πιπέρι
Saffraan	Κροκοσ
Smaak	Γεύση
Ui	Κρεμμύδι
Vanille	Βανίλια
Venkel	Μάραθο
Zoet	Γλυκό
Zout	Αλάτι

Stad
Πόλη

Apotheek	Φαρμακείο
Bakkerij	Αρτοποιείο
Bank	Τράπεζα
Bibliotheek	Βιβλιοθήκη
Bloemist	Ανθοπωλείο
Boekhandel	Βιβλιοπωλείο
Dierentuin	Ζωολογικό
Galerij	Συλλογή
Hotel	Ξενοδοχείο
Kliniek	Κλινική
Luchthaven	Αεροδρόμιο
Markt	Αγορά
Museum	Μουσείο
Restaurant	Εστιατόριο
School	Σχολείο
Stadion	Στάδιο
Supermarkt	Μάρκετ
Theater	Θέατρο
Universiteit	Πανεπιστήμιο
Winkel	Αποθηκεύω

Strand
Παραλία

Blauw	Μπλε
Boot	Βάρκα
Dok	Αποβάθρα
Eiland	Νησί
Handdoek	Πετσέτα
Krab	Καβούρι
Kust	Ακτή
Lagune	Λιμνοθάλασσα
Oceaan	Ωκεανόσ
Paraplu	Ομπρέλα
Rif	Ξέρα
Sandalen	Σανδάλια
Schelpen	Κοχύλια
Vakantie	Διακοπέσ
Zand	Άμμο
Zee	Θάλασσα
Zeilboot	Ιστιοφόρο
Zon	Ήλιοσ

Tijd
Χρόνος

Dag	Μέρα
Decennium	Δεκαετία
Eeuw	Αιώνασ
Gisteren	Χθεσ
Jaar	Ετοσ
Jaarlijks	Ετήσια
Kalender	Ημερολόγιο
Klok	Ρολόι
Maand	Μήνασ
Middag	Μεσημέρι
Minuut	Λεπτό
Na	Μετά
Nacht	Νύχτα
Nu	Τώρα
Ochtend	Πρωί
Toekomst	Μέλλον
Uur	Ώρα
Vandaag	Σήμερα
Vroeg	Αρχή
Week	Εβδομάδα

Tuin
Κήπος

Bank	Παγκάκι
Bloem	Λουλούδι
Boom	Δέντρο
Boomgaard	Περιβόλι
Garage	Γκαράζ
Gazon	Γκαζόν
Gras	Γρασίδι
Hangmat	Αιώρα
Hark	Τσουγκράνα
Hek	Φρακτησ
Onkruid	Ζιζάνια
Schop	Φτυάρι
Slang	Σωλήνα
Terras	Βεράντα
Trampoline	Τραμπολίνο
Tuin	Κήποσ
Vijver	Λίμνη
Wijnstok	Αμπέλι

Tuinieren
Κηπουρική

Blad	Φύλλο
Bloemen	Λουλουδιών
Bloesem	Άνθοσ
Boeket	Μπουκέτο
Boomgaard	Περιβόλι
Botanisch	Βοτανική
Compost	Κοπρόχωμα
Container	Δοχείο
Eetbaar	Βρώσιμα
Exotisch	Εξωτικό
Gebladerte	Φύλλωμα
Klimaat	Κλίμα
Seizoensgebonden	Εποχιακή
Slang	Σωλήνα
Soort	Είδοσ
Vocht	Υγρασία
Vuil	Βρωμιά
Water	Νερό
Zaden	Σπόροι

Universum
Σύμπαν

Asteroïde	Αστεροειδήσ
Astronomie	Αστρονομία
Astronoom	Αστρονόμοσ
Atmosfeer	Ατμόσφαιρα
Baan	Τροχιά
Dierenriem	Ζώδιο
Duisternis	Σκοτάδι
Evenaar	Ισημερινόσ
Halfrond	Ημισφαίριο
Hemel	Ουρανόσ
Horizon	Ορίζοντα
Kantelen	Κλίση
Kosmisch	Κοσμική
Lengtegraad	Γεωγραφικό
Maan	Φεγγάρι
Sterrenstelsel	Γαλαξίασ
Telescoop	Τηλεσκόπιο
Zichtbaar	Ορατή
Zonne	Ηλιακή
Zonnewende	Ηλιοστάσιο

Vakantie #2
Διακοπές #2

Bergen	Βουνά
Bestemming	Προορισμόσ
Buitenlands	Ξένο
Eiland	Νησί
Hotel	Ξενοδοχείο
Kaart	Χάρτη
Kamperen	Κάμπινγκ
Luchthaven	Αεροδρόμιο
Paspoort	Διαβατήριο
Reis	Ταξίδι
Restaurant	Εστιατόριο
Strand	Παραλία
Taxi	Ταξί
Tent	Σκηνή
Trein	Τρένο
Vervoer	Μεταφορά
Visum	Βίζα
Vrije Tijd	Αναψυχή
Zee	Θάλασσα

Vissen
Ψάρεμα

Aas	Δόλωμα
Apparatuur	Εξοπλισμόσ
Boot	Βάρκα
Draad	Σύρμα
Geduld	Υπομονή
Gewicht	Ζυγίζω
Haak	Άγκιστρο
Kaak	Σαγόνι
Kieuwen	Βράγχια
Mand	Καλάθι
Meer	Λίμνη
Oceaan	Ωκεανόσ
Overdrijving	Υπερβολή
Rivier	Ποταμόσ
Seizoen	Εποχή
Strand	Παραλία
Vinnen	Πτερύγια
Water	Νερό

Vliegtuigen
Αεροπλάνα

Afdaling	Καταγωγή
Atmosfeer	Ατμόσφαιρα
Avontuur	Περιπέτεια
Ballon	Μπαλόνι
Bemanning	Πλήρωμα
Bouw	Κατασκευή
Brandstof	Καύσιμο
Geschiedenis	Ιστορία
Hemel	Ουρανόσ
Hoogte	Υψοσ
Landen	Προσγείωση
Lucht	Αέρασ
Motor	Μηχανή
Ontwerp	Σχέδιο
Passagier	Επιβάτη
Piloot	Πιλοτική
Propellers	Έλικα
Richting	Κατεύθυνση
Turbulentie	Αναταραχή
Waterstof	Υδρογόνο

Voeding
Διατροφή

Bitter	Πικρή
Calorieën	Θερμιδεσ
Dieet	Διατροφή
Eetbaar	Βρώσιμα
Eetlust	Όρεξη
Eiwitten	Πρωτεϊνεσ
Evenwichtig	Ισορροπημένη
Fermentatie	Ζύμωση
Gewicht	Ζυγίζω
Gezond	Υγιή
Gezondheid	Υγεία
Kwaliteit	Ποιότητα
Saus	Σάλτσα
Smaak	Γεύση
Specerijen	Μπαχαρικό
Spijsvertering	Πέψη
Toxine	Τοξίνη
Vitamine	Βιταμίνη
Vloeistoffen	Υγρά
Voedingsstof	Θρεπτική

Voertuigen
Οχήματα

Ambulance	Ασθενοφόρο
Auto	Αυτοκίνητο
Banden	Λάστιχα
Boot	Βάρκα
Bus	Λεωφορείο
Caravan	Τροχόσπιτο
Fiets	Ποδήλατο
Helikopter	Ελικόπτερο
Metro	Μετρό
Motor	Μηχανή
Onderzeeër	Υποβρύχιο
Raket	Ρουκέτα
Scooter	Σκούτερ
Taxi	Ταξί
Tractor	Τρακτέρ
Trein	Τρένο
Veerboot	Πορθμείο
Vliegtuig	Αεροπλάνο
Vlot	Σχεδία
Vrachtauto	Φορτηγό

Vogels
Πουλιά

Adelaar	Αετόσ
Duif	Περιστέρι
Eend	Πάπια
Ei	Αυγό
Flamingo	Φλαμίνγκο
Gans	Χήνα
Havik	Γεράκι
Kip	Κοτόπουλο
Koekoek	Κούκοσ
Meeuw	Γλάροσ
Mus	Σπουργίτι
Ooievaar	Πελαργόσ
Papegaai	Παπαγάλοσ
Pauw	Παγώνι
Pelikaan	Πελεκαν
Pinguïn	Πιγκουίνοσ
Reiger	Ερωδιοσ
Toekan	Τουκάν
Uil	Κουκουβάγια
Zwaan	Κύκνοσ

Vormen
Σχήματα

Bol	Σφαίρα
Boog	Τόξο
Cilinder	Κύλινδροσ
Cirkel	Κύκλοσ
Curve	Καμπύλη
Driehoek	Τριγώνου
Hoek	Γωνία
Hyperbool	Υπερβολή
Kant	Πλευρά
Kegel	Κώνοσ
Kubus	Κύβοσ
Lijn	Γραμμή
Ovaal	Έλλειψη
Piramide	Πυραμίδα
Prisma	Πρίσμα
Randen	Άκρη
Rechthoek	Ορθογώνιο
Veelhoek	Πολύγωνο
Vierkant	Πλατεία

Wandelen
Πεζοπορία

Berg	Βουνό
Dieren	Ζώα
Gidsen	Οδηγοί
Kaart	Χάρτη
Kamperen	Κάμπινγκ
Klif	Βράχο
Klimaat	Κλίμα
Laarzen	Μπότεσ
Moe	Κουρασμένοσ
Muggen	Κουνούπια
Natuur	Φύση
Parken	Πάρκα
Stenen	Πέτρα
Top	Κορυφή
Voorbereiding	Παρασκευή
Water	Νερό
Weer	Καιρόσ
Wild	Άγριο
Zon	Ήλιοσ
Zwaar	Βαριά

Water
Νερό

Douche	Ντουσ
Drinkbaar	Πόσιμο
Golven	Κύματα
Ijs	Πάγοσ
Irrigatie	Άρδευση
Kanaal	Κανάλι
Meer	Λίμνη
Moesson	Μουσώνασ
Oceaan	Ωκεανόσ
Orkaan	Χιουρικανασ
Overstroming	Πλημμύρα
Regen	Βροχή
Rivier	Ποταμόσ
Sneeuw	Χιόνι
Stoom	Ατμού
Verdamping	Εξάτμιση
Vochtig	Υγρό
Vochtigheid	Υγρασία
Vorst	Παγωνιά

Weersomstandigheden
Καιρός

Atmosfeer	Ατμόσφαιρα
Bliksem	Αστραπή
Donder	Βροντή
Droog	Ξηρό
Droogte	Ξηρασία
Hemel	Ουρανόσ
Ijs	Πάγοσ
Klimaat	Κλίμα
Mist	Ομίχλη
Moesson	Μουσώνασ
Orkaan	Χιουρικανασ
Overstroming	Πλημμύρα
Polair	Πολική
Regenboog	Ουράνιο Τόξο
Storm	Καταιγίδα
Temperatuur	Θερμοκρασία
Tropisch	Τροπική
Vochtig	Υγρό
Wind	Άνεμοσ
Wolk	Σύννεφο

Wetenschap
Επιστήμη

Atoom	Άτομο
Chemisch	Χημική
Deeltjes	Σωματίδια
Evolutie	Εξέλιξη
Experiment	Πείραμα
Feit	Γεγονόσ
Fossiel	Απολίθωμα
Gegevens	Δεδομένα
Hypothese	Υπόθεση
Klimaat	Κλίμα
Laboratorium	Εργαστήριο
Methode	Μέθοδοσ
Mineralen	Ορυκτά
Moleculen	Μόρια
Natuur	Φύση
Natuurkunde	Φυσική
Observatie	Παρατήρηση
Organisme	Οργανισμόσ
Wetenschapper	Επιστήμονασ
Zwaartekracht	Βαρύτητα

Wetenschappelijke Discip
Επιστημονικοί Κλάδοι

Anatomie	Ανατομία
Archeologie	Αρχαιολογία
Astronomie	Αστρονομία
Biochemie	Βιοχημεία
Biologie	Βιολογία
Chemie	Χημεία
Ecologie	Οικολογία
Fysiologie	Φυσιολογία
Geologie	Γεωλογία
Immunologie	Ανοσολογία
Mechanica	Μηχανική
Meteorologie	Μετεωρολογία
Mineralogie	Ορυκτολογία
Neurologie	Νευρολογία
Plantkunde	Βοτανική
Psychologie	Ψυχολογία
Robotica	Ρομποτική
Sociologie	Κοινωνιολογία
Thermodynamica	Θερμοδυναμική
Voeding	Διατροφή

Wiskunde
Μαθηματικά

Bol	Σφαίρα
Decimaal	Δεκαδικό
Diameter	Διάμετροσ
Divisie	Διαίρεση
Driehoek	Τριγώνου
Exponent	Εκθέτη
Fractie	Κλάσμα
Geometrie	Γεωμετρία
Hoeken	Γωνία
Loodrecht	Κάθετοσ
Omtrek	Περιφέρεια
Parallel	Παράλληλη
Rechthoek	Ορθογώνιο
Rekenkundig	Αριθμητική
Som	Άθροισμα
Symmetrie	Συμμετρία
Veelhoek	Πολύγωνο
Vergelijking	Εξίσωση
Vierkant	Πλατεία
Volume	Ένταση

Zakelijk
Επιχείρηση

Baas	Αφεντικό
Bedrijf	Εταιρεία
Belastingen	Φόροι
Carrière	Καριέρα
Economie	Οικονομικά
Fabriek	Εργοστάσιο
Financiën	Χρηματοδοτώ
Geld	Χρήμα
Importeren	Εισαγωγή
Inkomen	Εισόδημα
Investering	Επένδυση
Kantoor	Γραφείο
Korting	Έκπτωση
Kosten	Κόστοσ
Transactie	Συναλλαγή
Valuta	Νόμισμα
Verkoop	Πώληση
Werkgever	Εργοδότη
Winkel	Κατάστημα
Winst	Κέρδοσ

Ziekte
Ασθένεια

Ademhaling	Αναπνευστική
Allergieën	Αλλεργία
Besmettelijk	Μεταδοτικό
Botten	Οστά
Buik	Κοιλιακή
Chronisch	Χρόνιοσ
Erfelijk	Κληρονομική
Genetisch	Γενετική
Gezondheid	Υγεία
Hart	Καρδιά
Immuniteit	Ασυλία
Lenden-	Οσφυϊκή
Lichaam	Σώμα
Neuropathie	Νευροπάθεια
Ontsteking	Φλεγμονή
Syndroom	Σύνδρομο
Therapie	Θεραπεία
Ziekteverwekkers	Παθογόνα

Zoogdieren
Θηλαστικά

Aap	Μαϊμού
Bever	Κάστορασ
Coyote	Κογιότ
Dolfijn	Δελφίνι
Ezel	Γαϊδούρι
Geit	Γίδα
Giraf	Καμηλοπάρδαλη
Gorilla	Γορίλασ
Hond	Σκύλοσ
Kameel	Καμήλα
Kangoeroe	Καγκουρό
Kat	Γάτα
Konijn	Κουνέλι
Leeuw	Λιοντάρι
Olifant	Ελέφαντασ
Paard	Άλογο
Stier	Ταύροσ
Vos	Αλεπού
Walvis	Φάλαινα
Wolf	Λύκοσ

Gefeliciteerd

Je hebt het gehaald!

We hopen dat u net zoveel plezier beleeft aan dit boek als wij aan het maken ervan. We doen ons best om spellen van hoge kwaliteit te maken.
Deze puzzels zijn op een slimme manier ontworpen zodat je actief kunt leren terwijl je plezier hebt!

Vond je ze mooi?

Een Eenvoudig Verzoek

Onze boeken bestaan dankzij de recensies die zij publiceren.
Kunt u ons helpen door nu een mening achter te laten ?

Hier is een korte link die u naar uw
bestellingen beoordelingspagina.

BestBooksActivity.com/Recensie50

FINAAL UITDAGING!

Uitdaging nr. 1

Klaar voor uw bonusspel? We gebruiken ze de hele tijd, maar ze zijn niet zo gemakkelijk te vinden. Hier zijn **Synoniemen!**

Noteer 5 woorden die je ontdekt hebt in elk van de onderstaande puzzels (nr. 21, nr. 36, nr. 76) en probeer voor elk woord 2 synoniemen te vinden.

Notitie 5 Woorden uit ***Puzzle 21***

Woorden	Synoniem 1	Synoniem 2

Notitie 5 Woorden uit ***Puzzle 36***

Woorden	Synoniem 1	Synoniem 2

Notitie 5 Woorden uit ***Puzzle 76***

Woorden	Synoniem 1	Synoniem 2

Uitdaging nr. 2

Nu je opgewarmd bent, noteer 5 woorden die je ontdekt hebt in elke hieronder genoteerde puzzel (nr. 9, nr. 17, nr. 25) en probeer voor elk woord 2 antoniemen te vinden. Hoeveel regels kan je doen in 20 minuten?

*Notitie 5 Woorden uit **Puzzle 9***

Woorden	Antoniem 1	Antoniem 2

*Notitie 5 Woorden uit **Puzzle 17***

Woorden	Antoniem 1	Antoniem 2

*Notitie 5 Woorden uit **Puzzle 25***

Woorden	Antoniem 1	Antoniem 2

Uitdaging nr. 3

Prachtig, deze finaal uitdaging  is makkelijk voor jou!

Klaar voor de laatste? Kies je 10 favoriete woorden die je in een van de puzzels hebt ontdekt en noteer ze hieronder.

1.	6.
2.	7.
3.	8.
4.	9.
5.	10.

De uitdaging is nu om met deze woorden en binnen een maximum van zes zinnen een tekst te schrijven over een persoon, dier of plaats waar je van houdt!

Tip: U kunt de laatste blanco pagina van dit boek als kladblaadje gebruiken!

Je schrijven:

NOTITIEBOEKJE:

TOT SNEL!

Linguas Classics

www.ingramcontent.com/pod-product-compliance
Lightning Source LLC
Chambersburg PA
CBHW081711120626
46550CB00010B/3094
9798896703761